苏州市泰伯文化研究会　编
潘文龙　主编

泰伯文化研究

壬寅集

古吴轩出版社

图书在版编目（CIP）数据

泰伯文化研究. 壬寅集 / 苏州市泰伯文化研究会编
. -- 苏州 : 古吴轩出版社, 2022.11
ISBN 978-7-5546-2026-7

Ⅰ. ①泰… Ⅱ. ①苏… Ⅲ. ①泰伯（前1285-前1194）—人物研究—文集 Ⅳ. ①K827=23

中国版本图书馆CIP数据核字（2022）第207810号

封面题签： 潘振元
责任编辑： 俞　都
见习编辑： 窦志霞
装帧设计： 唐　朝
责任校对： 李爱华
责任照排： 刘　浩

书　　名： **泰伯文化研究. 壬寅集**
编　　者： 苏州市泰伯文化研究会
出版发行： 古吴轩出版社
地址：苏州市八达街118号苏州新闻大厦30F
电话：0512-65233679　　　邮编：215123
印　　刷： 苏州市越洋印刷有限公司
开　　本： 710 × 1000　1/16
印　　张： 12
字　　数： 203千字
版　　次： 2022年11月第1版
印　　次： 2022年11月第1次印刷
书　　号： ISBN 978-7-5546-2026-7
定　　价： 48.00元

资助：

苏州市文学艺术界联合会　苏州市财政局

目录

泰伯专题

随笔杂俎

人物踪迹

园林纵横

序跋选粹

吴门书道

会讯

读经解吴论太伯

何鉴之

如果单从史学角度说，苏州的正统历史可以追溯到三千一百年前的吴，它的创始者就是太伯与仲雍。但是，对于“吴”字的真实含义、它的最初使用者，以及相关的一系列问题，史学界一直没有定论，几千年至今聚讼未决。至于太伯的名字，也是各执一词，始终不能统一。那些名人、名言、名著的流传，又使许多本来简单直接的答案，最后成了悬而不决的公案。从简单直接到悬而不决的公案，名人、名言、名著推波助澜的作用是极其明显的。许多学者不是还原历史本真，在历史大背景下探究真谛，而是盲从前辈名家，一味跟风照抄，甚至添油加醋，肆意渲染；更有甚者，以一己之臆想，随意篡改编造历史，以张己说；后来者又因形形色色的动机，任意摘取史实，引以为证，遂成一家一说。这种不正常的现象在史学界根深蒂固，存在了几千年，致使今天的许多历史结论始终置身于哈哈镜里，难见真容，更有虚幻杜撰的，莫衷一是。

本文拟就“吴”字本源，太伯的名字、年龄和行动轨迹，“吴”字最初使用者等有关问题，进行翔实论述，还原历史。论述的前提是真实的历史大背景，论述的依据以《十三经》所载为主，故篇名为《读经解吴论太伯》。

一

约殷商武乙元年，即公元前1147年，殷商王朝西陲的小邦国——周，因不堪西戎游牧民族的杀掠侵扰，在首领古公亶父的率领下，从豳地迁徙到渭水之滨的岐山脚下，开始了振国兴邦、改朝换代的百年之旅。周国实行助耕制，对百姓盘剥甚少，使百姓养家有望；且重视农耕，举为兴邦之本，可得持久；又政策宽松，善待百姓，较之殷商的严酷统治和西戎的野蛮掠夺，古公亶父宽仁许多，故从之者甚众。武乙，商王康丁之子，在位三十五年；豳的区域在陕西旬邑西南，即今之彬州市；岐山就是周王朝八百年江山的发祥地。这段迁徙历史，被《诗·大雅·绵》清晰地记录了下来。

这里，我们首先要推定出古公亶父、太伯、仲雍以及季历的年龄，推定的基点，就从比较可信的周文王生卒年及其在位时间入手。现代研究的成果，把武王姬发立朝的年份断为武王即位后的第十二年，即前1046年，如此，武王即位为前1057年。《吕氏春秋·制乐》云："文王立国五十一年而终。"《毛诗疏》说："文王九十七而终。"子武王姬发立。《礼记·文王世子》也说："文王九十七而终。"《史记集解·周本纪第四》引徐广语："文王九十七乃崩。"《论衡·气寿》称"文王九十七而薨"。众多史料均印证了文王的长寿，虽然这种印证有"撞车式引证"的嫌疑，但在没有新的确切史料出来前，我们还是可以相信这个记载的。朱鹤龄《尚书埤传》卷十一引皇甫谧语："武王定位元年，岁在乙酉。"乙酉即前1056年，这个说法，与现代研究结果相差一年。文王姬昌卒于上年甲申，即前1057年，年九十七，那么生年即为殷商康丁时前1152年。我国传统生卒年以虚岁记，祭祀以周年记，文王九十七岁即是虚岁。姬昌是季历的长子，姬昌出生时，季历年龄约在十八九岁，那么季历生年当是前1170年前后；他的二哥仲雍如果大他两岁，那生年就是前1172年，老大太伯按再大两岁计，那么生年就是前1174年；他们的父亲古公亶父也以十九岁生孩子计，生年可以推定为公元前1192年。这个推算虽然不是很精确，但与史实已经没有太大出入了。这就是说，周迁徙岐山时（前1147年），古公亶父大约四十六岁，太伯约二十八岁，仲雍二十六岁左右，季历大概是二十四岁，而文王姬昌这一年应该是虚岁六岁。这里有一个史误需要纠正，《竹书纪年》与《今本竹书纪年》对于古公亶父卒年的记载有很大差异，《竹书纪年》称，古公亶父卒于武乙二年，这么说周迁徙后的第二年他就去世了。笔者认为这个记载有误，应遵从《今本竹书纪年》的记载。理由有三：其一，如果第二年就死了，那么上一年也已经是垂死之人，哪有精力去做迁徙国家这样的大事？除非这位四十七八岁的壮年人暴毙，这个可能不排除，所以这理由算是牵强的一条。其二，史称周文王姬昌十岁时为古公亶父所赏识，故有意传位于三子季历而及姬昌。按《竹书纪年》所言，姬昌十岁时，古公亶父已死了三年，怎么可能见面？而萌生传位三子而及姬昌之意又从何说起？其三，《史记·周本纪四》说古公亶父"营筑城郭室屋而邑别居之，作五官有司"，这是一个第二年就死的人能做且能做成的事吗？故我们应遵从《今本竹书纪年》关于古公亶父卒于武乙二十一年的记载，即前1127年，卒年六十六。

古公亶父推行的助耕制，即借民力以助耕公田，这是商周交替时实行的一种租赋制度。这种制度传为夏朝兴盛前首创，用之甚少，后即废除；商代夏立，复又兴之，遂成定例，却不普遍；周代商立，重拾旧制，后又弃。这种制度是对开垦出来的农田进行大致划分，大部分为公田，由奴隶、庶民耕种，收入归国家所有。另一部分则分给奴隶、庶民自耕自留，人民的生活得到了基本保证。助耕制与井田制的最大区别是：井田制不存在自留地，它只属于国王，各地贵族只是代国王管理，无论收成好坏，各地都必须按规定交纳贡赋，所谓"普天之下莫非王土"，指的正是这种制度。不难看出，井田制与助耕制有着截然不同的利益点。井田制完全站在国王即统治者的立场，全然不顾奴隶、庶民的利益，哪怕遇着天灾人祸，贡赋也一点都不能少；助耕制在重视国王即国家统治者的利益的同时，也照顾了奴隶、庶民的生计利益，保证广大民众最基本的生活需求。社会发展的规律就是这样——"载舟覆舟"，你主动为百姓着想，百姓也愿意真心为你效力。周国四代——古公亶父、季历、文王、武王，正是坚定地实行了这项能为百姓谋利益的土地制度，才赢得了商周交替的最后胜利。但是，这项制度在生产力水平低下、物资供应匮乏的社会条件下，不可避免地影响到统治者的利益。无论是奴隶制还是封建制，都是首先为统治者服务的，当统治者的利益受到影响时，他们会毫不犹豫地废除一切有利于广大百姓的制度。由此，助耕制在周朝之初被废除，也就不足为奇了。古公亶父在当时周国境内，悄然推行助耕制，积累了大量财富，夯实了改朝换代所必备的经济基础，它是周朝王业大兴的先决条件。有鉴于此，后人以古公亶父为周朝始祖，武王立朝，追尊其为太王。太者，一也，意为正宗。《诗 · 鲁颂 · 閟宫》云："后稷之孙，实维大王。居岐之阳，实始翦商。"范文澜先生认为，太王是不可能有翦商之意的。笔者则认为，古公亶父的翦商之意明确无误，否则太伯、仲雍何以见太王传位季历及姬昌之意而避贤让位呢？

古公亶父被迫从豳迁徙到岐山脚下，是为了躲避西戎的掠杀，就当时实际情况而言，这一点是显而易见的，故众多史籍的记载也是真实可信的。然而在众多史籍中，《诗》却给我们提供了另一条重要信息，使我们窥视到了一段别样的历史。除《诗》外，人们对古公亶父的颂扬就是"复修后稷、公刘之业，积德行义，国人皆戴之"。后稷是周的始祖，被后人尊为"百谷之神"，简而言之，就是农耕兴业兴邦，这是典型的农耕文明。公刘继承并发扬了这种传统，倍受百姓爱戴，《诗 · 大雅 · 公刘》专门为他高歌一曲。古公亶父光大了后稷、公刘的精神，更"营筑城郭室屋而邑别居之，作五官有司"，对百姓施以仁德，所以周王朝建立后被追尊为"大王"，即"太王"，公刘却未被追封，可见古公亶父对周朝建立起到的直接且重要的作用。以上多为关于古公亶父的公论，但笔者以为这不是全部，或者说它们只是基本部分而不是突出部分。突出部分是《诗》给我们的十六个字——"后稷之孙，实维大王。居岐之阳，实始翦商"。《诗》的风格特征是既抒真情，又述实事，这十六个字不仅是诗，更是真真切切的历史文献。它告诉我们，商周交替这场伟大的社会变革，实实在在发端于"大王"，古公亶父就是这场大变革的总设计师。一如后来吴王阖闾建造吴大城，实始于七十年前吴王寿梦的策划。

笔者对原豳地包括周边地区进行了实地考察，从中发现两个问题：第一，西戎想要侵扰在豳地的周，只有穿过六盘山走泾川、长武一条路。这条路蜿蜒狭窄，两旁山势陡峭，不利于以骑兵为主的西戎行进，大队人马根本无法进入。周想要防御，只需安排少量人在今天的大佛寺、乔家坡以西的山中设伏，凭借地形优势，以逸待劳，加之后援的稳固，完全可以打退西戎的入侵，起码不至于被迫迁都。如果在此修建永久工事，西戎入侵的忧患将被遏制，甚至消弭。但古公亶父偏要小题大做向朝廷奏请，选择了最劳民伤财的迁徙之法，内中含义，除了“翦商”的政治企图，实在找不出第二个有说服力的理由，而且这也与他一贯的爱民作风不符。第二，原豳地虽然土地贫瘠，物产匮乏，但养活万把人是没有问题的。如果没有其他企图，绝不至于要整体大迁徙，除非是想发展经济，繁衍人口，建设一个繁荣强大的自主国家。

由此可以得出结论，周这次迁徙，完全是古公亶父实施改朝换代的宏大规划的肇始。这个规划中包含了古公亶父全部的思想、理念、精神。西戎入侵和土地贫瘠、物产匮乏，朝廷却不闻不问，致使百姓饱受苦难，也使他认识到殷商王朝国家体制中的独裁残暴的本性——一味强调王朝自身的利益和帝王的权力，置邦国生死于不顾。这种认识，极大地激发了他振国兴邦、改朝换代的勃勃雄心。这个雄心的主旨，就是在继承周国优秀传统即兴农利民的基础上，注入仁德的治国理念。在这个理念下所形成的事业，经历史证明是成功的，它使社会文明迈上了一个新台阶。假如从商、周两个王朝统治的内涵来看，在政策制度上，已经从一味施以暴政进化成了仁德统治，即井然有序的等级制度。面对礼乐崩溃的不堪现实，六百年后的孔子竭力想要恢复的，也正是这种社会模式。

在振国兴邦、改朝换代的道路上，首先需要一个安定的环境和足以生存发展的空间，从这个意义上说，豳地的贫瘠和动荡是满足不了这个需要的，即经济条件不足以支撑政治目标，所以择地迁徙势在必行。《诗·大雅·绵》的描述，可以认为是周经过多年多次实地考察大迁徙的写真。周此前也有过几次迁徙，从多年多次迁徙的事实中，我们一方面可以认为是改善生存环境的需求，另一方面也可以认为，历代周王始终致力于实现一种更合理的统治，古公亶父继承了这个衣钵。“筑大城，实仓廪”是春秋时兴国霸业的必备条件，也是吴王寿梦“益大”的指导思想，故有修筑吴大城的动议，这个指导思想恰恰来自他的二十世祖古公亶父。古公亶父在继承后稷、公刘优秀的传统，即在农耕利民的助耕制的基础上，创造性地充实了“营筑城郭室屋而邑别居之，作五官有司”的实质性内容。不夸张地说，这已经是邦国向王国过渡的气象，只是规模稍小并且较为隐秘罢了。要改朝换代，必须有相应的战略储备，在极为独裁、残暴的统治下，各邦国哪怕有一点做大做强的迹象，都有可能招致殷商王朝的加罪，甚至是亡国灭门之灾。所以，虽然民间有“凤鸣岐山”之说，但在岐山脚下是不可能看到一点战备迹象的。不仅如此，作为国王的古公亶父，也不能肆意妄为，否则将会招致种种猜忌。这样，古公亶父设想的诸多事项的实施，只能落实在世子太伯及次子仲雍的肩上。古公亶父究竟把他的战备基地安置在了哪里，即太伯、仲雍在哪一带活动？历代史籍对此没有给后人留下一点资料，至今是一片空白。但细读历史，我们依然可以勾勒出史实的轮廓。笔者研究后的结论是，这个战略储备基地就是吴山，即今宝鸡市陈仓区吴山森林公园。

历来对“吴”字，有多种解释，按《汉语大词典》，一是大声说话、喧哗；二是大；三是古国名，有多个；四是地名，泛指我国东南一带；五是姓。《汉语大字典》多一条，意谓本，《广雅·释诂二》：“吴，本也。”

“吴”与地名的关系，今学术界的解读约有三种：其一，春秋吴属地域为太湖流域，在上古文明中的代表是良渚文化，良渚文化时期的神话人物叫防风氏，又称“巨人族”，传说身高三丈三。由巨人联想到大口，发出喧哗之声，这个推断至少在理论上是说得通的。其二，吴国始祖太伯、仲雍文身断发，逃亡荆蛮。西北学者认为，这个最初逃亡的“荆蛮”，不是通常理解的汉水流域，而是宝鸡吴山之北的“西吴”，游牧民族在围猎时，大声喧哗，以惊吓猎物，这声音当然是巨大的，故称之为“吴”。后来太伯、仲雍把“吴”带到了太湖流域。或者干脆说，吴山地区本就是吴族的牧场。其三，“吴”字在古音韵中通“虞”字，在吴语中谐音“鱼”，乃寓“鱼米之乡”之意，太伯、仲雍以此命名方国，即为祈盼丰收。这三种解读虽然讲了三个不同的故事，却有一个共同特点，即以字义、字音为基点。至于太湖流域是否有防风氏，古代西北地区是否有一个“吴”的族群，尚有待学界进一步深入研究。但有一点可以肯定，吴国的“吴”与宝鸡的吴山有相当密切的联系。

江南一带简称“吴”，今天理解的“吴”源自春秋时的吴国疆域。事实上，西汉时的“刘吴”，三国时的“孙吴”，以及五代时的“杨吴”“钱吴”，都是这样理解“吴”字的，只是治所、范围不同而已。但太伯、仲雍为什么以“吴”字为国号，“吴”字的真实含义是什么？至今尚未有比较合理的解释。

顺着专家学者的思路，笔者也按时序讲个故事，先明确几个节点：其一，早在上古时期就有“天吴”的传说故事，《山海经·海外东经》说：“朝阳之谷，神曰‘天吴’，是为水伯。”《山海经·大荒东经》说：“有神人，八首人面，虎身十尾，名曰‘天吴’。”其二，“天吴”是水神，确切地说是渭河水神，同时又被称作吴人的保护神。其三，宝鸡地区有座吴山，山上有座太伯庙，与周朝的发祥地岐山相距二百里。其四，江西樟树有座殷商时的吴城遗址，它的考古文化年代分为三期七段，最早为公元前1427年，距今近三千五百年，最晚是前1122年，距今近三千二百年。其五，无锡梅里是吴国最早的国都，俗称“太伯城”。

古公亶父为周朝的建成进行了一系列设计，影响了中华民族三千年历史。但他一切改朝换代的行动都必须在暗中进行，因此周的政治中心在岐山，但它的军事基地只能在西去两百里的吴山，领军人物也只能是世子太伯及其弟仲雍。可以想见，为了保持吴山的隐蔽，不使人起疑，太伯一直在吴山、岐山间穿梭往来。史载，后来季历率兵征战北狄，大获全胜，封赐九锡，爵位是第一代西伯侯，应该说这与太伯、仲雍的早期军事训练有着直接的关系。季历为纣王所杀是周国历史上的一件大事，但其中原委至今不明，窃以为周军战斗力之强大，不能不说是一个重要原因。即使如此，古公亶父却不能把王位传给太伯，至少内心万分不愿。不知为什么，这件事被后世学者根据各自学科的特征进行渲染，历史从这里开始被扭曲、放大。结果，一位标准化圣人，在以儒家为首的学者们的炮制下诞生了——文王姬昌横空出世。其实，古公亶父的一举一动，只要肯正视历史，稍懂一点常识的都好理解。殷商王朝的邦国承继制度是国王的长子即世子继统，世子无后则该国自动消亡，史称“绝世”，即《书》所谓“绝世无后”。除非有能说服殷商王朝的特别理由。因为孙子贤能而废长立幼再传至第三代，被朝廷察其企图，立马就会招来杀身之祸，甚至灭门之灾，这是再普通不过的道理。古公亶父不愿自己的宏伟理想和英明设计毁于一旦，所以只能传位于有了一个十岁儿子的季历，这不是文王姬昌自幼如何有瑞祥异事，而是因为世子太伯三十多岁却没有子嗣。这是古代几千年来最好、最大的理由，一般平民尚且如此，何况在有着改朝换代之雄心的王族之家，且当时还有邦国承继制度的铁律。古公亶父不可能看着自己精心设计的宏图大业因为世子无后而绝世于第二代，这一点，古公亶父清楚，太伯、仲雍也清楚。从某种意义上说，也许正是文王的雄才大略，才使古公亶父下定了大迁徙的决心，而后传位于季历而及姬昌。至于迁徙后是否能将王位顺利传于季历而及姬昌，古公亶父实在没有把握。

太伯“断发文身，示不可用”，也不再前往岐山，而是隐身吴山，专心于军事工作，传位之事就全由古公亶父作主了。什么是“断发文身”？就是装疯卖傻，以此为古公亶父向朝廷要求废长立幼的特别理由，一个“示”字说得明明白白。向谁“示”？当然是向朝廷、向商王“示”，同时这也表明了太伯当时只是“让位”，并不是“避国”，更没想过奔走他乡，毕竟这是他奋斗了多年的血胞之地。这可以认为是西北学者“西吴”观点的依据，也是一个不争的史实。但即便如此，古公亶父仍不能冒险，他不敢以身家性命为代价，以整个周国为筹码，向商王提出废长立幼的请求，他忍了，他当时内心的煎熬是可以想象的。万般无奈，太伯经过一番煎熬后，带着弟弟仲雍奔走他乡，从此不知去向。这里的“别亲”“别乡”“别国”情节，荡气回肠，沉闷凄惨而不悲壮，因为这一切只能隐秘进行，不能让外人知道。世有太伯“三让”之美谈，真是莫名其妙，古公亶父包括季历连太伯、仲雍的生死都不知道，怎得“三让”？后武王姬发访仲雍后人，得知周章已君吴，因而封之，一个“访”字道出了事情原委。如果太伯当真能回周国为父亲送葬，又能让位于季历，还需要“访”吗？值得一说的是，殷商王朝的承继制度是不容挑衅的。太伯装疯卖傻空出世子之位，季历依然没能登上王位，他因功得封，最高爵位是西伯侯而不是周王，故古公亶父之后，周国只称“西岐”“西土”而不称“周”。爵位提高，国号取消，由高爵位者统领故国，这就是历史真相。姬昌后来继承的正是“西伯侯”这个封号，而不是“周王”，至于“文王”“太王”都是姬发立朝后追封的。所以，“太伯三让”的美谈可以终止了，而季历、姬昌没有登上周国王位的史实，又是一个应该被澄清的话题。姬发立朝，取名“周”，这个“周”就是原来的周国之“周”，是“继绝世”的典型。姬发追封曾祖古公亶父、父亲姬昌，却没有追封祖父季历，这从一个侧面也证明了周国的消亡。季历不是周国国王，故不封，至于“王季”“周王季”，都只是后人对季历的尊称。这段历史，正是后来孔子内心向往的“兴灭国，继绝世”的完整、完美的过程。

二

太伯、仲雍离开渭水，北、东、西三个方向都不能走，只能硬着头皮向南逃亡。北地荒凉，人烟稀少，不利于发展力量以策应未来周国的行动来实现古公亶父的宏伟理想。向东是商朝的国都，朝廷耳目众多，凶险异常，当然不会自投罗网。而周国迁徙本就是为避西戎侵扰，出走当然也不会向西而行，最后只能向南。但南方有一道天然屏障横亘于前，要想跨越实属万难，这道屏障就是难以逾越的千里秦岭。今天穿越秦岭，火车、汽车可以通行无阻，但在三千年前翻越秦岭，却艰险异常，所以历代学者都不认为太伯、仲雍会选择这条路。笔者当年考察吴国源流，在陕西境内花了二十五天时间，考察秦岭就花去了十天。然而太伯、仲雍必须跨越秦岭，而且一定能够跨越秦岭。有一个事实，足以支持笔者的观点。二十世纪七十年代，陕西宝鸡考古队在茹家庄挖掘了一座商朝中期的小墓，墓中出土了一只尖锥底陶罐，专家认定这只陶罐不是西北风格的，它具有较浓郁的巴蜀特征，所以判定墓主人来自巴蜀地区。商朝中期的巴蜀人，可以翻越秦岭到达渭水平原，那么商朝晚期的太伯、仲雍，更能跨越秦岭到达汉水流域。太伯、仲雍翻越秦岭，沿汉水而下，横渡长江，就基本摆脱了殷商王朝的眼线，摆脱了可能的追踪。再进入鄱阳湖南岸，沿赣江至今天的樟树，最后选择在肖江南岸的吴城落脚（当时并没有“吴城”这个名字），这次出走就此告一段落。如果说周文王姬昌在十岁时，古公亶父就看出他能振兴周国，太伯、仲雍察觉其父心理的记载可信的话，那么，出奔蛮荆，当是周国豳地大迁徙后五六年内的事，时间可推定为公元前1137年。如果太伯、仲雍跋山涉水的逃亡过程是两年的话，那么他们定居吴城的时间应该是前1135年。之所以推定为两年，是因为他们对前途一无所知，对落脚点更是一片茫然，摸索着前行，两年时间并不算多。在他们的努力下，受到当地土著居民的接受和拥戴，从此开始了新一轮的创业。这次创业的成果，在今天的吴城博物馆可以略窥一斑，从吴城遗址的规模和成就推断，这次创业起码有十几年的奋斗史。如果吴城考古文化年代的最后期限——前1122年，就是太伯、仲雍离开吴城的时间，那么，他们这次创业经过了整整十三年。这时，太伯已经四十二三岁了，经历了大半辈子的奔波辛劳，面容可能比实际年龄要苍老许多。正当他们为自己的成果可以策应周国宏伟大业而暗自庆幸时，传来了殷商王朝追踪的消息，在万般无奈之下，他们又踏上了征程。沿江而下，最后在无锡梅里与当地土著居民——藩篱，融合在了一起，这个过程大概花去了整整一年时间。把梅里这样一个落后的蛮夷之地建设成一个具有方国性质的部族，没有十几年的时间同样是不可能的。所以笔者进一步认为，这时太伯已逝，真正扯起“吴”这面大旗的是仲雍。“吴”，含义深邃且唯有仲雍能用，这个时间可以推定为前1107年前后。为了说明这个问题，就要再次讨论“吴”字的含义，以便解开这个千古之谜。

今天能看到的“吴”字，最早被记录于《诗·周颂·丝衣》的“不吴不敖”，即“不喧哗、不傲慢”之意。但把这个解释摆到上下文中就有问题了，结合全篇内容，它不仅不成句式，甚至歪曲了原意。《丝衣》原文是：

丝衣其紑，载弁俅俅。自堂徂基，自羊徂牛，鼐鼎及鼒，兕觥其觩，旨酒思柔。不吴不敖，胡考之休。

这首诗是周王举行祭祀活动后在野宴上唱的一首乐歌，《诗经》专家高亨先生认为，这是周王举行养老宴会时唱的歌。这是有误的。丝衣是一种祭祀时穿的服装，周王断无在宴会上穿祭服的道理。祭祀前，除了将丰富的供品摆上祭坛，众人还将清晨采来的鲜花香草奉献给巫师，巫师接过花草，整齐有序地把它们摆放在祭坛上。这些花草以兰草为标配，由此形成了我国一种古老的文化——“兰文化”。祭祀仪式结束后，填坑活动开始，人们又会拿回自己的兰草，嘴里念念有词，向着祭祀坑走去。献完祭礼后，一部分人将兰草系于腰间，开始忙于做午餐。午餐时将一些兰草撒在先前在地面画好的直线内，作为桌面的铺垫。食物的热气蒸腾着兰草的幽香，诱人垂涎，人们席地而坐，大快朵颐。另一部分靓男倩女，找一块清净的草地，撒上兰草，便开始了他们的野合生活。太阳落山后，必须带着刚才的兰草齐聚广场，篝火野宴正式开始，歌舞同时而起。《丝衣》就是这时唱的歌。夜近三更，人们高唱着，狂舞着，纷纷将兰草扔进篝火，浓烟伴着香气向天空缓缓飘去，野宴达到高潮，一场古老的祭祀活动拉上了帷幕。《丝衣》这首诗的白话解释是：

鲜明洁净的祭祀礼服穿着已就，

祭祀的礼帽恭敬地戴上了头，

从屋里到院外，摆满了祭牲羊牛，

大大小小的祭器，都已安排周全，

看那兽形器里盛满了美酒。

祭祀已毕，喝吧，朋友！这酒既醇醪又不上头。

喝吧，尽情地喝吧，朋友！

人生何以长寿？这美酒能消万苦千愁。

《丝衣》记载的是周王在祭祀活动中，与年长的官员和德高望重的长者野宴时的情形，抒发的是由年高而产生的联想和感慨，既记实事，又寄真情，是典型的《诗经》风格。笔者之所以认为高亨先生的解释是有误而不是错误，就是因为这首诗记载的事与老人年长有关。如果把“不吴不敖”解释为美酒醇醪又不上头，正是一种会意，而高亨先生则是单纯的按照字面意思做出的解释——“不喧哗、不傲慢”，这种解释既不成句式，又与全篇内容气氛不合。同样，《诗·鲁颂·泮水》里的“不吴不扬”，“吴”也不是喧哗的意思，当应作“不过误、不损伤”解。如果将“不吴不敖”作进一步引申，可以演绎出不瘟不火、不柔不刚、不卑不亢，甚至还有不阴不阳之类的词语。在这个演绎中可以清楚地看出，“吴”代表着一种柔和，一种淡泊，一种清净；喻之方位，可相对于东南而为西北；喻之社会，可相对于野蛮而为文明；喻之物质，可相对于土而为水；喻之河流，可相对于泾之浊而为渭之清。回到现实中，我们会发现，吴国的老祖宗太伯、仲雍正是来自西北，来自渭水，来自初具文明的周国吴山脚下，而太湖流域的江南地区当时恰恰民风彪悍，人心不化，但又是环境清静的水乡泽国。如此多的惊人相似，脉络相通，我们已没有理由说这仅仅是一种巧合了。前引《山海经》中的“天吴”，给了我们一个答案：天吴是神，司掌水域，留“天”用“吴”，以为国号，正是祈求神灵的保佑，保佑吴国整治水利，大兴农桑，国泰民安，同时又暗示着他们兄弟俩的来历和身份。这就是江南一带之所以称“吴”的原委和“吴”的含义，这个原委和含义比今人理解的要曲折、深邃、博大、积极许多。历代提到“天吴”的诗文很多，如嵇康的《琴赋》：“天吴踊跃于重渊，王乔披云而下坠。”左思的《吴都赋》：“迄可休而凱归，揖天吴与阳侯。”王勃的《乾元殿颂序》：“控风伯于词林……诏天吴于笔海。”李贺的《浩歌》：“南风吹山作平地，帝遣天吴移海水。”等等。

三

相传禹立九州，雍州为其中之一，雍州境内的岐山就是周朝的发祥地。但如果说要具有推翻强大殷商王朝统治的力量，一个岐山无论如何是容纳不下这么多人力、物资的，且军事力量和战备物资也不敢公开集中于一处。从“吴”的含义推断，当时太伯应该活动在渭水之阳、汧水之阴，即陇州吴山一带，吴山又称“汧山”“岍山”。《尚书·禹贡》称禹“导岍及岐”，即指此山此水。《尔雅·释山》称此山为“吴岳”，足见其俊秀和重要性。中国有“五岳”，也有“五镇山”，这个“镇山”就是《尔雅·释山》中所说的“岳”，吴山即雍州的“西镇山”，此外称青州沂山为“东镇山”，扬州会稽山为“南镇山”，医巫闾山为“北镇山”，冀州霍山为“中镇山”。《嘉庆一统志·陕西·凤祥府》记吴山“有峰十七，得名者五，中为镇西峰，卑而独秀，镇西之左为大贤峰，右为灵应峰，峰上有雷神洞，峰下崖高千丈，飞流飘漾，谓之‘晴岩飞雨’；又有灵湫，岁旱乡民祈雨于此。灵应之南为会仙峰，大贤之左为望辇峰，峰下有大锦屏、小锦屏，相去里许，耸峭如壁。其余有真人洞、餐霞洞、阎王窑、神岔沟、元鹤巢、凤凰石巢诸胜。又有笔架山，在吴山岳庙前，山势如笔架，一名小五峰”。由此可见，吴山十分峻峭秀丽。不仅如此，吴山又被视为西北的神山，每逢地方有自然灾难，朝廷就会派大员前往祭祀消灾。《明英宗实录》就有明确的记载。从吴山往南至渭水纵有百里，向东至岐山有二百里之广，西边是陇山，背山面水，正是一块繁衍生息、耕耘劳作、养精蓄锐的理想之地。如果不是太伯自己无后，致使父王古公亶父被迫要将王位传于三弟季历，相信太伯感情上是割舍不下这块土地的。但为了周国的兴旺大业计，他毅然带着二弟仲雍远走他乡，经过约十六年的辗转，最后落根于东夷南蛮的太湖之滨。这个选择有一个艰难痛苦的过程，但结果却是积极的。事实证明，太伯、仲雍不是简单的消极避国，而是积极让贤。虽然至今没有资料证明吴国对武王姬发最终兴周灭纣起过什么具体作用，但从武王灭纣后即访仲雍后人的史实分析，吴国起码在客观上，对使周朝疆域完整有着莫大的贡献。难怪六百多年后孔老夫子要发出这样的感慨："泰伯其可谓至德也已矣。"有史籍称，太伯、仲雍于吴地建国，本来就是古公亶父的谋略。这个论断显然是错误的，但它从一个侧面反映了吴国对周朝拥有天下所起的积极作用。

"吴"字用于国名始于仲雍，这是笔者的结论。在论述这个结论前，我们先来解析另一个问题，即吴国的老祖宗、古公亶父的长子，究竟称"太伯"，还是"泰伯"，或是"大伯"。按朱骏声《说文通训定声》解释："大"是"太"字的本意，"凡大人、大夫、太子、太君皆尊词"，所以我们可以把"太伯"与"大伯"认作同一词，至于是否为尊词，暂且不论。其实，古籍中分歧最大、最多的也就是"太伯"与"泰伯"。写作"泰伯"的古籍，以《论语》为首，《吴郡图经续记》《春秋胡传》等均循此称，今苏州、无锡的祭祀祠宇就称"泰伯庙"。写作"太伯"或"大伯"的古籍，以《诗》为先，《左传》《史记》《论衡》《汉书》《吴越春秋》等循此称，今宝鸡吴山上的祭祀祠庙就称"太伯庙"。更有"太伯""泰伯"并称的，如《吴地记》《吴郡志》等。下面我们以"泰""太"两字打头，各列五个词语来比较一下，并将其与本文有关的意思作个简单的解释：

泰古：上古；太古：上古。

泰阿：古代宝剑名；太阿：古代宝剑名。

泰容：黄帝乐师名；太容：黄帝乐师名。

泰半：过半；太半：过半。

泰山：山名；太山：山名。

从上面这组词语看，"太"与"泰"的意思完全一致，所以古籍中以"泰"易"太"，或以"太"易"泰"，似也没什么疑义。

下面我们再列一组词语作比较：

泰元：天之别称；太元：头发别称。

泰清：天之别称；太清：天道。

泰和：太平；太和：阴阳会冲之元气。

泰始：形之始；太始：形之始。

泰皇：帝号；太皇：天或皇帝之父。

从上面这组词语里，我们看到了两字意义虽有一些相同，但更多的是不同。要真正解释清楚这两字的本质区别，我们再列一组词语做进一步的比较：

泰社：宗社；太庙：皇家祖庙。

泰坛：祭天之所；太室：皇家祖庙之中室。

泰山：东岳；太岳：古霍山。

泰一：佐五帝之神；太一：天地万物之元气。

泰水：岳母；太后：皇帝的母亲。

在上面这组词语里，“太”与“泰”的区别就一目了然了。“泰”字可以近、可以爱、可以富、可以贵、可以尊，但未必可亲，而“太”字恰恰就多了这个“亲”字。什么是“亲”？就国家而言，“泰”可谋国、开国、体国、按国、治国，甚至可以监国，官可至上柱国，但决不能有国，而“太”则必须建国、得国，危难时甚至可以托国，但依然有国。《左传》所谓“天子建国，诸侯立家”，正是此意。混沌时有泰初（气之始）、泰始（形之始），但没有泰素（质之始），素者唯属“太”，故有“太素”一词；“太”家可以有太祖、太宗的庙号，“泰”却不能。“泰”可以大到极点，如泰元、泰清；也可以尊贵到极点，如泰皇、泰山；更可以重要到极点，如泰社、泰坛。但是，最大不过人王，最尊贵也不过人王，最重要还是人王，这“人王”正是“泰”与“太”的本质区别。“天、地、君、亲、师”，君居于中，一切都为它而存在，这就是“太”字最好的注脚。所以，朱骏声说的“凡大人、大夫、太子、太君皆尊词”，是不准确的。同样，武王追尊他的曾祖古公亶父是太王而不能是泰王，他的从祖是太伯而不能是泰伯。“太”代表着皇家直系嫡亲，血统使然，“伯”是长序，所以古籍多有“太伯”为爵位之说。仲雍也一样，仲是长序，雍是拱卫之意，即太伯助手，与京师周围的区域称“雍州”的意思相同。由此我们也可以做出这样的判定：如果“九州”是大禹划定的，雍州又是其一的话，那么“二里头遗址”就不可能是夏朝的都城。“二里头遗址”在河南洛阳，雍州在陕西，怎么体现“雍”字的拱卫之意？韦昭说，太伯的尊号是武王追封的，这是没有依据的。从太伯弟兄出走到武王新朝，其间，“吴”经历了四位吴王，难道后来三位吴王，会让太伯在地下等上几十年而不得封号？这在上古时代是不可能的事。太伯去世时，武王尚未建立新朝，立朝后改封或追封本来是可以的，但从“吴”和“太伯”的含义判断，这种事也是不可能的。“泰”与“太”的本质区别，是中国家族社会最明显的特征，是家天下血统思想和制度的必然结果。既然“泰”与“太”有着如此的本质区别，为什么积极倡导礼教的孔子，却偏用“泰”而不用“太”呢？笔者认为，孔子是最讲究血缘等级的，他认为太伯虽贵为太王长子，即世子，但毕竟没有成为周王，而孔子信奉的是周礼，所以太伯只能是“泰”而不能是“太”。然而太伯是世子，当有天下而贤让，出走后又时刻为周国的振兴大业不断努力拼搏，并卓有成效，所以他才发出那句著名的赞叹——“泰伯其可谓至德也已矣”，其感情之真挚，语气之凝重，可以说在孔子的著作中是不多见的。虽然孔子的用字尚可商榷，但说太伯“至德”是正确的，今天苏州泰伯庙前的石坊就叫“至德坊”。因此，晋范宁解《论语》说“太者，善大之称”是偏颇的，“德”与“善”是有区别的。我国古代泰坛所供奉的神灵是后土，《周礼·春官·大宗伯》“以血祭，祭社稷”，注曰：“社稷，土之神，有德者配食焉。”太伯是至德之人，当然有资格登坛入社，在孔子看来，他的“泰”也没用错。至于后来者用“泰”，基本是一种盲从，不了解“泰”与“太”的本质区别。

四

现在回头再来说“吴”。“太伯”是封号，是尊称，自然不能是太伯自封的，既然如此，他也不能把自己领导的几千户人家自封为“吴”，因为“吴”是水伯，是神，这同样带有封号、尊称的意思。假如“吴”是太伯首用的，那么这个“吴”字则仅仅是“吴山”的简称。从另一个角度说，自太伯、仲雍出走，到周章即位近百年时间，也就是说，太伯、仲雍、季简、叔达平均每人在位差不多二十五年。假如太伯在位就是二十五年，那他的大半时间应该用于选择立足之地，逐渐扎根地方和筹建国家的工作。他真要把几百上千户人家从涣散状态建设成国家雏形，没有十几年的时间是不可能完成的。吴城十三年，但没有形成方国，梅村成了方国，应该也有十来年时间。因此，太伯真正在“国王”位置上的时间不会太长，甚至压根就没登上王位。笔者这样推断，是从“太伯”这个封号上得出的。“吴”

不是太伯自封的，这个封号只能是他的亲弟弟，同时又是与他共同开创吴国的战友仲雍，为悼念他、纪念他，特选的一个具有深刻内涵的字。前面说过，武王时已有吴国之实，这就可以排除姬发封号的可能。季简、叔达也可被排除，因为他们没有资格用“伯”来称呼他们的先王，这个“伯”是长序之属。唯有仲雍，才具有这个特殊条件，“太”和“吴”是他精心选择的两个字，所以“太伯”之号必为仲雍所封无疑。吴山古时称“吴岳”，山上城称“吴城”，山下镇称“岳中镇”，吴——太——中，特别是“中”字，较为鲜明地反映了“太”与“吴”的关系，即血缘嫡亲，也证明了“泰”与“太”有本质区别的论述是正确的。这里再做一个推断，太伯去世时，他的父王古公亶父尚在世（因为关山阻隔，仲雍不可能有关于古公亶父的确切消息），所以仲雍倍感伤痛。用“吴”为国号，既把哥哥送上了神位，又以此神号作为周国的根脉。“吴”，也是他难以割舍的吴山，同时，为尚在世的父王留下一片天——“天吴”之“天”，毕竟父王是周国之主。这个推断反证了太伯没有登上王位的结论，也把吴山与吴国的血脉关系揭示了出来。

综上所述，我们确认了太伯的封号尊称，了解了“吴”的内涵和始用者，我们为吴国先人们的至德所感动，为他们的思维方式所震惊，同时也认清了脚下这块土地的精髓所在——水。它为我们更好地保护和建设这块土地提供了精神力量，也为开发利用这块土地指示了具有建设性、决定性意义的方向。“吴”字告诉我们一个深刻的道理：水是神圣的，人是万能的，人尊水神则佑之，人逆水神则忧之。笔者真诚希望今人能继承发扬太伯的至德精神，从水着手，保护苏州的环境，建设一个真正意义上的人间天堂。

近代期刊中泰伯史料摭拾（上）

何文斌

关于泰伯及泰伯奔吴的研究，近代以降，学者们做了许多史料的研究与实地发掘，硕果累累、左右采获。当代的文史与考古工作者则在古代史料索考、考古遗迹发掘两个板块下殚精竭虑，但是对清末至民国报刊上的泰伯资料的认识及研究，却有意无意地忽略。这与学者注重明清及更早期的史料，却忽视眼前资料的传统有关，又因为在很长一段时间里对于清末至民国报刊的阅读、检索及购买皆属不易，致使对这段时期的研究出现了不少空白。

清末民初时期，除了出现大量"泰伯让商辨""论泰伯三以天下让"等政论、史论文字，民国人对泰伯庙、泰伯祠的实地勘探也为后人留下了大量的文字及照片，具有重要的史料价值。笔者不揣谫陋，将所见晚清至民国报刊中有关的泰伯史料做一些摭拾，特别是对有关泰伯文化遗址的文章及诗词做一些考索，希冀方家批评指正。因篇幅较长，分为《近代期刊中泰伯史料摭拾》《民国报纸中泰伯史迹管窥》《近代报刊中仲雍资料考索》三篇。本文为第一篇，计五个章节，分别是：泰伯让位的史论、泰伯遗址的旧影及旧踪、《史记》中的吴太伯及笺注、泰伯主题的文艺创作、以泰伯命名的行政管理区域及学校。因篇幅所限，今年选取前两个章节，特此说明。

一、泰伯让位的史论

王炳耀的《续答痴道人书》（载《万国公报》第371期，1875年出版）、江东老竹的《泰伯让商辨》（载《万国公报》第739期，1883年出版）、张鸿逵的《史记世家始吴泰伯列传始伯夷论》（载《大成会丛录》第15期，1926年出版）、何莫庸的《论泰伯三以天下让》（载《潭冈乡杂志》第10卷第5期，1929年出版），都是那个时代对泰伯让位这一历史事件的看法，有的考索细节，认为泰伯知道周太王喜爱周文王而让国，这是不可能的，因为太王所在的时代，文王尚未出生。有的认为是泰伯让商，有的认为是泰伯让周，总不脱避免骨肉之祸、宣扬关于孝悌的美德史事。

《孔道期刊》第8、9期合刊（1936年出版）的《学生文艺》栏目中有一组题为《泰伯文王孔子皆以至德称之文王与泰伯之心有无异同说》的同名文章，明显是老师布置的作业。因这个期刊很少见，现简单对其做一些介绍。《孔道期刊》是湖南孔道学校编辑并发行的校刊，前身叫作《孔道月刊》，1935年创刊于长沙，后改为半年刊，约停刊于全面抗战前夕。湖南孔道学校全称是“湖南私立孔道国学专修学校”，由吴嘉端、彭国钧、沈克刚、彭清黎、彭政枢、贝允昕、曹典球等人于1918年筹资而建。该刊设有《校闻》《文录》《诗录》《论著》《讲演》《学生文艺》等栏目。《校闻》与《学生文艺》这两个专栏比较重要，主要刊登该校学生的读书感想，探讨圣人学说，提出救国主张等。该刊以“保存固有道德，复兴中华民族，阐扬东方文化，促进世界大同，养成国学专门人才，明体达用，自重自好，立人达人”为宗旨，致力于研究孔子之道和国学经典，以期实现复兴民族文化、救国救民的目的，为研究孔子学说提供了重要的研究史料。这组文章共有三篇，作者分别是国五班学生刘志宏、彭杰和刘规参。三人的观点接近，大抵不离“至德”“能孝”“尽忠”，刘志宏的观点最具代表性，他说：两者相同的是道义蕴于内，德行著于内。泰伯的行为是孝，文王的行为是忠。“泰伯之事，天地之常经”，“文王之行，古今之通义。”

二、泰伯遗址的旧影及旧踪

从所见资料看，对于泰伯遗址的寻访、祭祀、游览主要是在二十世纪初叶至三十年代初，无锡对此的报道要比苏州的多。先来说说当时杂志上有关泰伯庙、泰伯渎、泰伯墓的资料。

许卓人在《无锡市政》第3期（1929年出版）发表了题为《无锡之名胜古迹（一）》的一组照片，有泰伯庙前、泰伯庙享堂、泰伯墓三张照片，虽然是黑白照，但像素比较高，可以较为清晰地见到一组明清时期的牌坊建筑，可惜花纹与对联不能全部辨识。照片上有一只香炉、一只瓷缸、数棵柏树、一冢古墓、几处衰草。与今天的泰伯庙、泰伯墓来做一些对比，有相同处更有不同处。

张其昀编辑的《国风半月刊》第4卷第2期（1934年出版）上也有几张照片，即泰伯渎、泰伯庙与泰伯墓，但是清晰度低，只能看个大概。渎水汤汤，流过多少岁月。

民国初期的无锡泰伯庙有两条新闻，可以看出当时人们祭祀泰伯庙的情况以及泰伯庙后来的变迁。

1917年2月17日的《政府公报》（第396期）上有一份署名为内务总长范源濂的咨覆查照文及江西督军的咨呈。咨覆查照文是指答复对方的照会，这是行政机关的往复公文。咨呈是晚清至民国时期常见的一种公文形式，用于下级对上级或平行机关之间的具文呈报。“江西李督军咨江苏无锡泰伯庙请颁匾额并恢复祀典”，但内务部的回复有些虚与委蛇，“民国以来概未举行颁题匾额亦无办过成案，未便照准”。但话题又一转，“由本部先行存案，俟功德祠成立汇案，呈明列位奉祀，其原有庙宇并由该地方官查照保护。准该处人民自由致祭，以存古迹，而伸景仰”。这份覆文传达了这么一个意思：江西督军李纯请国务总理段祺瑞以官方形式颁布匾额并且恢复前清的祭祀典礼，但被负责此事的内务总长范源濂驳回，理由是自民国成立以来没有这样的先例，但作为申请先予以存档，又考虑到泰伯的高风亮节，可以由当地人民自行祭祀，保存古迹，以表达对先贤的敬仰。虽然没有得到官方的直接助力，但这样的答复，至少在一定程度上体现了对保护泰伯庙及相关祭祀活动的支持。

但看后来的新闻事件，似乎“请颁匾额并恢复祀典”并没有得到落实，就连功德祠也没有下文。反而在祖产、庙产及以祠事、庙事等问题上，泰伯庙又有了新的纷争。

《无锡年报》第1期（1925年出版）《邑事汇志·社会》栏目——《古迹之维持》篇有一则新闻：《泰伯祠庙之争执》。报道说：“北下乡梅村泰伯庙，因吴姓族人拟将庙改为祠，经该地士绅蔡桂初等力争，于本年一月九日由督省两长会委员周恩绪来锡，会同知事赴乡履勘碑文。于一月十三日由省委、知事、吴姓族人及赣北镇守使庙裔吴金彪之代表及地方士绅，在县署开会，讨论结果，一仍庙之旧称，惟另行公推通德高尚之士撰一泰伯庙碑，以传永久。至管理庙产问题，亦仍由吴姓与道士分别经营，至对于庙事，由吴姓征求地方公意，商酌办理即具报督长。二月十日省令准如所议，惟应照寺庙保管条例，由该管地方官特别保护。”

泰伯后裔的吴姓族人，想把泰伯庙改为泰伯祠，其实就是想将公产转化为吴姓族人的私产。当地士绅当然不同意公产流失，1月9日，督军与省长的代表周恩绪、无锡县知事林芾桢、吴姓族人、赣北镇守使庙裔吴金彪的代表人、地方士绅共计五方人员开会讨论，结果是维持原来的名字及经营、管理方式不变，庙中事务吴姓族人也可参与，他们不再是原来的“非执行董事”，但是在参与事务时，他们需要与地方士绅沟通协商，且报备省督军与省长。对于这个经过，后由权威人士写一篇文并立一块碑，作为会议记录及执行方案。

比较有意思的是，这里竟然还有赣北镇守使庙裔吴金彪的身影。吴金彪，也叫吴金标，他是1922年8月江西发生的一件军队兵变、商业界惨案——九江兵变的当事人。没想到三年后，他还介入了泰伯祠庙争执事件。

由此可知，当时泰伯庙的庙产很是富裕，香火收入也颇丰，所以才会有这样的争执。好在经过协商，基本上是皆大欢喜地圆满处理了。此后，对于泰伯庙的自由致祭、踏访寻游成为一条热门线路。

《无锡童报》复刊后的第12期（1933年出版）就有一篇《常识:梅村的泰伯庙》，这是给当时的学童阅读与指引的好文章，读书之外还注重行动与思考，是今天的教材专家值得思考和借鉴的地方。该文说，泰伯庙原是古泰伯城，庙中有泥塑的泰伯像，还介绍了泰伯宅、泰伯井的情况，并提到泰伯死后葬在离梅村十里的鸿山，无锡县县长每年要到梅村去祭拜。该文还提到无锡的由来、惠山脚下的名胜等。文中除了用通俗的文字介绍这些内容，还有两个要求：“做”与“想”。“做”列了三条：登锡山、访泰伯庙、认识梁鸿溪。“想”列了两条：泰伯有了王位为什么不接受？泰伯时候无锡人的生活怎样？《无锡童报》，1929年10月创刊于江苏无锡，周刊，由无锡第一学区小学主编，短暂停刊后于1933年复刊。是一本儿童教育和儿童成长类刊物，有科普性，也不乏儿童诗歌与儿童故事。

关于苏州的泰伯故事，杂志上虽不多，却颇有趣味。

《说书杂志》第1卷第2期（1930年出版）署名为观乐后人的人写了一篇题为《王引才亦以吴泰伯为说书祖师》的文章：

前吴县县长王引才氏，诗酒之外，兼嗜听书。王氏多才，更好为业此者撰开篇唱词。盖王氏与业此者，多属往还也。说书团体礼敬之祖师，所谓三皇者外，又有以吴泰伯为祖师者。或曰：吴氏过鲁观乐，当然精于音律，说书用三弦琵琶，遂附会二认为祖师。岂知观乐之吴，与吴泰伯之吴，是两吴而非一吴也。绳以观乐，供以泰伯，一知半解，莫此为甚。然出诸说书道中，不足怪也。昨读王引才氏所题光裕礼敬之泰伯遗像一文，不禁有感。盖王氏所述者，除“放弃嫡世及权利”“曲全孝悌大道”“消弭同族竞争”“自展拓殖本领”诸大端外，并又盛称以泰伯为说书祖师之得当。特将原文录下，文云：“说书弹词者，推本弦歌之化，以泰伯为祖师，善哉善哉。人人能以泰伯为旨趣、为社会教育之精神，庶几二十一世纪中，我民族倍见发扬光大焉。”是则泰伯之为说书祖师，经王氏一言而益显矣。

该文语带揶揄，大致说前吴县县长王引才喜欢听书，也喜欢给说书人写开篇，并认为说书业的祖师除了三皇，还有泰伯，还为苏州评弹艺人的行会组织光裕社写敬泰伯遗像的祭文。一般而言，评书业所供祖师爷一共三位，分别是周庄王姬佗、孔子和文昌帝君。在王引才的笔下又多了一位吴地的开化始祖泰伯，这个祖师很接地气。而现在，把柳敬亭也说成了说书业祖师，却早已忘了民国中期，曾经出现另一位祖师——泰伯。

众所周知，泰伯墓在无锡梅村，但苏州同样有一座泰伯墓，所知者不多。

网上也有“泰伯墓”词条：泰伯墓位于苏州灵岩山后山，占地半亩。泰伯后裔家谱《至德志》:“泰伯墓一在吴县灵岩山之麓,一在无锡县东皇山”。《吴县志》:“灵岩山在吴县西南三十里,其下有泰伯墓。”1943年,国泰公墓职员沈子渔等人为建造国泰公墓,拆毁了灵岩山麓泰伯墓,今仅存遗址。

但是这个内容并不可靠,《至德志》辑录了泰伯及其后裔在吴地的相关文献资料,算不得家谱。《吴县志》有很多部,哪一部里有这个资料?

1951年2月出版的《苏州风景线》(范懋达编著,艺林出版社出版)中有提到位于木渎的泰伯墓,寥寥几句:“吴泰伯墓,是吴王的祖父,距离现在二千多年,在灵岩后山,敌伪时期被人发现,很有些罕世之物。”文句写得并不通顺,意思可以明白。但罕世之物是什么?没说清楚。后来虽有苏州学者进行研究与实地勘察,终究不甚明了。好在民国早期的一本学校期刊上有一篇游记有提到,内容要比后来人记述得详细一些。

江苏省立第五中学校位于常州市玉梅桥,学校有位四年级学生孙景濂在《江苏省立第五中学校杂志》第3期(1916年出版)发表了一篇《过灵岩山泰伯墓道》的文章,文章的起因是一次师生到苏州的秋游。孙景濂发现,苏州天平山与灵岩山北有一条平缓的道路,路上有一个石坊,上有四个大字:泰伯墓道。他觉得甚是讶异,这泰伯墓人们都知道它是在无锡鸿山,怎么会到木渎灵岩山北面来了呢?同学们拨开荒草往里进,发现了一块大石碑,上面镌刻了“吴泰伯之墓”五个字,背后有隆起的小丘,就是泰伯墓。这位孙同学很好奇,到底泰伯墓在梅里还是木渎呢?学生向老师咨询,诸位老师给出了不同的答案,有的说是在无锡梅里,苏州木渎的墓是后人为感念这位吴国的开化之主,于泰伯去世后在这里筑一个墓来表达仰慕之情并用来祭拜这位先贤的。也有老师说:“姑苏为古吴建都之地,后世假名人之名,以为其地之光荣。故有泰伯墓,以动游人之敬仰也。”孙同学因此大发感叹:“帝王陵寝,易代而后,其能历久如故者,且不数数觏,余者无论矣。而泰伯不独独一之,而且二之。墓以人重也,当殷之。”后又列举当时江南是蛮族所居,称为“荆蛮”,有文化是泰伯入吴开始的。这些看法与考古发掘反映出的与真实历史有差异,这是清末民初时代及学生的眼界局限,不足为道。

可见民国初年灵岩山后山就有泰伯墓道和泰伯墓,并非敌伪时期,《苏州风景线》上所说不过是道听途说。

除苏、锡、常的杂志之外，同样是学校期刊的《浦东中学校杂志》上有一则关于泰伯的新闻。该刊1908年11月由浦东中学校编辑，不定期发行，目前仅见第一、二期，由顾次英、黄炎培编述。在《浦东中学校杂志》创刊号（1908年）上，发表了当年农历二月，汪若望提议的《拟立吴泰伯铜像记》。因为该刊出刊间隔时间长，后续再未见相关报道。《黄炎培日记》第一卷自1911年7月记起，也并未发现相关记载。大概可以推断，吴泰伯铜像终究没有立起来。

泰伯文献辑补（三）

孙中旺

辑者按：

近年来，有关泰伯的文献整理工作取得了一定的成果，已经出版了《至德志》（上海古籍出版社2013年版）及《泰伯诗咏赏析》（古吴轩出版社2015年版），为深入开展泰伯文化研究打下了坚实的基础。本人近年来一直致力于泰伯文献的搜集工作，以期集腋成裘，对泰伯研究有所帮助，现将上述两书所未收的相关泰伯文献辑出以飨同好。补辑拟分若干辑，随见随录，编排大体以作者所处年代的先后为序，所辑文献前附以作者简介，后详列出处及版本，以便于读者查阅核对。

石　介

石介（1005—1045），字守道。北宋兖州奉符（今属山东泰安）人。天圣八年（1030）进士，历嘉州判官、国子监直讲、直集贤院。学识渊博，为泰山学派创始人，开宋明理学之先声，学者称徂徕先生，与孙复、胡瑗并称“宋初三先生”。著有《徂徕集》等。

◎季札论

夫殣一身以存万代君臣上下之分者，夷、齐也；墟一国以存万代父子兄弟之亲者，季札也。噫！夷、齐非苟义也，札非苟让也。以夷、齐之明且智，岂不知纣之不仁，涂炭天下，武王顺乎天而应乎人，以至仁而伐至不仁，提民涂炭中，至于安乐泰然也？盖以谓尧禅舜，舜禅禹，禹传子，天下之大公也。而舜，贤也；禹，贤也；启，贤也。尧、舜之禅让，禹之传嗣，皆与贤也，可以法。汤伐桀，武伐纣，虽天下之大义，而桀、纣，君也，汤、武，臣也，以臣伐其君，不可以训。尧、舜、禹皆传乎贤，而汤始以臣伐桀。汤既以臣伐桀而自为君，武王又以臣伐纣而自为君，且大惧后世不知有尧、舜、禹之以大公之命而传乎贤，但知汤、武之以大义伐桀、纣，而将有假大义之名戕贼篡弑其君者，故谏于马前，死于首阳。噫！夷、齐非苟义也，存万代君臣上下之分也。以季札之明且智，岂不知吴国以季子则存，以诸樊则亡？岂不知能保其先人之国则为孝，覆绝其先人之祀则为不孝？盖以谓父与子，天下之大亲也；兄与弟，天下之大伦也。周室既衰，王政绝矣，天子争立，诸侯篡夺，弟杀其兄，子弑其父，无国无之。且大惧后世不知有父子之亲、兄弟之爱，皆以为子得以篡其父，弟得以夺其兄，则亲爱灭矣，故托以子臧，让于诸樊。噫！季札非苟让也，存万代父子兄弟之亲也。且非夷、齐，则后世弑君接踵矣；非季札，则后世杀父继踵矣。独孤及作《季札论》云云者，岂知季札之所存也？吁！及徒知废先君之命非孝，灭其国不仁，独不知奉先君以为孝，孝之末也；全一国以为仁，仁之小也。与其奉先君已没之命，孰若存先王大中之教？与其全一国将坠之绪，孰若救万世篡弑之祸？呜呼！季札之意远哉！及岂知之也。故孔子称伯夷、叔齐曰："古之贤人也。"谓季札曰："吴之习礼者也。"

（《徂徕石先生全集》卷十一，清文渊阁《四库全书》本）

罗　泌

罗泌（1131—1189），字长源，号归愚。南宋吉州庐陵（今属江西吉安）人。生性颖迈，爱好读书，精于诗文，不事科举。著有《路史》等。

◎右泰伯仲雝后

子曰："泰伯其可谓至德也已矣。三以天下让，民无得而称焉。"礼让为国之本也，昔者虞帝一让而九官皆让，范宣子一让而其臣皆让，下之视效，犹草偃风，况始国之君哉？诗云：“受爵不让，至于已斯亡。”少康以克艰兴，而句践亦以克艰兴；泰伯以天下让，而季札亦以吴国让。惟其有之下，必有甚焉者。故能礼让，则知礼而敬上矣。知礼敬上，于为国乎何有？古公之时，周家之业盖已形矣，其所以当得之者，泰伯也。乃不受而三辞之，其不受也，非为名也，非为其弟也，以天下故，岂其心之有是哉！心无是，是故天下莫之知，天下莫之知，何从而称之哉？范煜亦言泰伯、伯夷未始有让，若许由者能逃天下，而不能逃名，迹不泯也。乡使泰伯迁延退辟不能坚决，则民得而称之矣。岂至德邪？（泰伯无子，弟至德不为雍。）文王者，天之所命也，伯惟知此，是故致国不屑。夫以君之元子而弃宗国，以逃形身，本中夏而冒先王之大禁以从狄，安行独复，又曷尝以让为美而为之哉？（符子曰：“泰伯将让其国于季历，谓其传曰：‘泰王欲以一国之事属我，我其羞之。吾闻至人不君一世而万世以之君，不贵一代而万代以之贵，吾焉能贵乎一国而贱乎万代哉？’乃去其国。夫泰伯以国让而云以天下让者，非用天下让，为天下而让也。方古公时，邑于梁山之下，何尝有天下？禹稷躬稼而有天下，文王一怒而安天下，稷文王何尝有天下为天下让，故民无得而称。若以天下，□何无得而称哉！”）

三让之说亦推见至隐，而知周之所以得天下之本云尔。太史公云：“伯知古公欲立季历，亡之荆蛮，断发文身。”何尝见其三让如所谓“南乡让天下三”哉？（方太王时，以与王季，而王季以与文王，文王以与武王，皆泰伯启之也。《论衡》云：“泰伯见王季有圣子，知太王意欲立之，乃入吴采药，断发文身以随俗，太王薨，泰伯还，王季避世，泰伯再遂王季不听，三逊曰：‘吾之吴越，吴越之俗，断发文身，吾刑余之人，不可为宗庙主。’乃权受之。”《古今乐录》云：“泰伯与虞仲俱去，被发文身变形，托为王采药，及闻古公卒，乃还发丧，哭于门外，示夷狄之人不得入王庭，于是季历谓泰伯长，当立。伯曰：‘吾生不供养，死不含饭，哭不临丧，犹不孝之子也，何得继？又断发文身，则刑余之人也，戎狄之民也，三者不除，何得为君？’委而去之。”故孙盛《三让论》曰：“郑玄以托采药而行，不与发丧，断发文身，为三者之美隐蔽不著，而王肃则以谓其让隐故，民无得而称。玄既失之肃，亦未为得也。如玄所云，天下共见，何云隐而未著？且逃去与不发丧，本止一事，而断发文身，文与左氏明文不合，子言三以天下让，如季札子臧之伦者。”）按王充书：“古公三子，其季曰历。季历生昌，在襁瑞见。古公曰：‘吾世当有兴者，其不在昌乎？’泰伯知之，乃去之吴。”夫泰伯盖知天命之在昌，不去则惑，惑且乱。是故翩然有不俟驾，此其去之为天下者明也。（真父云：“自窜荆吴，以让季历也，让季历者，以有昌也，所贵昌者，以有发也。伯见季历仁人者，文武乂圣知天意方启周室，故默焉而退。让仁人者一，让圣人者二，故云三以天下让。夫以为伯知文武之圣，当得之而后逊，则武之牧野无是心也，而况于泰伯乎？”）时平则先嫡，国难则先功，此宪之所以让太子也。若齐景公篡其君兄之位，虽有千驷，死之日曾何足为称哉？秦王世民功既高矣，而建成、元吉犹不之寤，卒以自毙，则知为己而已，夫又安能以天下哉？泰伯可谓至德也已矣。

（《路史》卷二十六，清文渊阁《四库全书》本）

夏时正

夏时正（1412—1499），字季爵，晚号留馀道人。明浙江慈溪人，少随父居仁和。正统十年（1445）进士，历官刑部主事、刑部郎中、南京大理卿，为官有治绩。卒葬杭州三峰山。著有《留馀稿》等。

◎改建清权祠碑

商逸民虞仲之祠曰“清权”，在苏常熟县虞山其墓之西。知县杨君子器时乎行谒，退而若有所感，谓自虞仲殁二千余年来，墓之翳草莱荆棘，登牧子来刍荛，未有为之动心焉者，提调儒学监察娄君谦肇创祠于墓前，名以清权，岁时祠之。巡按直隶监察刘君廷瓒病祠隘陋，迁之今处。惟兹发潜阐幽，其于诱翊名教风化非小，顾无文以纪，其绩何以示之，使邦人知所向方，后来知勉绳于不朽，乃以书致，请言记之。既老且拙，固辞而辞不获，乃言曰：“何吾夫子之于虞仲知之深而称之重耶？既于其伯泰伯称之以至德，而于仲则称之曰‘隐居放言，身中清，废中权’，乃至列于圣之清者，伯夷均以逸民名之，则于所谓清当与夷圣同其清矣！权为圣人之大用，德非圣者不能，乃并举而重畀之，不以虞仲之德克堪已。夫惟放言之断发文身类也，其以自废行权亦类也，则虞仲之于至德之称，宜乎亦以类焉。然而独称之泰伯，盖即三以天下让而言之，非以泰伯能而虞仲不能，亦犹隐居放言非仲独能而伯不能也，于此见吾夫子之称虞仲，其旨微而爱厚之意，蔼然见于言表也。君子未尝不欲仕也，又恶不由其道，徒然身涸于不洁也。方当虞仲之时，虞仲若有不得其志，乃与泰伯托而逃之，隐居以行其道，用处乎父子间，事有甚难处者。然且泯其迹焉，是能独善其身，合乎道之清也，万有不齐沓乎？事变之来，经之不可守而济之以权，权其轻重，使合乎义而不得已也。虞仲放言自废，示之以不可复用，不能不失乎时措之宜，合乎道之权也。权非外来，本之吾心，应万事之灵。清为天地之始气，而人得以生者，乃吾心之本源，其湛然澄彻之境，夜气之所由以息而见于平旦此也。是故生乎百世之下，乃心溯乎百世之上，不啻同堂接膝，油油然欢慕而悦从之，如娄刘杨三君之于虞仲清权一祠拳拳焉，而为之所得，非以心感心乎？是固妙于潜乎默契，不亦深有得于吾夫子之微旨乎？抑自虞仲至于春秋之世，有言子游子焉，非吴产耶？北学于吾夫子，擅长文学之科，流风余韵之存，而三吴之称文献由来渐矣。逮今清权之建，又将立名教之标表，树治道之风声，风之所被，万古一心，万心一理，顽廉懦立，桴鼓影响，不肃而成者矣。继自今小试弦歌，以帅师吾民，亦当溯心百世之上，有如今日，应不俾二三君专美于今日，若然则所谓示以向方，与勉绳不朽，盖有不言而喻，不记可也。惟可不记者，可以不记，有所当记者，则不可以不记。”

乃记之曰：清权祠，祠商虞仲也。名以清权，本之吾夫子称虞仲之言。虞仲，古公亶父仲子，即仲雍，传称古公病，泰伯、仲雍托名采药，遂之荆蛮者此也。荆蛮，今三吴其地。虞仲卒，葬之虞山东麓，山因之以名。成化辛丑，为祠肇祀之岁。越十有七年，为弘治甲寅，祠之迁之岁也。祠为屋前四楹间，后寝室，楹间如之。中奉虞仲木主，不为土木像，制也。东西两庑，各如前后屋之楹间，缭以周垣，南辟为门出入。其他合用器宇，杨君悉为完之，祀以一少牢，祭则县之正行事于丁祭之后一日，而以学老氏法者，供洒扫焉。杨君本主忠信，矜庄自持，以进士知昆山，改高平，适常熟县知县员缺，巡抚巡按等官以杨君前为县，具有誉闻，乃用驿闻夺之高平。高平人攀卧以情请，杨君亦抗疏辞，俱不报，乃移辕焉。治才踰期月，半古功倍，即报通和，谗慝寝止，盘根错节，利器斯别。抑闻杨君所至，征徭以艺，狱讼省减，兴学校，严祀事，其正风俗、□淫祠如清权祠者非一。记清权祠因牵连书，而系之以诗。辞曰：

君臣父子，系人道之大伦，或几微之不至，即夷狄禽兽而渊沦。惟砥柱狂澜是屹，斯昭揭大义于斯人。强哉矫兮虞仲，瞠万类乎绝尘。放言权以自废，隐居清以独善其身。用以处乎事有难处，全君臣父子之义之亲。视叩谏难又甚焉，允矣求仁得仁。既同行而非异，情宜所至兮惟均，何至德之不并称，岂从所立言兮有因。后乎挺生清圣，分庭抗礼逸民，虽泯其迹而不自见，有不泯者存耿乎亿万。斯者睇行天兮日月星辰，下照临兮光景常新。有坟若堂兮虞山之麓，岁其二千余岁兮暮草春绿。重兹发其潜德，表特立而行于独。有俨祠虞山之曲奉岁事兮，以时使承之也。齐明盛服不可斁兮，矧可渎祠而目以清权。觉清权之清满目清斯清兮，清风风之被兮不疾。速顽廉懦立兮，不以肃知。以心感心兮，有绳往躅。惟心万理一兮，无往不复。

（《海虞文征》卷七，清光绪三十一年石印本）

顾大韶

顾大韶（1576—？），字仲恭。明江苏常熟人。顾大章孪生弟。廪贡生。通经史百家及内典，于《诗》及《三礼》多有发明。崇祯八年（1635）在京起草《江南六大害》疏，纠劾江南绅宦，谋以布衣身份上书崇祯帝。著有《炳烛斋稿》等。

◎书季札论后

王介甫以三号遂行，为季子之不及礼，何其说之陋也？夫生之有死，自然之理也，哭泣者，情之所不能已，而理之最无益者也。君子于父母之丧，则致其情而止耳，于妻于子则以理裁其情焉可也。季子之三号，庄周之鼓盆，皆以理裁其情者也。季子之言曰：“骨肉归于土，命也，若魂气则无不之也。”意若曰：“葬于嬴博之间者，骨肉之归于土者耳，若魂气则无不之，汝可以从我而归也。”盖季子达乎性命之理，通乎鬼神之情状，故所以告其子者，如面命耳嘱，不有幽明之隔，与周公金縢之祝，事死如事生者无以异，则其于父子之情，又未尝不笃也。夫子叹其合理，必有深会乎圣心者矣，荆公何足以知之？

（《炳烛斋稿》，清康熙十年刻本）

陆陇其

陆陇其（1630—1692），原名龙其，字稼书，学者称当湖先生。清浙江平湖人。康熙九年（1670）进士，官至四川道监察御史等。学宗朱熹，排斥陆王，被誉为“理学儒臣第一”，与陆世仪并称“二陆”。乾隆初追谥清献，从祀孔庙。著有《三鱼堂文集》等。

◎泰伯三让论

说者曰：“伯之让，让周也。”太王有立季历之心，伯知之而逃，遂使季之后终有天下，是为以天下让。呜呼！是未尝深原乎古人之事，而猥以己意揣测之者也。夫使太王果有立季历之心，则亦何足为太王？废长立幼，此晋献、齐景之所为，而谓太王为之乎？即曰季历生昌有圣德，使泰伯嗣位，昌为之佐，可矣，岂遂以是废长幼之伦哉？且如太王果欲立季，则是非正也，邪也。伯探其父之邪志而成之，可谓至德乎？然则其为让奈何？曰：“伯非让周也。太王之欲立季历，在伯既去之后，不在伯未去之前也。季历之天下，因伯之让而有，而伯之让，不为季历也。伯非让周也，让商也。让商也者，太伯有翦商之志，而伯不从，而周不遽王，商不遽亡。是之谓以天下让云尔。”

考之周史，太王迁岐，在小乙之世，继而武丁中兴六十年，商道方隆，太王何自有翦商之志？泰伯又何自以天下让？曰：“是不然，武丁之中兴，泰伯之让成之也。使泰伯不让，则武丁不中兴，何则？史称小乙之世，商道寖衰，是时六七作之贤圣已远，而恭默思道之君犹在民间，商之不绝如线，而周以积功累仁之后，加之以太王之英明，纲纪益修，德泽益广，国势益强，天下归太王于小乙之世，犹其归文王于辛受之世也。而泰伯又以明圣显懿之资，佐乎其后，使太王主之，泰伯从之，商之不祀，岂待孟津之会哉？泰伯知其势之不可止也，是故以身去之。泰伯去，而太王以迟暮之年，王季又当储位初定之日，势不能以及远，然后天下之归周者稍衰，商之势得以稍安，而徐俟夫贤圣之君出而振兴之，此泰伯之志也。”故武丁之兴，泰伯成之也。盖泰伯之志犹之文王，文王之权在己，故率六州以事之，而直行其臣节。泰伯之权在父，故逃荆蛮以避之，而曲遂其忠贞。文王不幸而遇纣，故六州之事不得不变为牧野之师，而名以相形而愈著；泰伯幸而终遇武丁，故荆蛮之逃止见为家庭之变，而名遂相泯而不彰。要之，两圣人之德则一而已矣。噫，泰伯所以为让者如此，泰伯之让，所以为至德者如此。

夫子惧天下之民不知称也，故表而出之，而后世乃曰让周也，非让商也，则是泰伯之让，与鲁隐、宋宣、子臧、季札之徒无异也。夫鲁隐、宋宣、子臧、季札之徒，春秋讥其启乱矣。泰伯之让而如是也，夫子肯谓之至德耶，甚矣！其不深原乎古人之事，而猥以己意揣测之也。

虽然，以泰伯为让商是矣，以太王为翦商，无乃非人臣之义乎？曰：“不然，泰伯守天下之大经者也，太王通天下之大权者也，太王翦商之志，犹武王誓师之志，泰伯让商之心，犹夷齐叩马之心，故知武王与夷齐之无异者，则知太王与泰伯之无异。不然以太王之明，岂不知泰伯之志？以泰伯之德，岂不足以感动乎太王，而乃父子相戾若是也哉？”

（《三鱼堂集》文集卷三，清康熙刻本）

余　集

余集（1738—1823），字蓉裳，号秋室。清杭州钱塘（今杭州）人。乾隆三十一年（1766）进士，官至侍讲学士，曾与修《四库全书》。性醇正高介，尤好引掖后进。博学多艺，工诗古文词，兼工书画。告归后，主大梁书院八载，日以文艺自娱。著有《秋室学古录》等。

◎重修仲雍祠记

虞山之东麓，其下盖有仲雍冢云。三吴山水奥衍，地大物博，人士秀异，商贾填凑，良田沃壤，赋甲天下。左太冲赋吴都，备极侈靡，顾已在汉晋时矣。原其始，则僻在荆蛮，声教未通，荒远莫考。成周尚未受命，而太伯、仲雍窜身采药，抚其地而君之。太伯无子，仲氏嗣立，凡十余传，以至夫差，皆仲之后。定、哀之间，吴益强大，至今为东南一大都会。然则仲雍固勾吴开国之长，其得俎豆尸祝于吴，宜也。

墓久远莫可踪迹，只就《吴地记》《图经》及昭明《招真治碑》所称约略之当在是，邑人因创为专祠，春秋修其祀典，颜曰"清权祠"，不知所自昉。旧志称建于成化时，前此不可考矣。其后兴废无常，迁徙靡定，今之祠实周氏北园故址，初改为李公书院，雍正年间书院圮，而周之子孙请于官改为祠。盖虞山周氏，因周章受姓，固仲之嫡裔也。旧有园林水土之胜，历时既久，日即颓败。今裔孙某捐赀更新，适予奉命督漕三吴，公廨分驻是邑，爰请予文记之。

余惟三代以上，年湮世远，必考信于《诗》《书》。仲之事，皆不见于经传。孔子尚论太伯，而不及仲，惟逸民虞仲与夷逸并称。然《论语》所称隐居放言，中清中权，爰之于仲，固不类。即何晏注，亦未确指其人以实之。后儒徒以《左传》"太伯、虞仲，太王之昭"一语，因以仲当之。仆以为书缺有间，存而不论可也。名祠曰"清权"，未确也。抑予闻之，祭祀之义有二，一曰报功，一曰修先。报功以勉力，修先以崇恩，法施于民，以劳定国，皆在祀典。仲氏继伯以有吴，则其治民定国，泽及后祼，其功伟矣。祠以报功，宜也。周之子孙，尚不失序，先陇既在，爰立专祠，莘莘奔走，祀事爰修，则亦合于修先之义也。吴郡故有太伯庙，而仲氏无专祠。吾谓宜并祀之，固不仅虞山一隅所当尸祝而俎豆之也。然则周氏此举，宁徒曰"不过其族"乎哉？

（《秋室学古录》卷六，清道光刻本）

金学诗

金学诗（1736—1809），字韵言，一号二雅，晚号梦余道人。清江苏吴江（今属苏州）人。乾隆二十七年（1762）顺天举人。任国子监助教，充四库馆分校，不乐仕进。纵游西北东南诸山水，雅意著述。其诗气体华赡，中年后专尚性灵，有萧旷自得之趣。著有《播琴堂诗集》《播琴堂文集》等。

◎延陵季子论

古来让国者多矣，予尝综而论之，地位各殊，心迹亦异。泰伯、伯夷嫡长当立，可以不让而让者也。子鱼太子，请之子良，国人戴之。子臧天子命之，公子郢父命之，然以次皆不当立，可以让而让者也。虞仲为王季之兄，不偕逃则逆父之心，并不克成兄之志，宜让而让者也。郑宣公让穆公，以穆公贤，其子不贤，而穆公仍让与夷，不宜让而让者也。若叔齐与延陵季子，则可以不让，而势处于不得不让者也。何则？王季之得立，以虞仲与泰伯偕逃耳，叔齐之兄有中子在，季子之兄有诸樊、馀祭、馀昧在，虽有父命，其兄非如蒯聩之，得罪于父，安忍越次而立，据其国而有之哉？孤竹之中子，不闻其让，诸樊、馀祭、馀昧能让而不能逃，虽知折服季子之贤，迫于公论，然举国授之，未必果输心焉。徒欲速悔予身传位于季，诚如范文子之使祝宗祈死否耶？其言如此，亦作伪焉耳。天下多有兄在而弟先亡者，岂盖棺之必以齿及哉？既不幸言而中，三人既亡，其子非父比也，虎视眈眈，阴伺窃发，集矢于季子久矣，季子知之，以出使而亡，为全身远害之计耳。馀昧既卒，僚不闻出一介之使，虚左以迎，而遽晏然自立，僚之心不乐有季子者也。迨窟室之谋定，专诸之刺行人，即至愚亦安肯杀其弟而以国授之他人，蒙首恶之名，居退让之实，光必不能曰季子虽至，不吾废也。光之心亦不乐有季子者也。季子于此度内乱已宁，位号已定，彼无所顾忌于吾，而吾可以翩然返矣。尔弑吾兄，吾又杀尔，当日特据理论之，其实季子安能杀光，诚欲杀之，即为所杀耳。而胡氏乃以八不讨贼惜之，曰此贤智之过，非中庸之道也。毋乃迂乎？呜呼！自寿梦欲立少子，觊觎争夺之祸，垂十数载。为季子者，让亦乱，不让亦乱，不让则非人杀我，即我杀人，让则彼自相戕，我无与焉。观其游历上国，策叔孙豹之不得其死，规叔向以自免于难，盖于人情物态观变多而知几早，家族骨肉之间有隐痛焉，非欲以让为名高也。夫可以不让而让谓之圣，可以让而让谓之贤，独季札处不得不让之势，而千百载后乃蒙不虞之誉，更得求全之美，后儒不审时势而好为议论，郢书燕说，大率如此，知人论世之谓何？予不敢随声而附和也。

（《播琴堂文集》卷一，清乾隆刻本）

陈本直

陈本直(1772—1842),字畏三,号古愚。清江苏元和(今苏州)人。贡生。屡试不应,无意仕进。后以廪贡就教职,潜心著述。博识能文,工于诗。著有《覆瓿诗草》《粤游吟》等。

◎季札论

万世之常道曰经,一时之机变曰权。经无弊而权有弊,士君子与其行权也,无宁守经,若季札者,可谓能守经矣。昔者寿梦贤季札,欲立之,季札让不可,于是诸樊、馀祭、馀昧弟兄迭相传,必致国乎季札,季札终不受。馀昧死,子僚立,公子光乃弑僚而夺其位,议者谓光之祸,札实启之,呜呼!是岂知经权之道者哉!今夫家国之际,父子相继者,经也;兄弟相让者,权也。当让而让,权之合乎经者也;不当让而让,权之背乎经者也。寿梦之卒,诸樊已摄行事当国矣,札于是焉而即位,则君臣之义乖,父子之伦斁,兄弟之情薄,祸有大于此者乎?且不特此也,以吾观公子光之为人,固非能下人者,假使札而受国,将终归国于光乎?抑不归国于光乎?归国于光,则犹废先君之命也;不归国于光,则父子兄弟迄不免于相杀,鲁桓、宋庄之事将复见也。今乃泥已然之迹,而谓札宜受命以安社稷,自吾论之,诚未见社稷之必安矣。夫伊尹放而太甲悔,周公摄而成王兴,古人固有不得已而行权者。然而后世人臣借为口实,往往生遭显戮,没被恶名,吾故曰经无弊而权而弊也,语有之"圣达节贤守节",札之言曰:"有国,非吾节。"则其人之守可知,或者忘万世之常道,而责以一时之机变,岂不悖哉!

(《覆瓿杂著》,清同治十二年陈光照刻本)

刘履芬

刘履芬(1827—1879),字彦清,一字泖生,号沤梦。清浙江江山人,客居苏州。幼承家教,酷爱诗词,通晓音律。光绪五年(1879),代理嘉定知县,因为民雪冤含愤自杀。著有《古红梅阁集》。

◎募修江阴县吴季子墓启

皇览曰：延陵季子冢在毗陵县暨阳乡，今江阴县北七十里申港，季子墓在焉，则古暨阳乡也。夫其旷世绵邈之规，独立坚贞之操，弃室全伦，挂剑旌信，赠缟纻而联上卿之谊，葬嬴博而著知礼之称。仪型百辟，茂矣美矣，而尤难企者，则聘鲁观乐一事，清浊微芒，剖析显著，集诸国之雅，奏自奄邱；详三代之音，播夫襄世。鲁多君子，国备宫悬，恤乎其思，逌尔而作。夫适齐师挚，犹存缴绎之声；为邦子渊，斯叶雍容之节。垂凤仪之逸响，命夔伯而升歌，宇宙襟怀，纪纲动植。迨至三月忘味，同夫子之赏音；一国宗卿，闻好善而低首。彦和云季札观辞，不直德声，旨哉斯言。宜乎馨香不坠，忾慕如留，继熟哉之明禋，效曹臧之达节。唯其所览者远，故蒲谷不荣；所凭者高，故钟篪若接。而乃坟累寂寞，庙貌衰颓，牧竖砺角而含悲，过客肃拜而无所。昔者留侯之祀，须宣教于宋廷；士师之垄，严樵苏于姬野。承兹风谊，宜厉来修。某薄游兹土，敬式先贤，愿竭义泉，同襄美举。庶几穹碑十字，常仪君子之乡；一水大江，永溯圣人之泽。

（《古红梅阁集》骈文二稿，清光绪刻本）

吴佐璜

吴佐璜（1863—1936），字子铭，号叔渭，别署宿慧居士。清末至民国间江苏无锡人。通经史，深于佛学。著有《净居诗录》等。

◎至德祠旧有新建栋宇记

祠在惠山寺右街二泉亭外对门，基地共三亩九分一厘七毫，头门额为“至德祠”，相传邑侯吴钺书。旧有头造矮楼八间，其正门壹间，偏于南，恰对二泉亭外甬道，形家谓为不吉。宣统元年，改建高大门楼，上下六间，以中间对华祠墙壁为正门，悬旧额，偏北上下两小间为侧门，偏南东向上下两间为旁室。室西南隅为前厨房，室前为平台，台前为池沼，旧跨小石梁。民国五年，因前厨不堪作用，落地翻造，因石梁不良于行，改建过庭五间，直接仪门，上刻“肇启文明”四字。右为附祠列祀各支之祖，左为至德堂，西向对山堂前旧轩，平屋低檐，仅有栏，不蔽风雨。改建楼轩上下六间，配以玻璃长窗，风雨无虞，窗外左右砖宫式门各一，左通廊榭，右达过庭，左门上颜曰“文化式肇”，右门上颜曰“让德垂声”。迤西新建小榭曰“绳河旧馆”，有曲廊达来雨亭，亭左莲廊五楹，与平台衔接，廊前旧有泉曰滤，浚治之，作六角形覆亭于上，曰“滤泉亭”。从前池岸倾圮，荆榛塞路，今加坚筑，周以花石，堆以假山，形态各异，厥瞻甚伟。至德堂后左间为客舍，右间缘梯而上为炼石阁。阁前楼轩、旸台，楼轩左别筑杰阁三层，其上层曰“怀德阁”，中层曰“还读楼”，下层偏南半间为浴室，偏北为账房，中留走道。浴室后旧有衖为柴房。炼石阁右东向上下楼房六间，上为贞节楼，祀历代贞节妇女，下为报功祠，祀有功于祠堂者。炼石阁后左右厢楼上下各六间，左曰“来青”，右曰“挹翠”，下为两庑，左为更衣所，右为撤馔所。历级登阶为露台，正中西向为大殿，内塑让王遗像，配以恭孝王、延陵王神位，丹楹刻桷，绘以文采，气象一新。殿左南向披厢两间，东向后厨房两间，均改旧观。统计旧有新建殿堂、楼阁、庭轩、廊榭七十余楹，过庭廊亭施以栏盾，馆阁楼台让以明牖，旧有各屋无者补之，缺者修之，装饰全备，无或缺也。至于后厨围墙外隙地深五丈八尺，阔三丈五尺，北址嵇姓，南址荒冢，及荡东址钱姓，本拟建筑丙舍，为祠中采息岁修之费，困于经济，事不果行，深为憾事，是所望于后之贤者。旧历丙辰冬月佐璜记。

（《吴氏统谱》卷首下，1951年铅印本）

侯学愈

侯学愈（1867—1934），原名士纶，字伯文，号戢庵。清末民国间江苏无锡人。光绪十九年（1893）中秀才，后屡试不第，以授徒为生。辛亥革命后杜门课读，不与世通。学识渊博，尤精古文辞，深得堂奥。热心乡邦文献，为功颇多。著有《环溪草堂诗稿》《吟鸥水榭诗稿》等。

◎重修惠山至德祠记（民国五年丙辰）

泰伯为开吴先圣，肇基于梅里，归藏于皇山。《礼》立庙称祠云者，子姓自谓也。汉唐时即墓为庙，规制颇伟，唐以后皇山墓前之庙衰，而梅里故墟之庙兴。宋元祐七年，诏以至德牓于门，历代崇祀，明禋勿替。嗣以乡城修阻，有司祀祭未便，明洪武间，别建庙于城中娄巷。清康熙间，知县事吴兴祚重修之，岁久倾圮，庙貌弗称。乾隆三十年，知县事吴钺暨裔孙培源等，购邹园炼石阁绳河馆故址，移建于惠山之麓，并祀仲雍、季札，为吴姓专祠，此惠山至德祠之所由昉也。洪杨之乱，仅存殿阁数楹，而阁前廊舍、户牖、窗棂毁于兵，无有存者。同治辛未，祠裔匊青先生集资修葺，殿阁复整。癸酉，雨三先生以辑谱馀赀建来雨亭，而规模犹未备也。光绪丙戌，匊青文孙慕莲续修统谱，无力改建，祠日颓败，而祠邻觊觎，希图朘削，幸赖方之先生继董祠事，得维持于不敝。宣统庚戌，保三、俊甫两先生首捐六百金，倡议将祠门翻造层楼，以壮观瞻。保三实董其成，不足则由族之有力者襄焉，凡期年而工竣。计縻银币二千余圆，崇墉屹立，望之嵯峨，体制始弘，而门以内树木丛杂、荆榛塞路犹若也。辛亥鼎革后，裔孙叔渭广文归自吉林，适方之先生提议修辑大统宗谱，群支宗老咸推叔渭主其事。叔渭故劬学工文，尤热心公益，无不为吴氏修谱得人庆。始乙卯，迄丁巳，阅两载而告成。叔渭莅事俭勤，力求樽节，羡余经费四千馀金，谋于众，鸠工兴作，大扩前规。自炼石阁、来雨亭迤西而北而东一路缭以修廊，间以庭榭，罗置文石，疏浚池沼。阁前旧有泉曰滤，唐李洞诗有"滤泉花满筛"之句，湮没已久，叔渭考诸记乘，剔而出之，覆亭其上，围以石栏，泉甘而冽，来山品茗者咸以为不亚第二泉也。始阁无前轩，形式卑隘，乃垫池数尺，拓建三楹，宏敞垲爽，顿改旧观。复于阁旁别筑危楼三层，颜曰"怀德阁"，窗开对山，朝岚夕霭，扑人眉宇，于秋声凌虚、峦影环翠外，更增胜概。其他栋宇之腐朽者易之，户牖之残缺者补之，正殿则文梁画栋，藻采彰施，馀室亦措置时宜，涂髹悉备，既周既敕，初终毋懈，而心力于以交瘁矣。余与叔渭为文字交有年，又忝姻谊，过从最密，而保三、俊甫、方之诸先生以父执行数陪杖履，一日合词来请有记。余维泰伯端委之泽，流衍于人心者久且深，宜其于九峰、二泉之间血食亿世。而兹祠重修落成，适当大统宗谱断手时，则所以敬宗尊祖者在是，所以报本反始者亦在是。行见让王苗裔庆流奕叶，吾邑之风俗人心有所矜式，或可渐几于古也。呜呼！莫为之前虽美勿彰，莫为之后虽盛勿传，后之视今亦犹今之视昔。祠中隙地建筑尚多，后之修谱者可鉴矣。乃不辞谫陋，书其颠末，俾镌之祠壁，以垂永久。

夏正丁巳季春，乡后学侯学愈戢盦氏谨撰。

（《吴氏统谱》卷首下，1951年铅印本）

春申君·春申乡

陈　益

一

众所周知，吴地文化的一个重要源泉是“春申”。这个雅号，却与河南人黄歇密不可分。

《史记·春申君列传》记载：“春申君者，楚人也，名歇，姓黄氏。”黄歇（？—前238），黄国（今河南潢川）人，楚国大臣，曾任楚相。黄歇的封地，最初是在近于国都的陈郢（今河南淮阳）。或许因为此地会对楚王室构成某些威胁，为了避嫌，大约在战国后期的公元前248年，黄歇请封于江东，建都邑于故吴墟，也就是当年吴国的故都。年逾花甲的他，带领族人别离故土，来到吴地疏通河道，改造粮田，使昔日的蛮荒之地得到治理开发，面貌大变。

读清人王之春的《椒生随笔》，卷五“黄堂”条说：“黄堂，太守所居，犹三公之黄阁也。《缃素杂记》：天子曰黄闼，三公曰黄阁，给事舍人曰黄扉，太守曰黄堂。见《姑苏志》。或谓黄堂即吴郡厅事，乃春申君之假殿，后太守居之，以数失火，涂以雌黄，遂名焉，天下郡治仿此。又谓以黄歇之姓名堂者。二说皆非也。”其中“春申君之假殿”，颇不可解，再来看范成大《吴郡志·官宇》：“黄堂，《郡国志》：在鸡陂之侧，春申君子假君之殿也。后太守居之。以数失火，涂以雌黄，遂名‘黄堂’，即今太守正厅是也。今天下郡治，皆名‘黄堂’，昉此。”《椒生随笔》遗落“子假君之”数字。由此可知，州郡官员办事的正堂被称为“黄堂”，这是从黄歇之子假君开始的。

苏州地方史料表明，纪念黄歇的春申君庙，原本是在子城内的，明洪武四年（1371）移至王洗马巷，清康熙、乾隆年间两度重修。咸丰十年（1860）遭毁，同治五年（1866）重建。庙门书额“春申君庙”四个金漆大字。庙内有古戏台，以前百姓每年在庙里演戏给春申君观看，谓之“酬神”。面对戏台前后有两进殿堂，面阔三间，内供春申君神像。自唐代以后，苏州人一度把春申君尊为城隍，黄歇已经成为护佑一方百姓安康的神祇。

地处长江入海口南岸的上海，早先受多处太湖泄水口和海潮影响，形成大片泥沙淤积，土地呈现荒芜和沼泽状态。黄歇带领民众兴修水利，卓有成效地开启了农耕文明和水上航运文明。疏浚黄歇浦（即黄浦江），将太湖、淀山湖与长江出海口连通，是一项尤其值得称道的工程。曾经让老百姓苦不堪言的黄浦江，后来被赞誉为上海的“母亲河”，正是黄歇开创了头功。不仅如此，他还为吴越地区带来了中原先进的冶铁技术和纺织技术，为这里日后成为江南鱼米之乡、丝绸纺织之乡，奠定了良好的基础。

一直到今天，吴地文化的灵魂，依然是水。

二

那么，时常出现在地方志中的春申乡，究竟在何处呢？

借助于今天的行政区划，大致可看出，当时春申君的封地以苏州为中心，西到镇江，东到上海，南到太湖，北到长江。这恰恰是长江三角洲的核心区域。苏沪一带至今仍然有无数与春申君有关的历史文化遗存。比如，苏州相城区黄埭镇，有当年筑堤围堰的遗迹——春申湖。惠泉山的春申涧又名“黄公涧”，传说因黄歇在此放马饮水而得名。袁康《越绝书·外传记吴地传》有春申君“立无锡塘”，治“无锡湖”之记。江阴的申港、黄田港、黄山，也与之有关。太仓的来历，就是因为春申君在古娄江畔设立粮仓。直到近代，上海除了黄浦江、春申江，还有“黄浦区”“黄申路”“春申村”等地名，用以纪念这位两千四百多年前的“开申”之祖。

值得关注的是春申乡。按一般规律，这里当是黄歇族人或是他后裔的聚居地。1929年，黄炎培先生在花桥施行实验区时所写的《徐公桥晓行》五首中，有“楚歇荒祠庙，徐公尚有桥”之咏，这意味着在九十多年前，春申乡修建的祭祀黄歇的祠庙尚有遗存。是城隍庙还是申侯祠，尚待考证。但黄渡镇的地名由来与黄歇渡过吴淞江出巡有关，则是显而易见的。

我们不妨先来看看嘉定县（今上海市嘉定区）的由来。南宋嘉定七年（1214），平江知府赵彦棣呈《请分嘉定县疏》。为便于地方管理，三年以后，朝廷析两浙西路平江府昆山县东部之春申乡、临江乡、安亭乡、平乐乡、醋塘乡共五个乡，置嘉定县，以年号为县名。县城所在地嘉定镇，置县时也归属春申乡。嘉定十一年，春申乡改称“守信乡”。明正德年间易名“州桥市”。明万历至清康熙年间称“练祁市”，归属守信乡。

《嘉定地名志》（张裕明主编，上海社会科学院出版社2002年版）记载，嘉定建县时从昆山县划入的五个乡，包括春申（守信）、临江（依仁）、安亭（服礼）、平乐和醋塘（乐智）。乡与乡之间基本上以河流为界，乡以下的都、图、圩也基本上以河流为界。文史工作者根据嘉定历代县志有关乡、都、图的记载，以及明万历《嘉定县志·嘉定县镇都总图》、清康熙《嘉定县志·嘉定县四境水利图》、清光绪《嘉定县志·县境旧图》、民国《嘉定县续志·乡域图》，由北往南，逐一考明了区划界址如下：

北界，绕泾、娄塘，即循义乡南界。西界，第一段顾浦，以钱门塘南北的顾浦为界；第二段盐铁塘，在今施晋村李家浜东口起，过外冈、方泰到达浅江（今蕰藻浜）。南界，钱门塘、沙泾、第二塘、马陆塘、周家浜、沙浦等。第一段在钱门塘南连接顾浦的濮家泾，往东接黄泾、陆泾，在管家村（聚落）西面折北至李家泾，沿李家泾往东至盐铁塘；第二段在今盐铁塘蕰藻浜处往东接浅江，过陆家巷接第二塘，由第二塘往东北接周家浦、小漳浦、沙泾达横沥，由横沥南行至第二塘，沿第二塘往东至陈汶泾，沿陈汶泾北行接马陆塘，沿马陆塘往东达杨泾，越杨泾在广福集镇接周家浜，沿周家浜东行至狄泾，沿狄泾南行至沙浦，沿沙浦东行折东北越泗塘、采淘港，东北行至练祁口达长江。东界长江。今宝山区境内之罗店、盛桥、广福、刘行、月浦都在春申乡境内……

在嘉定建县八百余年历史中，春申乡地名及行政区划发生了许多变化，然而，有几个要素始终是清楚的：一是位于太湖主要泄水通道吴淞江沿岸，与都城苏州一衣带水；二是今天的嘉定镇和马陆、徐行地区，以及宝山区的一些乡镇，当时都归属春申乡；三是位于今江苏省最东侧，紧邻昆山市花桥镇。上海轨交11号线贯穿其间。

春申乡的变迁告诉我们，沪苏之间永远是地域相连、文化相近、经济相融、人缘相亲的。

三

民间称河南信阳是“小申城”，上海是“大申城”。申城之“申”，显然是为了纪念春申君。人们将黄浦江称作“春申江”，也就很容易理解了。明张国维《吴中水利全书·水脉》说：“黄浦一名‘春申浦’，相传为春申君凿，以黄姓名浦。”元谢应芳《贻予复和而赠之》诗云：“江流南汇春申浦，海门东入阳侯宅。”清吴伟业《赠陆生》诗云：“木叶山头悲夜夜，春申浦上望年年。”而唐杜牧《春申君》诗云：“烈士思酬国士恩，春申谁与快冤魂。三千宾客总珠履，欲使何人杀李园。”则令人陷入深深的思考。

黄歇享年七十多岁，在那个年月确实是很长寿的了。历代的史学家，曾对他有过不同的评价，这不在本文的表述范围。我们也不说他当时具有怎样超前的目光。客观地看，他显著的功绩，主要是在其领地上开创了先秦地方文化。这种地方文化，融合了吴文化、越文化、楚文化、中原文化等多元文化，为近代上海兼收并蓄的“海派文化”开了先河。海纳百川、追求卓越、开明睿智、大气谦和的上海城市精神，不正是熔多元文化于一炉，在包容一切中创造一切吗？

岁月荏苒，距离黄歇生活的时代，已经两千四百多年了。春申君昔日的封地，早已发生了天翻地覆的变化，成为中华大地上最具改革活力、最繁荣富庶的区域。今天，在实施“长三角一体化”的战略决策时，我们重温春申君的历史，必然会获得有益的启示。

《募驴图卷》众筹小考

潘文龙

2019年春，上海举办了“丹青宝筏——董其昌书画艺术大展”，这是近年来规模最大的一次董作汇展，随展作品中有仇英的《募驴图卷》，也称《朱君买驴图卷》，乃仇英据徐祯卿《为朱君募买驴疏》而作，今藏美国华盛顿赛克勒美术馆。

徐祯卿这篇劝募疏写于弘治十二年（1499），当时苏州文士圈里有十余人响应徐祯卿的疏约，为葑门老儒朱存理凑钱买了一头代步的驴子。时隔几十年后，仇英补画了这幅画卷，后世藏者又将劝募疏和当时的认捐签名附诸卷后，从而把这次风雅而又酸涩的众筹行为定格下来，流传至今。

一

朱存理（1444—1513），字性甫，一字性之，号野航，苏州府长洲县人，居葑门外。其好读书，工诗善文，不乐仕进，唯以抄书、收藏为事，乃成化、弘治间著名的学者、藏书家、鉴赏家。今存著作有《茶具谱》《珊瑚木难》《铁网珊瑚》《存悔斋稿》《楼居杂著》《野航文稿》《野航漫录》《野航杂著》《野航杂抄》等。

文徵明《朱性甫先生墓志铭》说：“性甫生颖异，少学于里师，觉其所业非出于古人，遂谢去，从杜琼先生游。于时东南名士若吴兴张渊，若嘉禾周鼎，仕而显者若徐武功有贞，祝参政灏，刘参政昌，刘佥宪珏，并折节与交，且推之为后来之秀。既而诸老凋落，吴文定公、石田先生继起，而性甫复追逐其间，最后则交杨仪制君谦、都主客元敬。余视性甫，丈人行也。性甫不余少，而以为友，视诸公为亲。盖其自少至老，未尝一日忘学，故亦未尝一日忘取友以自助也。居常无他过从，惟闻人有奇书，辄从以求，以必得为志，或手自缮录，动盈筐箧。群经诸史，下逮稗官小说，山经地志，无所不有，亦无所不窥，而悉资以为诗。其诗精工雅洁，务出新意，得意处追躅古人。"杨循吉《朱性父诗序》一文中也说："性父居吴葑门之外，早岁力学，左图右书，殆于忘寒暑。一叹一咏，用以自适，率皆简淡高古，有味有法，不落秾丽、枯涩二境，非深入妙悟，乌能然耶？"他与文林、沈周、吴宽、祝允明、邢参、文徵明等唱和，亦是当时吴中的风雅之士。

朱存理一度在荻扁（今相城区太平街道）王家做塾师，月夜得句，传为佳话。何良俊《四友斋丛说·诗三》说："朱野航乃封门老儒也，颇工诗，在荻扁王氏教书，王亦吴中旧族。野航与主人晚酌罢，主人入内，适月上，野航得句云：'万事不如杯在手，一年几见月当头。'喜极，发狂大叫，扣扉呼主人起，咏此二句，主人亦大击节，取酒更酌，至尽兴而罢。明日遍请吴中善诗者赏之，大为张具征戏乐，流连数日，此亦一时盛事也。"文徵明曾为绘图，董其昌《画禅室随笔·评诗》说："'万事不如杯在手，一年几见月当头'，文徵仲尝写此诗意。"

朱存理为何自号野航？固然因他自备小舟一只，杨循吉《朱氏野航记》说："朱君性父作小舟既成，与客泛之。客曰：'君之有斯舟也，其何以名之？'君曰：'吾，野人也，造舟而乘之，是野人之舟也，请题曰野航。'航固舟之别名也，客皆觞君而贺之矣。"他更有一段自述，《野航诗卷序》说："野航者，野人所乘之舟，泛泛江湖，诗盟有年，既得江湖之诗，稇载而多录以成卷矣。每当柳汀芦渚，白鸥眠处，野航闲泊之时，欣然出是卷而讽咏之，亦足以兴起停云之思，并收拾童子时获接见前辈诸老翰墨录之，仍以接见先后为次，弗较爵位与韦布为嫌也，及所收凡为吾家题咏者，一一存之，人勿论以私己也，盖以野航中所有者也。如杜、周二老，天全、完庵诸公手迹如新，若今石田沈公尤多，李尚宝、吴宫庶宦游京师所得者亦是囊作，仪部杨君养疾林下六载，其作颇多示我，祝君亦然，都君有诗禁惟旧作一二篇，昆山黄应龙与予相好，又得相引见吴吏部诸君子，故亦有诸诗也。"可见野航既是小舟，又是一种寄托，乃是他读书、抄书、创作的所在。

祝允明《赠朱孝廉性甫》有云："书抄满箧皆亲手，诗草随身半在舟。"

因为朱存理勤奋抄书，曾手录前辈诗文百余卷，以致双目高度近视。吴宽作《次韵石田戏朱野航短视》云："石翁目如炬，下见渊鱼沉。么么蝇头字，夜读成书淫。作诗调朱子，譬如火烁金。又如白日中，光烛孤云阴。其诗信善谑，当于古人寻。嗟彼盲者病，遇人惟听音。其病最所苦，画地不及瘖。虽然苦若此，乐师能鼓琴。朱子却差胜，瞳子职自任。使见素服者，何曾谓青衿。惟恐醉生花，酒至戒满斟。矻矻手所抄，书卷遍词林。平生临池兴，墨气识浅深。时复瞑焉坐，雅思发孤吟。要知视短者，反视惟求心。"但因他家贫无以自给，于是将所抄之书及所藏古籍、字画都典卖了。文徵明《朱性甫先生墓志铭》说："既老不厌，而精力不加，又坐贫无以自资，而其书旋亦散去，每抚之叹息，其意殊未已也，而岂意其遽死耶？"散书如丧魂，对爱书人而言，书就是他的性命。叶昌炽《藏书纪事诗》卷二有云："排闼狂呼月未阑，瓮头更酌一杯残。野航又继尧民逝，散尽珊瑚与木难。"

叶昌炽诗中提到的尧民，即朱凯，与朱存理齐名，也住在葑门。文徵明《朱性甫先生墓志铭》说："吾苏有博雅之士，曰朱性甫存理、朱尧民凯。两人皆不业仕进，又不随俗为廛井小人之事，日惟挟册呻吟以乐。求昔人理言遗事而识之，对客举似，如引绳贯珠，缅缅弗能休。素皆高赀，悉费以资其好，不恤也。成化、弘治间，其名奕奕，望于在之东。人以其所居相接而业又甚似也，丽称之曰两朱先生。"都穆《都公谈纂》卷上记了一件事："杜用嘉琼与朱存理、朱凯交，每访二子，必先过存理，下舆谓曰：'吾交凯在先，当先谒凯，而后至君家。'及至凯所，留之饭，不可，曰：'君贫，当饭于存理氏。'"这是说杜琼不想给两位贫士增添负担，想出了这个办法，不啻是师友交往的佳话。

二

《募驴图卷》，今存者卷长70.1厘米。陆心源《穰梨馆过眼录》卷十九著录，题首纸高八寸八分，长四尺二寸二分，引首"高风逸韵，朱之蕃题"，钤"朱印之蕃""状元宗伯"白文印两方。朱之蕃是万历二十三年（1595）状元，可见引首为后来补题的。画纸高八寸五分，长二尺二分，款署“仇英实父戏作”，钤“实父”朱文印。接纸高八寸，长三尺三寸三分，为徐祯卿撰《为朱君募买驴疏》，附钱同爱等认捐签名。又接纸高八寸五分，长四尺六寸六分，为陈继儒跋，僧俊彦、沈弘度诗，分钤“陈印继儒”白文印、“眉公”朱文印、“俊彦”白文印、“雪山道者”白文印、“疏庵”白文印、“公雅氏”白文印，凡收藏印鉴不录。其后又有接纸，为民国时杨守敬、李葆恂观款。

仇英画卷，以白描手法勾勒了朱存理得驴时的情形。画面仅两人一驴，一人牵驴，或卖驴人或仆人，年纪虽长但脚上没有穿鞋，脚趾抓地，双手拉着缰绳，那头灰色驴子被人牵拽，头偏向左扭动，眼睛斜睨，一副桀骜不驯之态。左侧一人蓄须，着儒巾长袍，目不转睛地看着，似乎要向前倾身帮忙，应该就是驴子的新主人朱存理。这两人一驴相互呼应，构成了一个整体，整个画面饱满而富有张力，充满了韵律和动感，乃是仇英为数不多的白描淡染人物画佳品。

徐祯卿《为朱君募买驴疏》全文如下：

税骖赠友，昔者闻之。有马借人，今焉亡矣。朱君性父，白首穷儒。宴息中林，时思放迹；萧闲布褐，自爱骑驴。欲削袁文，封曰匡庐处士；深然汉志，宜于山谷野人。无囊可探，归空问妇；丐言虽拙，仰欲谋朋。老者安之，惟仁人为能播惠；伤哉贫也，故友道重夫通财。市辔既藉乎高贤，执鞭何辞于贱子。访交吕氏，行将特特以临门；好酒李生，会见腾腾而过市。庶垂明览，不鄙微言。弘治己未季冬望后一日，东海徐祯卿撰。

这篇劝募疏情真意切，句句切题，道出了为朱存理众筹的缘由，阐明了白首穷儒的野人心志，自爱骑驴，但囊中羞涩，亟需众友帮忙，来了此心愿。当年朱存理已五十六岁，人生大半已过，晚景贫困，唯有依靠友人帮助。他自己写过一篇《募刻诗疏》：“伏以呕心少日，已无锦囊之才；流泪中年，空有碧云之叹。发白因他搜索而生，雌黄正我推敲而用。持去若干，存来三二。早蒙知赏前辈推毂之恩，晚遇校编同学斤削之力。拈出三十年之前，选得一百首之外。欲望收拾在后人子孙，莫若流传于先时朋友。刻梓不消学宋板之精，鉴藻岂觊拟唐风之盛。疏请诸盟义，当厚助友生。”对一个穷困士人来说，刻诗买驴，招集友人赞助，在当时也是极其正常的事。

三

《募驴图卷》中的认捐签名一段，将这个众筹故事细化了：

秀才钱同爱奉赠白金六钱；西崦朱良育赠银五钱；太原祝允明奉赠五星；苏卫张钦助米一石；相城沈郊奉米一硕；鲁国男子唐寅赠旧刻《岁时杂》一部，计十册，抵银一两五钱；邢参赠银三钱；黄玠奉银三钱；御前敷陈王道生、董淞分赆五十分；杨美赠米一石。

祝允明、文徵明、唐寅、徐祯卿被誉为"吴中四才子"，都与朱存理有着比较密切的来往。在这份认捐签名纸上，会发现大都是文徵明的朋友，但居然没有文徵明。有分析者认为，也许因为父亲文林刚去世，文徵明没有参与募捐。但列于首位的，正是文徵明的至交和儿女亲家钱同爱，曾被文林昵称为"吾孔周"（钱同爱字孔周）。英国学者柯律格在《雅债——文徵明的社交性艺术》中，曾探讨过认捐签名人士与文徵明的关系。

朱存理与文林、文徵明父子两代皆有交往。文林在赴任温州知府时曾有一次设宴饯别，特别记述了身着青袍方巾的朱存理。祝允明是朱存理业师徐有贞的外孙，也是朱存理家中的常客，朱存理《题松下清言》说："僦居松下，日录过客之谈，曰《松下清言》。松之下所过客，远自西郭至者，曰杨君谦，曰都玄敬，曰祝希哲，曰史引之，曰吴次明；近自东西邻而至者，曰尧民。"祝允明还为朱存理的诗集作序。邢参字丽文，与朱存理也多有唱和，《野航文稿》附录其作最多，有《赠性甫》《和性甫九日松下饮酒次韵》《寄性甫》《次韵性甫诞日与吴彭年会饮阊门》《次韵性甫留题集福庵》《性甫游杭以诗见示次韵》，他们的关系可见一斑。

细勘各友的募捐，捐米者三位，其他人都捐银，且多以钱为单位。唯有唐寅捐《岁时杂》一部计十册，还注明"抵银一两五钱"。《岁时杂》疑为宋蒲积中编的《古今岁时杂咏》，凡四十六卷。弘治十二年（1499），唐寅刚从"科场案"中脱身，可能无钱可捐，因此只能以书抵钱。虽身处窘境，为友买驴仍不遗余力，堪称佳话。

按当时的米价,《明史·食货志》记载,弘治间一石米的价格约为白银五钱。当时一头牛的价格约为八两,此次募集的总价值为五六两,买一头驴应该足够了。

这《募驴图卷》晚明时被乌镇书商程尚甫收藏,又先后归陈继儒、僧俊彦,清初归吴尚忠,后再归曹文埴、钱天树、沈韵初,光绪九年(1883)落入归安陆心源之手,再转江阴缪荃孙,一路传承有序,民国后流落海外。

仇英"戏作"此图,年代不可考,当在其晚年,或许他正是用这种补画方式追忆前贤往事,表达对前贤的敬意。而朱存理募驴一事作为当时的文化标本,体现的则是明代士人间的友情,留存在画卷上,将现实活动艺术化和礼仪化,表达了别具一格的真趣和情感,成为后人追慕遥想前贤风雅的依凭。

西楼传奇

李　耕

西楼者，晚明传奇《西楼记》也。

作者袁于令，苏州府吴县人，生于万历二十年（1592），原名晋，字韫玉，又字令昭，号凫公，晚号箨庵，别署幔亭音叟、剑啸阁主人、东吴逸史等，住在苏州城内因果巷。袁氏是苏州望族，名人辈出，袁于令曾祖辈的袁表、袁褧、袁褒、袁衮、袁袠、袁裘被称为“袁氏六俊”，袁裳、袁袭、袁襄被称为“袁氏三英”；祖父袁年，万历八年（1580）进士，以陕西按察使晋阶资治尹致仕，与张凤翼、王世贞兄弟善，工诗，与袁尊尼、袁麟合称“袁氏三贤”；父亲袁堪，万历二十八年（1600）举人，官至广东肇庆府同知，入祀名宦祠。袁于令就出生在这样的世家，在苏州也算得上门第显赫了。

袁于令早年为府庠生，又为岁贡生，好恣游，出入平康，风流自赏，乃是一个公子哥儿。至天启朝，因争风吃醋之事，闹得纷纷扬扬，他被褫革衣襟。这样一来，科举正途无可继续，他就索性绝了这个念头，潜心戏曲创作，今知有传奇九种、杂剧两种，传奇是《西楼记》《鹔鹴裘》《金锁记》《长生乐》《珍珠衫》《瑞玉记》《玉符记》《汨罗记》《合浦珠》，前四种今存，第五种有散出，后四种已佚；杂剧是《双莺传》《战荆轲》，今存。其中《瑞玉记》和《玉符记》都是现实题材，前者写江南巡抚毛一鹭和织造太监李实陷害东林党人周顺昌之事，后者也是“直陈崔、魏之事”，可惜今都不存。焦循《剧说》卷三说：“袁箨庵作《瑞玉》传奇，描写魏忠贤私人毛一鹭及织局太监李实构陷周忠介公事甚悉。甫脱稿，即授优伶唱演。是日诸公毕集，而袁尚未至。伶人请曰：‘李实登场，尚少一引子。’于是诸公各拟一调。俄而袁至，告以优人所请，袁笑曰：‘几忘之！’即索笔书《卜算子》云：‘局势趋东厂，人面翻新样。织造频添一段忙，待织造弥天网。’语不多，而句句双关巧妙，诸公叹服，遂各毁其所作。一鹭闻之，持厚币倩人求袁改易，袁乃易一鹭曰春锄。”可见两剧之作，必在崇祯初逆案既定之后。

崇祯朝后期，袁于令流寓京师，与祁彪佳、龚鼎孳、曹溶等游，见《祁忠敏公日记》《定山堂诗集》《静惕堂诗集》等。由此而入清，顾公燮《丹午笔记》“署中有三声”条说：“顺治乙酉，苏郡绅士投诚者，浼袁作表赍呈，以京官议叙荆州太守。”苏州被占领是在顺治二年（1645）六月，当时袁于令在京师。孟森《西楼记传奇考》据龚鼎孳《天庆寺送春和舒章箨庵尔唯诸子》《朱遂初谒告得请和袁凫公韵为赠》诸诗推证，“是时袁在北都，至六月北兵下苏州，袁赍表迎降，似由北而往，当已为北人间谍”，“夏初之间，袁仍在北，是其率表迎降，或系驰草俾苏人遵用，其身并未离北”。

袁于令在顺治二年（1645）已出仕新朝，是年冬由工部虞衡司主事迁营缮司员外郎，龚鼎孳、曹溶诗称其为“水部”，这是工部司官的别称。顺治三年（1646）提督山东临清砖厂，兼管东昌道。四年（1647），授荆州知府，当时他已五十六岁。十年（1653），就被革职了。革职的原因，程穆衡《吴梅村先生编年诗集》卷九《赠荆州守袁大韫玉》笺曰：“按顺治十年三月，湖广抚臣题参袁于令等官十五员侵盗钱粮，时布政使林德馨已内升左副都御史，工科给事张王治，并劾。”另有一说，当附会其性情而来，尤侗《艮斋杂说》卷五说：“箨庵守荆州，一日谒某道，卒然问曰：‘闻贵府有三声，谓围棋声、斗牌声、唱曲声也。’袁徐应曰：‘下官闻公亦有三声。’道诘之，曰：‘算盘声、天平声、板子声。’袁竟以此罢官也。”

袁于令罢官时已六十二岁，侨寓江宁，落魄不得意，周亮工辑《尺牍新钞》卷十一有《与安公》云：“公询老夫近况耶，昨题斋中一联曰：‘佛云不可说，不可说；子曰如之何，如之何。’老夫近况，如是而已。”约顺治十六年（1659）回故里，吴伟业《赠荆州守袁大韫玉》题注："袁为吴郡佳公子，风流才调，词曲擅名，遭乱北都，佐藩西楚，寻以失职空囊，侨寓白下，扁舟归里，惆怅无家，为作此诗赠之。"宋起凤《稗说》卷三说："国初，箨庵官至太守。归田后，犹借填词日与吴下后进辈相过从。"不久又到江宁，王士祯《居易录》卷四说："顺治辛丑，客金陵，居秦淮丁翁邀笛步水阁，见钱牧斋宗伯题沈朗倩《石压秋柳》绝句云：'刻露巉岩石骨愁，两株风柳曳残秋。分明一段荒寒景，今日钟山古石头。'予援笔和云：'宫柳烟含六代愁，丝丝畏见冶城秋。无情画里逢摇落，一夜西风满石头。'袁荆州（于令）箨菴见之，戏曰：'忍俊不禁矣。'"辛丑是顺治十八年（1661）。康熙帝初仍在江宁，《南音三籁序》款署"康熙戊申仲春书于白门园寓，七十七龄老人箨庵袁于令识"。戊申是康熙七年（1668），宋荦《何次德见过漫堂感赋》自注："曩次德游梁，主侯朝宗家，余同雪园诸子赋诗送之。后遇于金陵，与周栎园、袁箨庵诸公宴集秦淮丁继之水阁，今屈指三十余年矣。"《漫堂年谱》康熙八年（1669）："五月，观竞渡罢，返金陵寓，邀笛步丁叟继之水阁，与周侍郎、袁箨庵于令诸公盘桓月余，遂还楚。"康熙十年（1671），他还到过扬州，王士祯《香祖笔记》卷十二说："昔袁荆州箨庵（于令）自金陵过予广陵，与诸名士泛舟红桥，予首赋三阕，所谓'绿杨城郭是扬州'者，诸君皆和，袁独制套曲，时年八十矣。曲载《红桥唱和》。"又曾去杭州，《稗说》卷三称其"素嗜武林山水，仍来湖上一访旧游，日则荡轻舸两湖间，领略佳胜，值就湖畔僧寮下榻焉。时箨庵年已八十，神情矍铄，须髯飘飘，犹作世外幽人想"。

康熙十三年（1674），袁于令病卒于会稽，年八十三。董含《三冈识略》卷七"口舌报"条说："吴中袁于令，字箨庵，以音律自负，遨游公卿间。所著《西楼》传奇，优伶盛传之，然词品卑下，殊乏雅驯，与康、王诸公作舆儓，犹未首肯。其为人贪污无耻，年逾七旬，强作少年态，喜纵谈闺阃事，每对客淫词秽语，冲口而发，令人掩耳。予屡谓人曰：'此君必当受口舌之报。'未几，寓会稽，冒暑干谒，忽染异疾，觉口中奇痒，因自嚼其舌，片片而堕。不食二十余日，竟不能出一语，舌根俱尽而死。"董含不喜袁于令，于他的死状也竭尽诬诋。言归正传，说说《西楼记》。

《西楼记》约作于崇祯初年，崇祯五年（1632）七月初五日曾演于京师，祁彪佳《祁忠敏公日记·栖北冗言》于此日记道："赴苗文兄招，即予春仲所寓园也，绿荫满庭，又一番景色矣。与黄水田、彭洗存观《西楼记》，未完，以天意欲雨归。"今存明刊本有《剑啸阁自订西楼梦传奇》《陈继儒批评西楼记》、读书坊刻《恬云阁西楼记》、汲古阁刻《西楼记定本》等。

《西楼记》的故事大略是，御史于鲁之子于鹃，字叔夜，善词曲，有才名。名妓穆素徽慕其才，特将他所作的《楚江情》一曲写于花笺。叔夜得之，感其知己之情，至西楼访素徽，素徽扶病出，为叔夜歌《楚江情》，并誓托终身。叔夜父知其事，禁其子去西楼，素徽要再见叔夜不得。有相国公子池同，趁机以巨金买素徽为妾，并骗至杭州，但素徽钟情叔夜之志不移。叔夜为之忧郁成病，素徽误得讣闻，悲痛自缢，幸得侍女所救。叔夜病稍愈，误闻素徽凶讯，痛不欲生。侠士怜素徽之恋，救她上京寻找叔夜。后叔夜高中状元，与素徽成婚。

它的内容，乃是一般的才子佳人故事，且情节也有故作离奇之病，但对叔夜、素徽两人钟情若痴的心理描摹得甚是细腻。《西楼记》最早署名"白宾氏"，明刊本《剑啸阁自订西楼梦传奇》卷首有陈继儒《题西楼记》说："袁氏家世多循吏文范，白宾继之公车，言极灵极快，其游戏而为乐府，极幻极怪，极艳极香。近出《西楼记》，凡上衮名流、冶儿游女，以至京都戚里、旗亭邮驿之间，往往抄写传诵，演唱多遍。想望西楼中美少年，何许风流眉目，而不知出于金阊白宾氏。力可以扛九鼎，才情可以荫映数百人。特其深心热血，尚留此心，忠孝男儿耳。夫才而不能侠，则曲士鄙儒；侠而不能才，则悍夫走卒。两者兼之，如云霞之黻黼河漠，雷霆之铿訇乾坤，使一切闻且见者，扬除愁风苦雨之凄凉，解脱埋云罨雾之谜塞。此天上不常有，而人间不可无也。"祁彪佳《远山堂曲品》将它列入"逸品"，并评道："写情之至，亦极情之变，若出之无意，实亦有意所不能到。传青楼者多矣，自《西楼》一出，而《绣襦》《霞笺》皆拜下风，令昭以此噪名海内，有以也。"这些评价虽有过誉之辞，但也说出了它的特色。《楚江情》曲子的关子在剧中照应得当，显示出作者的文采和布局手段，均属上乘。李宜之《秣陵春序》评价了当时最流行的几出戏文："《锦笺》轻圆而味稍薄，《昙花》富赡而机不灵，《西楼》有隽语而失之佻，《燕子笺》有新趣而失之俗，《鸳鸯棒》等则浪子不已，几于娼夫，大非风流儒雅之体矣。"田雯《度曲》有云："箨庵最后出，南北调娴熟。合拍九宫谱，譬车行有辐。玉貌绣衣儿，引吭苦伸缩。手持铜绰板，卤莽尤秃速。”

相传《西楼记》成稿后，曾请教于冯梦龙。焦循《剧说》卷三说：“相传《西楼记》初成，就正冯犹龙，冯不置可否。袁即席馈百金，为入《错梦》一折。乃《西楼》为冯所改之本名《楚江情》，刻墨憨斋诸剧中，凡改处皆自标于阑上。如胥长公之妾轻鸿，改为伎女鸿宝儿，本识池生，遂归于池；又赵不将闻于叔夜登第，即至父处为之作伐，娶素徽为室，以赎前愆，皆胜箨庵原作。至《错梦》一出，极口赞其‘神化不可思议’，未尝有改易之说，则《错梦》正出袁手，不可诬也。”

袁于令终身以《西楼记》自豪，朋辈投赠，亦皆以此相推。

龚鼎孳《袁凫公水部招饮演所著西楼传奇同秋岳赋》云：“凤管鹍弦奏合围，酒场新约醉无归。可怜蓟北红牙拍，犹唱江南金缕衣。词客幸随明月在，清歌应遏彩云飞。上林早得琴心赏，粉黛知音世总稀。”“寒城客思绕更筹，梦里横塘阻十洲。一部管箫新解语，六朝人物旧多愁。乌栖往事谈何绮，莺啭当筵滑欲流。落魄信陵心自苦，征歌莫讶锦缠头。”

曹溶《西楼曲赠令昭》云：“麴尘乙夜吴茵惹，袁公骄许须眉者。凤指排笙恨两开，粤珠论斛当筵泻。镂成元枕飞琼羽，丛粉堂深吹麝缕。麟带斑囊七尺人，化作红窗幽月语。小兰骂客输狨舌，飘情甲帐杨丝热。十二湘波舞绛钗，吐香沫雪步临阶。钿车遥遥春瓣打，沈腰新细宫中把。花星九野妖姬压，难消入骨歌难掐。齐梁书客天无才，浓弦刮玉吹青苔。”

吴之纪《春日袁荆州令昭过访百花洲口占二绝》云：“契阔经今两白头，建牙吹角古荆州。东山啸咏西楼梦，故国重逢话昔游。”“一曲才成传乐府，十千随到付缠头。当时记得轻分手，王粲高楼鹦鹉洲。”

吴伟业《赠荆州守袁大韫玉》云：“晓日珠帘半上钩，少年走马过红楼。五陵烽火穷途恨，三峡云山远地愁。卢女门前乌桕树，昭君村畔木兰舟。相逢莫唱思归引，故国伤心恐泪流。”“霓裳三叠遍天涯，浪迹巴丘度岁华。赖有狂名堪作客，谁知拙宦已无家。西州士女章台柳，南国江山玉树花。正遇秋风萧索甚，凄凉贺老拨琵琶。”“词客开元擅盛名，萧条白发可怜生。刘郎浦口潮初长，伍相祠边月正明。击筑悲歌燕市恨，弹丝法曲楚江情（袁《西楼》乐府中有《楚江情》

一出)。善才已死秋娘老,湿尽青衫调不成。”“湘山木落洞庭波,杜宇声声唤奈何。千骑油幢持虎节,扁舟铁笛换渔蓑。使君滩急风涛阻,神女台荒云雨多。楚相归来惟四壁,故人优孟早高歌。”

能得到吴伟业的高度评价,实在是值得骄傲的事,周在梁等辑《藏弆集》卷七有邓汉仪《与袁箨庵》云:“承示诸笺,得吴梅村太史奉赠四诗,风流婉约,真如张绪当年,又如商女隔江唱六朝新曲,可妒亦可怜也。至读曹秋岳先生‘老泪沾歌板,归装俭秫田’之句,又为黯然。世有一代才人如袁令,而竟乏司业酒钱之赠乎!可为世道叹,并可为游人戒矣。”

也有人认为《西楼记》词韵失古意,毛奇龄《西河词话》卷上说:“至好为臆撰如《西楼记》者,公然以中原音韵明注曲下,且引曲至尾,皆限一韵。而附和之徒,反以古曲之出入为谬,而引曲、过曲、前腔、尾声之换韵,反谓非体。何今人之好自用,而不好按古,一至是也。”

入清后,《西楼记》仍传唱不衰,这让袁于令颇为得意,宋荦《筠廊偶笔》卷上记了一件事:“袁箨庵(于令)以《西楼》传奇得盛名,与人谈及,辄有喜色。一日出饮归,月下肩舆过一大姓家,其家方燕客,演霸王夜宴。舆夫云:‘如此良夜,何不唱绣户传娇语,乃演《千金记》耶?’箨庵狂喜,几堕舆。”“绣户传娇语”是《西楼记》中《错梦》一出的唱词,可见当时《西楼记》在民间的普及程度。

至乾隆年间,苏州画铺印《岁朝楼阁图》,图上为新年景象,以亭台楼阁分隔画面,人物活动分若干组,乃戏曲折子戏场景,分别有小字标注,如《楼会》《拆书》《打西楼》(即《打妓》),都是《西楼记》的折子,可知当时《西楼记》仍盛行不衰,故事为人稔熟。在晚近的昆曲舞台上,常演的《西楼记》折子,有《楼会》《拆书》《玩笺》《错梦》《侠试》《赠马》等。

入清以来,许多人热衷议论、考证的是袁于令为什么要写《西楼记》,它的故事人物原型究竟是谁。

宋起凤《稗说》卷三说:“吴门袁于令,字令昭,号箨庵,又名晋,为填词老手。生而白皙,美须眉。少年为诸生时,常游平康,与郡中名姬穆素徽盟好甚笃,将委身焉。素徽又与郡人沈同和善,沈知箨庵有纳姬意,乃置别墅不听出,亦欲挟以归。箨庵私遣人与姬约,闻沈有虎丘之游,偕姬往。箨庵匿小舟中,舣半塘以待。时中秋月明，吴人善歌者例集虎丘酬唱，以别高下。沈携仆先出，箨庵乘隙夺姬过舟，即解维遁去。迨沈觉，已莫可踪迹矣。箨庵因出重资聘姬归，沈、袁两姓各为难，后卒听归袁。于是箨庵感其遇，为《西楼》传奇行世。《西楼》所称于叔夜，盖箨庵自托，而素徽竟以其人显。世只知西楼之素徽，而不知箨庵久拥素徽也。”《稗说》作于康熙十二年（1673），并说：“今闻素徽尚在，年亦七十矣。”

袁栋《书隐丛说》卷七说：“世所演《西楼记》传奇，乃吴郡袁箨庵所填词。沈同和雄豪一乡，凡新到妓女，必先为谒见。穆素徽者，颇有才貌，且年甚少，循例谒沈。是时适有文会，袁生亦在焉。席半，袁颇眷穆，穆亦心许之，私语移时。沈为不怿，促之入座，终席而罢。袁生自是怏怏失志，如崔千年之于红绡妓也。有门下客冯某者，喜任侠，有胆力，揣袁之情，闻袁之语，慷慨自负，以必得素徽为报。先是沈生屡呼穆同游，穆颇厌之。是日，沈与穆又同游虎阜，冯单身径造逃舟，负穆而去，仆从不能当也。沈甚不平，为兴讼焉。袁生之父惧，送子系狱。袁生于狱惆怅无聊，为作传奇。袁乃于鹃，切也，西楼至今尚在吴江城外。”

《西楼记》中的人物，于鹃是袁于令自况，池同（三爷）的原型是沈同和，赵不将（伯将）的原型是赵鸣阳。

沈同和、赵鸣阳是万历四十四年（1616）会试科场案的主角。朱国祯《涌幢小品》卷七“断幺绝六”条说：“乙卯年南场中，有鱼见于闱。鱼，水族也；水，至洁也，而污秽至此。又见于场中，此文明失位之象。次年丙辰会试，沈同和以代笔中第一名，代笔者赵鸣阳，中第六名，俱吴江人。事发按问，并罪除名。吴为水国，遂应其占，亦一厄运也。苏州人为之语曰：‘丙辰会录，断幺绝六。’盖名次适应其数云。”因沈同和、赵鸣阳都是吴江人，乾隆《震泽县志·杂录·旧事》亦记之：“万历丙辰会试，赵鸣阳与沈同和同号，同和求观书义，竟窃录之，鸣阳遂别构，及榜发，同和中第一名，鸣阳第六名。时物议沸然，有诏覆试，同和遣戍，鸣阳得末减。苏人为之语曰：‘丙辰会录，断幺绝六。’赵最有才，风檐之下，元魁出一人手，亦奇矣。”

光绪《周庄镇志·流寓》将这个案情介绍得更详细了，并与《西楼记》联系了起来：“明沈同和，字志学，吴江人，美丰姿，善辞赋，独不长于制艺。万历乙卯举于乡，乃其亲赵鸣阳之文。丙辰会试仅成一艺，余亦鸣阳代作，同和中会元，鸣阳第六。京师哗然，事遂上闻，有救者言其能诗，即命殿前赋梅花诗一百首，顷刻而成。上意欲赦之，或曰国家以八股取士，未尝用诗，仍令覆试。以士憎兹多口命题，竟日不能成篇，遂与鸣阳同黜，罪以流，时有'丙辰会录，断幺绝六'之谚。后遇赦归，隐居镇中，复营别业于镇西之张家滨，与浔阳湾陶唐谏善，朝夕往来，相隔一溪，故有诗云：'昨夜灯前曾有约，今朝移艇渡溪来。'妓穆素徽者，四方名士争欲得之，同和匿之张家滨。有不欢于同和者，制为《西楼记》传奇，所称池三公子，即指同和也。西楼遗址嘉庆初年尚存，素徽即葬于此。"

赵鸣阳得释后，曾入晋三载，教授于阳曲县学。李中馥《原李耳载》卷上"为师白冤"条："张青毛凤翥，余长男岳也。入阳曲庠，有名。潘侍御延江南赵公鸣阳至晋为子弟师，青毛亦从受业。将三载，赵公南旋，为仇者所陷，言逆珰魏忠贤票拟俱出鸣阳手，逮至京，下狱。青毛奔命叩阍，言某年至晋课徒，某年方去，安能分身禁地也。赵公得白，出狱，叹曰：'吾将有以报子矣！'偕青毛渡江，南游苏杭诸胜地。将返，尽以所著举业及行文科律授之。庚午荐元，更置第二。赵公子名玉成者，亦中式北上，握手欢甚，言家君见山西试录，拍案大喜，曰：'吾言验矣！'"焦循《剧说》卷三引《秋田闻见录》："鸣阳，江南吴江人，明时孝廉，能文。以救邻铺获罪，戍云南。明亡，遁迹桂岭。孙延龄逆命召之，坚辞不赴。与浑融、性因为方外交。"又《花部农谭》说："至《西楼》之赵不将，只以口笔之嫌构其父，父禁于叔夜不许私妓，在赵固泄私忿，而其言非不说正，以是而遭雷殛，真为枉矣。盖袁于令与赵鸣阳素隙，心恨之，思得雷殛乃快。《西楼》之赵不将，即指鸣阳也。鸣阳人品学问，岂袁所及，故冯犹龙删改《西楼》，毅然删去此折，是也。"

穆素徽的原型，前人一般认为是名妓周文。

钱谦益《列朝诗集小传·闰集》说："周文，字绮生，嘉兴人也。体貌闲雅，不事铅粉，举止言论，俨如士人。檇李缙绅好文墨者，每召绮生即席分韵，以为风流胜事。绮生微词多所讥评，有押池韵用习家池者，绮生笑曰：'无乃太远乎？'诸公皆拂衣而起。绮生尝有诗曰：'扫眉才子多相忌，未敢人前说校书。'盖自伤也。新安王太古，词场老宿，见绮生诗，击节曰：'薛洪度、刘采春今再见矣！'李本宁流寓广陵，与陆无从、顾所建结淮南社，太古携绮生诗，诧诸公曰：

‘吾能致绮生入淮南，以张吾军。’诸公大喜，相与买舟具装，各赋四绝句，以祖其行。太古比及吴门，松陵一元氏者已负之而趋矣。绮生既属身养卒，敝衣毁容，重自摧废，晨夕炷香，于佛前祈死。不复为诗，时作小词寓意。一元氏以五七言回环读之，迄不能句，绮生乃开颜一笑也。无何，悒郁而死。尝有句云：‘侍儿不解春愁，报道杏花零落。’知者咸伤之。”其中的“松陵一元氏”，即沈同和，嘲其曾得会元而被除名。

朱彝尊《静志居诗话·教坊》说：“绮生善小诗，沈纯父林启，端午召客，呼之侑酒不至，次日始来，问其故，曰：‘昨偶席上赋诗，未就耳。’纯父曰：‘尔能诗，试即景。’以‘五月六日’为题，绮生朗吟云：‘酒剩蒲觞冷，门悬艾虎新。’坐客咸击节，由是诗名大起，缙绅若高元期、李君实皆与酬和。绮生尝有句云：‘扫眉才子多相忌，未敢人前说校书。’盖自伤也。钱氏《列朝诗集》谓为‘松陵一元氏负之而趋，悒郁而死’。所云一元氏者，除名会元沈同和志学也。予于乙酉冬，犹及见之，酒间谈论，援今证古，娓娓不休，亦未至以五七言读词，回环迄不能句，第于帖括，则全不解耳。”顺治二年（1645）冬，朱彝尊亲见沈同和其人。

施绍莘《秋水庵花影集》卷二乐府《舟中端午》跋曰：“名姬周绮生，才色两绝，‘酒剩蒲香冷’，其鸳湖口占句也。辛亥午日，偶谱入小词，庶令个中人残唾遗珠，犹博人间几匹绢耳。绮生予未曾识面，间闻之暗生，大约风流高韵人也，应是直得一死。乃《西楼记》成，而于鹃身黜名辱，殊色诚可怜，美才亦可惜，为一妇人，身为逐客，呜呼，悲夫！虽然吾辈惟此一点情血，庶为人间解秽。彼朝规而暮矩，左绳而右墨者，不知情字作何点画。子夏曰：‘焉能为有？焉能为亡？’吾谓此辈当亦云。今于鹃身隐，而《西楼记》传矣，才名不朽，差可无憾。乃知天下之眷才人、养情脉，未始不宽其途耳。”

另有故事，说穆素徽原型是何氏，乾隆《江陵县志·外志·杂记》说：“何氏者，国色，工诗词，居平巷。识袁箨庵才，誓以终身，尝倾赀助之，及袁守荆州，何自苏亲访焉，公适外出，未之见也，旋暴卒，瘗之后圃。然公每忆前事，窃怅憾，今所传《西楼记》，或谓为何作也。公故以制曲擅名当世，王渔洋所谓‘红颜顾曲袁荆州’也。后二十年，太守蜀中李公偶游后圃，恍惚见女郎徘徊月下，就视即灭，心诧之。且以问其部下，有老吏白其故，乃命启棺而敛焉，改葬于草市之岳山坝，且曰：‘袁与何虽中乖，然夙世缘也，当以其封，予之庶以雪两人地下之恨乎！’爰碣曰‘何恭人之墓’，而题二绝于后，诗云：‘风流太守锦帆才，三十年前宝瑟摧。旅榇荆南归未得，章华春草隔苏台。’‘象服鸾章总不知，穗帷萧寺动予悲。一丘且瘗夫人骨，麦饭荒缘故老思。’今墓与碑俱存。”

又相传穆素徽为化名，沈涛《匏庐诗话》卷中说：“今院本作‘穆素徽’，盖假‘木’之音为‘穆’，假‘白美’之义为‘素徽’耳。”焦循《剧说》卷三说：“穆素徽相传姓木，本名白美，有故址在吴门秀野园旁，貌不甚美，特工于韵语。”

也有人认为穆素徽实有其人，俞樾《曲园杂纂·小浮梅闲话》说：“又及《西楼记》，余曰袁子才《随园诗话》云：‘龚端毅公《定山堂集》有《观袁凫公水部演西楼传奇》一首，盖康熙初年事也，所云虞叔夜，即凫公之托名。王子坚先生曾亲见凫公，短身赤鼻，长于词曲，莫素辉亦中人之姿，面微麻，貌不美，而性耽笔墨，故两人交好，为赵某所忌，故假赵伯将以刺之。’又纪文达公《如是我闻》云：‘《西楼记》称穆素晖艳若神仙。吴林塘言其祖幼时及见之，短小而丰肌，一寻常女子耳。’以袁、纪两公所言征之，则穆素晖果实有其人也。”

此外，剧中人胥表，原型是张元鉴，焦循《剧说》卷三引《亦巢偶记》：“张元鉴，名国经，嘉定娄塘人。少任侠，好拳勇，皆称娄塘张二。偶为青衿所叱辱，遂专心时艺，得补弟子员。与少年名士交，仍以拳棍侠气著名。《西楼记》中胥长公即其人也。所云谈笑起风波者，指赵鸣阳也。”

至于西楼所在，也莫衷一是。

一说在苏州城内，又另有故居，顾震涛《吴门表隐》卷一说：“鸳鸯楼在四通桥西，戚氏书楼（小说所云戚子卿者），明名姬穆素徽亦居之，故名‘穆鸳鸯楼’。穆名美，居秀野堂侧。西楼在温将军庙西，亦穆素徽建所。”秀野堂在闾丘坊巷，顾嗣立建。顾嗣立《观西楼传奇次日容韵二首》之一云：“翠钿拾得在荒园，月动花梢宿夜魂。今日樽前看白美，眉尖一半旧啼痕。”自注：“白美，木姬本名也。故址在秀野园旁。”沈涛《匏庐诗话》卷中说：“楼后为余妇家所得，妇翁太守两轩公生于此楼，今不知更属何姓矣。”四通桥在今因果巷南，河久已填塞，桥无存。温将军庙在通和坊，今并入干将西路。

一说在周庄，镇大部分属长洲县，西部部分属吴江县，西楼事已见前引光绪《周庄镇志》。袁栋《书隐丛说》称“在吴江城外”。又，陈去病《五石脂》说：“同和字志学，赦归后，隐迹白蚬江之浔阳湾，筑西楼以居之，颇饶花木之胜。惟以私婿名妓周绮生故，好事者遂为《西楼记》传奇以播之。记中所称池三爷者，即指同和，穆素徽以比绮生云。”

一说在江宁，《虞初续志》卷十二所录雪樵居士《秦淮闻见录》说：“僧鹰巢定志工诗，著有《竹香楼稿》。丙寅六月，许香岩太史招集西楼，时夏兰敷花，因作《西楼篇》云：‘崔巍石头城，澹荡秦淮水。淮水绕城流，西楼耸云起。不厌野人过，终日清樽酾。纤歌遏白云，华月出高梓。谁操清冷音，猗兰殊不以。’按西楼，即《西楼记》中穆素徽所居之旧址也，香岩太史葺其地而新之。楼俯秦淮，清流照影，十载寓公，游屐颇盛。今许公已归道山，楼台易主，殊深今昔之感。”又说：“按西楼旧址，在秦淮河武定桥下，自许公香岩修葺后，又经易主，若非法菊流传，亦安有过而问者。”

一说在扬州，倪继宗编《续姚江逸诗》卷二十二卷《谭宗小传》说：“一日于维扬酒楼唱《西楼·错梦》，按板谐声，备极婉转。俄有人起自邻座，曰：‘子歌诚善，但中有某字，犹未尽调耳。’宗初犹负气，不相下继。询其人，即谱曲之于叔夜也。遂相与登西楼，访穆素徽，尽兴而别，顾其时穆已红颜化为白发矣。”

穆素徽墓葬所在，已见前引。乾隆四十一年（1776），又有人在桐城郊外发现其墓，沈赤然《五砚斋文钞》卷六《穆素徽墓记》说：“桐城县郭外有土阜，不甚高，以常蔽于榛莽也，故登者绝少。乾隆丙申重九，余友方孝廉春祺偕四五辈乘醉登眺，适一人触物而仆，披荆审视，他无所见，惟一短碣斜出土五六寸，字画不甚可辨，遂更抉深尺许，聚众指爬剔之，宛然‘穆素徽墓’四字也，相与嗟叹，以为奇遇。明日具酒脯醊焉，并为剪除丛莽，正其墓碣而还。互相传述，观者缃绨，不浃旬，歌诗已盈帖矣。余向谓穆素徽者，特传奇中之亡是公耳，今则实有其人，设不遇数君，宁知培塿中尚有芳魂艳骨耶，是乌可无记。吾异时必访方君于其乡，当为吾集赋诗诸君子，招致名优，为演袁箨庵《西楼记》数出于墓次，芳魂有知，知必嫣然一笑也。”

有这么多传说，附会故实，正说明《西楼记》问世后的社会影响之大。

《吴郡图经续记》苏州漂流记

胡伯诚

先回顾一下《吴郡图经续记》的成书历史。

北宋元丰元年（1078），晏知止出任苏州知州，朱长文应晏知止要求，撰写了《吴郡图经续记》。按宋制，知州三年为一任。三年后，晏公调走，此书没来得及刊刻，朱长文乃将稿本藏于家。元丰五年（1082），章岵任苏州知州，与地方士绅关系热络，有“十老会”之设，为朝廷所称许，破例安排章岵连任。朱长文在《牧守》一章，为章岵补了一百六十七字；在《事志》一章，又加上“今太守朝议公同侍亲居此，吴中士大夫多称之”等称赞语。可能章岵觉得有所不宜，将稿本收去，置郡阁而不问。但章岵此举，受到翁同龢的批评：“不知文章著述为何事也。”

元符二年（1099），祝安上通判苏州事，首次将《吴郡图经续记》镂版刊行，但此本没有流传下来。南宋绍兴四年（1134），苏州假守孙佑得祝安上本，经补葺校勘后重刊，今天所谓的宋椠《吴郡图经续记》，即是此本。

无论是祝安上本，还是孙佑本，都是宋代的公使库本，就是动用地方财政印制的书，虽然印数有限，但印制精美。宋代以后，《吴郡图经续记》在民间流传，有明嘉靖间吴县钱穀的悬罄室抄本及刻本。

至清初，宋本再次面世，先为昆山叶盛菉竹堂所拥有，后为徐乾学传是楼所藏。雍正后，这部宋本流入苏州。至乾隆末年，黄丕烈以五十金购自华阳桥顾听玉家，被称为“百宋一廛本”。黄丕烈曾准备借钱穀校刊的《吴地记》和《吴郡图经续记》，再用其他流传本参校，并将两书合装一册。

黄丕烈对钱穀经手的版本深表信任。钱穀是文徵明门下，虽然出身贫寒，但穷得有志气，以抄书而藏书，终成一代大家。钱氏晚年也有了自己的书斋，“晚葺故庐，读书其中”，文徵明为他题了“悬罄室”额，故钱穀著作有《悬罄室杂录》《悬罄室诗》等。

钱穀是位热爱家乡典籍的人，他的著作有《长洲志》《吴中人物志》《苏州三刺史诗》等，他还辑有《吴都文粹续集》三百卷，朱彝尊《静志居诗话》卷十四称其“仿郑虎臣《吴郡文粹》，辑成续编，闻有三百卷，其子功甫继之，吴中文献，借以不坠”。《四库全书总目·集部四十二》说：“自说部、类家、诗编、文稿，以至遗碑断碣无不甄录，其采辑之富，视郑书几增至十倍，吴中文献多借是以有征，亦未可以芜杂弃矣。”

但钱穀校刊的《吴郡图经续记》，令黄丕烈大失所望。

黄丕烈从同年沈书山那里借了《吴郡图经续记》，临校钱氏悬罄室本。结果发现钱的版本还不如沈的版本。黄丕烈很是感慨：“可知新刻之书亦未始无佳处也。”并将这段经过，跋在沈书之后。

黄丕烈于是萌发了购买宋椠原本的念头。

一年前，黄丕烈曾见过此本，“楮墨精良”，实在是好本子，但开价六十两银子，无奈囊中羞涩，“心爱甚而未之得也”。现在既然想要，也顾不得此时已经是腊月廿四日，苏州风俗送灶老爷上天，古人称“醉司命日”。黄丕烈找了个借口再上华阳桥顾听玉家，以五十银得之。与上年议价相比，便宜了十两银子。黄丕烈携书回家，欣然命笔，写下了购买此书的前因后果，落款自署“郡中棘人”，说明有父母之丧。重孝在身，还不顾忌讳，串门买书，黄丕烈也是拼了。

关于《吴郡图经续记》，尤其是宋本的文献价值，前人极为推崇。

《四库全书总目·地理类一》：“州郡志书，五代以前无闻，北宋以来，未有古于《长安志》及是《记》者。”

黄丕烈跋：“余尝见钱氏有刻本，云是从宋本校勘者，今取宋本对之，不特行款弗同，且讹舛诚复不少，则宋本之可珍益信。卷中又有新刻以伪乱真者两半叶，亦后人过于求全，固无损宋刻面目。今而后搜辑吾郡故实者得此，益征详备焉。”

翁同龢跋：“宋刊《吴郡图经续记》三卷，海内孤本也。”

行文至此，《吴郡图经续记》苏州漂流记，遂进入正题。

道光五年（1825）八月，黄丕烈去世，此后，此书归了谁？当然归其子黄寿凤（字同叔）。黄寿凤是长洲县庠生，与潘曾沂最相得，潘祖荫年轻时两次南归，与他无日不见于凤池园内。黄寿凤工篆书，凤池园中的楹联、匾额，皆其所篆。因为潘曾沂是潘世恩长子，理所应当是凤池园的实际管理人。

黄寿凤此人，轻财好施，求者填门，是位大善人。当道看中他不贪财、不爱财，请他出任“出纳局中收放”。谁知出了一场大事故，“银失出千两，在寿凤所”，黄寿凤据实以闻，自认赔偿。赔偿金哪里来？黄寿凤不得不以书折钱，将书卖给了汪士钟。民国《吴县志·杂记二》说：“孝廉（黄丕烈）殁，其书为汪观察士钟稛载而去，虽易主，未尝散也。”黄寿凤经此打击，“未几下世”，这是潘祖荫说的。

汪家是商人出身，经营益美布号，早在晚明，这家布庄就采用回扣方法，把生意做到全国第一。许元仲《三异笔谈》卷三说：“新安汪氏，设益美字号于吴阊，巧为居奇，密嘱衣工，有以本号机头缴者，给银二分。缝人贪得小利，遂群誉布美，用者竞市，计一年消布约以百万匹，论匹赢利百文，如派机头多二万两，而增息二十万贯矣，十年富甲诸商，而布更遍行天下。”但汪家“贾而好儒”，已名列苏州缙绅阶级。

汪士钟，字阆源，号眼园，长洲人，居山塘，四品候补道，户部郎中。家有艺芸书舍，其藏书之精、藏书之丰，道咸间为苏州第一。潘祖荫《艺芸书舍宋元本书目序》说：“吾郡藏书家，自康雍之间碧凤坊顾氏、赐书楼蒋氏后，嘉庆时以黄荛圃百宋一廛、周锡瓒香岩书屋、袁寿阶五砚楼、顾抱冲小读书堆为最，所谓四藏书家也，后尽归汪阆源观察（士钟）。”汪士钟编《艺芸书舍宋元本书目》，其中“《吴郡续图经》，三卷”赫然在目。

汪之藏书，后亦陆续散去。潘祖荫《艺芸书舍宋元本书目序》说：“荫少时至汪氏山塘所居，其堂宇轩敞，树石萧森。堂中悬楹联：‘种树似培佳子弟，拥书权拜小诸侯。'阮文达隶书。阮与汪故有连，三十年来如在目前也。咸丰庚申以前，其书已散失，经史佳本，往往为杨致堂丈所得。兵燹以后，遂一本不存。"

咸丰二年（1852），《吴郡图经续记》为胡珽所得，其跋曰："惟此确系宋椠，余以番银七十饼得自山塘汪氏，始有以证俗刻之谬。念吴郡地志，唐陆广微书已经后人重辑，宋时官撰《图经》又久佚不传，三吴文献幸而仅存，不可不奉为至宝也哉。"

胡珽，字心耘，浙江仁和（今杭州）人，官至太常博士，为藏书家胡树声之子，侨寓苏州定慧寺巷。胡氏祖上是安徽盐商，富有资财，父子均好收藏宋元旧椠，家有琳琅秘室。咸丰三年（1853），胡珽刊印木活字本《琳琅秘室丛书》，凡四集三十种，将《吴郡图经续记》编入第二集，附胡珽校勘记一卷、董金鉴续校一卷。

胡珽致力宋元珍本的收藏、校勘时，得到叶廷琯的帮衬。叶廷琯，号调生，吴县人，廪贡生，一生潜心于学问。论年纪，叶比胡年长了三十岁，亦师亦友，十分相得。叶廷琯是叶梦得之后，梦得有宋本《石林奏议》十五卷传世，历经七百余年，几至湮没，胡珽为之影抄，叶廷琯《吹网录》卷六"石林奏议宋本"条说："族人藏此数年，欲重梓而无力，近闻胡君心耘搜罗秘籍，遂介余以归之。胡君欣然影抄数本，流布四方，而以原本精装什袭。"

咸丰十年（1860），太平军占领苏州，胡珽逃到上海，因受此惊吓，竟客死沪上，叶廷琯将其所遗读书校语录于《吹网录》。《吹网录》卷五"附存胡心耘读书校语十二条"条称其"侨居吴下，好收宋元旧本书，手自校勘，有得即记，数年来与余为赏奇析疑之交。庚申冬避乱沪城，辛酉四月殁于旅舍，年四十。所记校语已失于吴门，追忆仅存十余条，病中属余藏之。谨录于此，以慰亡友"。辛酉是咸丰十一年（1861）。

胡珽死后，部分藏书归吴云所有，包括《吴郡图经续记》，但吴云一直秘而不宣。直到光绪初年，有人惦记《吴郡图经续记》的下落，或许风声已经传出，它在吴云手上。潘祖荫正编写《士礼居藏书题跋记》，因黄丕烈的部分藏书正在胡珽手上，于是写信问吴云，吴云答道："（胡珽藏书）已多散佚，留剩七八十种，尽为候补县孙令购去，后又售与许缘仲亲家，弟与缘仲亲情友谊非比泛常，固不难力索得之也。”这是吴云的一面之词。候补县孙令是谁？无可稽考，而吴云的亲家许道身，字缘仲，常镇道道台，已归道山，故而死无对证。

试想，吴云的《吴郡图经续记》，既然得之于许道身转赠，而许道身同治十二年（1873）就去世了，说明吴云秘藏此书已有些年头了。

光绪五年（1879）十月十三日，《吴郡图经续记》终于在真率会闪亮登场。与会诸君，并作同观记：“光绪五年己卯冬十月十三日，新建勒方锜、吴县潘遵祁、中江李鸿裔、元和顾文彬、长洲彭慰高、吴县潘曾玮、归安沈秉成，集吴氏听枫山馆同观，因记。”这段文字虽简略，但同观七人及主人吴云，都留了印章。之所以如此郑重其事，是因为这次展示是很有鉴定意义的。

光绪九年（1883）初，吴云去世。吴云有五个儿子，其最得意的，乃三子吴承潞。吴承潞以二甲进士申请在江苏候补，兢兢业业三十余年，官至江苏按察使。光绪二十四年（1898）六月，迁福建布政使的上谕已下，但吴承潞于七月去世，藏书随之散出，其中《中兴馆阁录》《新定续志》《吴郡图经续记》三部宋刻，为汪鸣銮所得。

听枫园吴家，也是同光年间苏州的名宦之家，何以也守不住藏书？

翻开一本人口账，就清楚了。吴云生了五个儿子、五个女儿，五个儿子又生了八个儿子、四个女儿，他的孙辈又生了两个儿子、一个女儿。但在吴云去世时，四个儿子已先他而去，只剩吴承潞一个，因此吴承潞身上的家族责任非常沉重。本来，吴承潞同治四年（1865）成进士，殿试二甲，朝考一等，理所当然进翰林院。但吴承潞放弃入选庶吉士，以直隶州牧，需次江苏。其原因，就是出于经济的考量。这个想法，在吴云书函中得到印证：“潞儿舍翰苑清华而为风尘俗吏，到家后一病三月，然能替老人分轻家累，亦未始非计也。”但对吴承潞而言，这是一个痛苦的抉择。

吴云在世时，吴承潞常年担任太仓知州，官声不错，收入稳定，自然减轻了吴云的经济压力。纵观吴云在世时，玩金石、玩书画，似乎手上真不差钱。同治十年（1871），直隶大水，吴云还向灾区捐赠了一批棉衣。李鸿章借此机会，疏请朝廷，为吴云恢复了候补道头衔。但吴云也在竭力打工挣钱，吴云参加编修《焦山志》，就是“籍馆资所入，以佐家用”，只是小辈们不知长辈苦心而已。

吴云去世，一副担子落在吴承潞身上，“抚养叔子及姑子，恩义兼尽。家无中人资，且逋负甚巨。亲族待以举火者，无虑数十家”（俞樾《福建布政使吴君墓志铭》）。吴承潞自身的家庭负担也不轻。他有一妻一妾，生了四儿一女，还有五个孙子、一个孙女要养。就这样熬了十五年，六十四岁的吴承潞熬出了一身病，光绪二十四年（1898）七月，吴承潞去世，时隔三十九天，他的长子也去世了。俞樾说：“家棠，廪贡生，候选员外郎，后君三十九日，以毁卒。”吴家遭此巨变，遂将金石书画散出变现，以处理丧事和债务，也是一个很现实的办法。

约光绪二十五年（1899）冬，吴家藏书很体面地归了汪鸣銮。

为什么是汪鸣銮？首先，汪鸣銮和吴承潞是同治四年（1865）会试同年，汪鸣銮为二甲第十五名，吴承潞为二甲第六十一名。同年之谊，是清代知识分子非常珍惜的社交资源。汪鸣銮自通籍后，一直在京做官。虽然他曾多次外放学政，主持外省乡试，但他的任职衙门在北京，在北京也有住处。吴承潞进京下榻处便是汪氏京宅。其次，汪鸣銮在吴家是极受尊重的人物。吴云曾这样夸奖汪鸣銮：“昔贤所谓交游中得一国士者，舍郎亭其谁当之？”郎亭，是汪鸣銮的号。吴云还说过：“恒轩与吾郎亭洵称一时瑜亮。”恒轩，是吴大澂的号。吴云常称汪鸣銮为“吾郎亭”，称吴大澂为“吾恒轩”，亲如手足。

光绪二十六年（1900）四月，汪鸣銮与费念慈到常熟，将《吴郡图经续记》献宝似的给翁同龢看，翁同龢廿四日的日记记道：“柳门、屺怀自苏来，携书帖示我。”这书帖中就有《吴郡图经续记》。廿五日记道：“看《吴郡图经续记》，抄米书朱长文墓志。”廿六日记道：“舟诣三峰下院，答汪、费二公，并晤药龛和尚，长谈而归。借汪公《吴郡图经》《参寥》两种暂看，以余家宋刊《韩集》属其题记。”此后或抄或校，并于五月初七日作跋，曰：“宋刊《吴郡图经续记》三卷，海内孤本也。自菉竹堂叶氏、传是楼徐氏，流转至黄氏百宋一廛，今归郎亭汪侍郎万宜楼。侍郎钱唐籍而世居于吴，则亦吴人也，其得此书为宜。余有旧钞半部，欲假以钞补，忽闻北方兵警，遂至中辍。余邑距郡九十里，欲遣一力赍还，则山中皆农夫，欲付航船，船人又未可恃也，因留案头久之。按乐圃著是书在元丰七年，阅十六年而始锓板，盖沉薶于郡阁者久矣，岂亦如《石湖志》为人所哗而未之刻耶？抑是时太守章公者固无意于斯耶？章公健吏也，与前守范公、晏公之礼贤士、奖儒术、勤水事者异矣，宜其惘然自足，不知文章著述为何事也。近年以来风气迭变，余与郎亭伏处家衖，未尝通宾客，而客亦莫之顾。郎亭文望重一世，又熟于故事，庶几无愧乐圃，而余则颓然老矣。”

想不到吴家在将藏书易手给汪鸣銮时，得罪了一个人——吴昌绶。

吴昌绶，浙江仁和（今杭州）人，字印丞，一字伯宛，号松邻。说起来，他曾经也是个富二代，读书人家子弟。老家有亭台楼阁，亭子叫“绣谷亭”，藏书楼叫“瓶花斋”。洪亮吉《北江诗话》卷三说，藏书家有数等，“次则搜采异本，上则补石室金匮之遗亡，下可备通人博士之浏览，是为收藏家，如鄞县范氏之天一阁、钱唐吴氏之瓶花斋、昆山徐氏之传是楼是也”。可见吴氏瓶花斋亦是一大家。但经战乱，杭州两次沦陷，吴家快速败落。吴昌绶“随宦吴中”，二十岁左右就在江苏布政使衙门游幕，据说藩台大人黄彭年还挺欣赏他。

虽然吴昌绶与汪鸣銮的籍贯都是浙江，并且两人都长居苏州，但并没有交集。吴昌绶同治六年（1867）出生时，汪鸣銮已是同治四年（1865）的进士，他们属于两代人。此后，汪鸣銮一直在北京当官。同治十年（1871），汪鸣銮丁母忧回苏，吴昌绶仅五岁。光绪六年（1880），汪鸣銮丁父忧，吴昌绶也仅十四岁。他们之间，有何恩怨？

日转星移，光绪二十三年（1897）秋闱，吴昌绶中举，当年进京，因为第二年是戊戌年正科会试。吴昌绶有没有参加会试，或是考了有没有中，都不重要，但吴昌绶肯定参加了内阁招聘，成为内阁中书。录用内阁中书有特定的职业要求，譬如必须书法好，文理通顺，还要经过考试甄别。

因为这次北方之行，吴昌绶寄存在吴承潞衙门里的数千卷书弄丢了。吴昌绶抱怨说：“丁酉北行，有书数千卷，留归安吴布政所。布政殁，为一残客胠窃殆尽，中多旧帙，叹恨不已。”归安吴布政即吴承潞。

吴承潞去世，接着其长子又去世，吴家后人在手足无措中将吴昌绶寄存的书也一股脑儿处理了，是不是也出售给了汪鸣銮？无人知道。但吴昌绶骂的，确是汪鸣銮。

其实这事，怎么怨也怨不到汪鸣銮。吴昌绶这话骂得很是恶毒：所谓“残客”，讥讽汪鸣銮是被朝廷罢黜的官员；所谓“胠窃”，那更是小偷的别称了。

众所周知，清朝实行官邸制。吴昌绶光绪二十三年（1897）北行时，吴承潞官居江苏按察使，他本人及家眷都住在苏州道前街臬台衙门。一年后，吴承潞死了，死在官邸，当然要清场，包括吴昌绶寄存在臬台衙门的书。天不留书，奈何？

吴昌绶的这段话，写在《酬莫楚生以药园诗稿见示》夹注中，刊刻在《松邻遗集》里，并被《晚晴簃诗汇》所收录。《晚晴簃诗汇》是清诗总集，读者甚众，抹黑汪鸣銮的客观效果达到了。

这首诗写于光绪二十六年（1900），而光绪二十四年（1898）戊戌之变后，京城传出访拿汪鸣銮、文廷式的消息，见皮锡瑞《师伏堂日记》。吴昌绶作为内阁中书，当然更为清楚，汪鸣銮已是死老虎，翻身无望，所以可以放胆地骂。但落井下石、乘人之危，非君子所为。

光绪三十三年（1907），汪鸣銮去世，万宜楼藏书于民国初年散出，吴昌绶获知后，很是兴奋，写信给缪荃荪说："孟萍以万四千元，与友人分买苏州书颇多，读示方知是郎亭故物。师所指数种，皆归安吴氏物。柳门非巧取，即豪夺，今亦有出门之一日，可喜可感。《吴郡图经续记》，昔年绶屡求不得，盖早为柳门挟去。"孟萍，即蒋汝藻，为南浔望族，富收藏，精赏鉴。原来吴昌绶与汪鸣銮心存芥蒂，都是《吴郡图经续记》惹的祸。

被吴昌绶看中的《吴郡图经续记》，落入汪鸣銮之手，其实很正常，古籍善本向来都是流向优质客户的。但吴昌绶因此而愤愤然，特别是在汪鸣銮去世后，作幸灾乐祸状，这其实很小人。吴则虞《续藏书纪事诗》为吴昌绶留了一句评语："人或讥其褊。"换言之，气量狭小，一根筋。而吴昌绶自己，也逃不了藏书家的宿命，他的后半世，与汪鸣銮一样，藏书中最重要的宋本《东京梦华录》，其子孙也没能留住，归了袁世凯的次子袁寒云。

晚清藏书界中，人的关系有点纠缠不清。为了争搜古书，密友变成路人，甚至绝交，乃司空见惯的事。大言之，这是绅权上升的一种折射，谁也不买谁的账。小言之，这是道统失衡，儒教最起码的尊敬长辈，也顾不得了。

吴昌绶其实也是一位颇有才华却命运不济的人，据《晚晴簃诗汇》记载，他"洎居京师，以食字自给，未尝一干要津"。这句话看似表扬，其实也是婉转的批评，吴昌绶在北京没有朋友，少了后援，正因为如此，他饱受被人中伤之苦。

他得了洛阳出土的《魏代元氏志》，拓印出售牟利，被指伪造，只能自陈清白，至于人家信不信，天晓得。正应了那句“人生在世，有时笑笑别人，有时被别人笑笑”，如此而已。

民国初年，吴昌绶参与编撰《清史稿》，是五十四位协修之一，另著有《龚自珍年谱》等，学界也颇有好评。论其本相，他依然是一位学人，一位诗人，这是需要说明的。

《广新闻》作者再考

卿朝晖

《广新闻》是一部志怪小说，最早的版本是乾隆五十七年壬子（1792）雨棕亭刻本，南京图书馆、上海图书馆、浙江图书馆都有藏。作者署“无闷居士”，卷前有拈花侍者序，吴县李福、吴县顾莼、长洲吴嘉泰、平江徐葵、长洲顾寅、元和李锐、新阳王声雷、吴江薄凤翼等人题词。

“无闷居士”到底是谁？学术界主要有三种说法。《中国古代小说总目》（文言卷）以为是无锡孙洙，并云出自《贩书偶记》。但检《贩书偶记》，只云“《广新闻》四卷，无闷居士编，乾隆壬子刊巾箱本”（卷十二），并未说无闷居士就是孙洙。南京图书馆、国家图书馆目录皆作陆鼎翰撰，以陆鼎翰号无闷居士之故。这两个说法均经不起推敲，理由有二：第一，《广新闻》李福题词云“壬子夏，无闷居士辑其往常所闻为一编示余”，壬子为乾隆五十七年（1792），此时孙洙已死〔死于乾隆四十三年（1778）〕，陆鼎翰尚未出生（同光间人）；第二，《广新闻》卷三有“吾郡张补梧前辈”云云，张补梧即张邦弼，乃苏州府长洲县人，孙洙是无锡人，陆鼎翰是常州人，里籍亦不相符。

还有一种说法，说“无闷居士”是顾广圻，为张振国所考，文章刊载于《文献》2016年第三期。所举证据大致有三：一、顾广圻乃苏州府元和县人，生于乾隆三十一年（1766），里籍、时代契合；二、顾广圻有别号“无闷子”，与“无闷居士”相近；三、顾广圻与题词的李福诸人皆有交往。

张振国所言看似在理，其实漏洞很大。因为：一、“无闷居士”和“无闷子”只是相近，并不能画等号，且“无闷”一号亦非顾广圻专属，别人也可号“无闷”；二、题词者都是苏州府人，明清之时，同里士子之间彼此酬答唱和极为常见，友朋之多，文酒之盛，后人恐怕亦难以比肩，单凭交往，很难坐实，挂一漏万，在所难免。更何况顾广圻是一代校勘大家，其交游之广、研究者之多，而竟无一人称其曾著《广新闻》，实太过蹊跷。笔者遂不揣浅陋，据所闻见，重考如下。

一、顾广圻得号“无闷子”之由

顾广圻自署“无闷子”并不多见，李庆《顾千里研究》仅著录两处。为何自号“无闷子”？叶廷琯《吹网录》卷五“无闷子录《遁翁苦口》”条明确地说：

《遁翁苦口》一书，节录《朱子语类》，示人修身为学之道，颇为简要。遁翁者，朱子晚年自号也。训门人谓‘只是觉得如此苦口，都无一分相启发处’，此书故以此名，见卷首小引。录者为无闷子，不著姓字，程禀初语余，无闷子实即其师顾涧蘋先生。涧翁生平论学，好以气陵人，晚年有得，辑为此书，切中今学者隐微痼疾，自虑因此益犯众怒，故匿其名。阳城张古余观察敦仁曾为刊行，跋语谓不知谁氏所录，亦为讳之。余谓古人以格言训世者多矣，未闻因此致仇，况只辑儒先语录乎？涧翁之意，当是以《朱子语类》甚繁，而仅仅摘录一帙，恐以罣漏贻讥，故不欲自显。此正其谦衷而非为避怨起见，然实亦无庸讳也。

《遁翁苦口》刻于道光四年（1824），前有无闷子《遁翁苦口引》，今收在《顾千里集》卷十三。此书又有张敦仁跋：“偶检敝簏，得《遁翁苦口》一册，盖取《朱子语类》摘抄之者，亦不记为谁氏所录也。读之切中近日学者隐微痼疾，亟寿诸梓，冀与学者共读之。”可与叶廷琯之说相验证。可见，顾广圻号“无闷子”，是道光四年（1824）前后之事，目的是回避其他学者的责难。如果是沿用三十年前就有的旧号，又怎能做到“不欲自显”呢？

此外，国家图书馆藏顾广圻批校《唐文粹》一部，末有“无闷子”校记一条，署“道光乙酉中秋日”，乙酉即道光五年（1825），与《遁翁苦口》刊刻时间亦相当。

因此，我们认为，“无闷子”是顾广圻晚年的自号，与“无闷居士”并非一回事。

二、“无闷居士”再考

如果无闷居士不是顾广圻，那可能是谁？由于资料有限，我们只能从《广新闻》本身入手。此书卷端有一篇序文和几篇题词可供考索，现择要过录如下：

拈花侍者《广新闻序》：“搜神干宝，记尽瑰奇；说鬼东坡，事无真伪。性所近也，意即留焉。无闷居士家本齐云，谊尝立雪。素具粲花之舌，每为碣石之谭。木魅山精，得未曾有。续凫断鹤，姑妄言之。今乃出其新编，丐余弁首。稗官野史，登大雅堂，著作无关恶瘅善彰，遇下等人因果且说云。乾隆壬子秋七月，拈花侍者序。”

吴县李福子仙《广新闻题词》：“壬子夏，无闷居士辑其往常所闻为一编示余。鬼怪居其半，次及仙狐，下至街谈里谚，莫非可惊可愕者。昔孙可立常恨天下无书，以广新闻，余因请以《广新闻》名其编。有观之而色飞眉舞者，谓闻所未闻也可，有观之而骂为多事者，谓闻犹不闻也亦可。”

新阳王声雷豫庵《广新闻题词》：“壬子初秋，余病疟紫阳院斋。适无闷居士以《广新闻》一编示余。其中事迹离奇，物情变幻，闻闻见见，匪夷所思，如入山阴道上，令人目不给赏。读未竟而疟愈，因叹此书之功不减子章髑髅之句也。”

吴江薄凤翼古砚《广新闻题词》：“闻见都因疑殆纷，鹢飞石陨已无文。刘家自得青藜秘，《说苑》新谈广见闻。”“离奇彩管辄生花，笔底波澜海上槎。知是君家通敏悟，《天台赋》纪赤城霞。”

这些诗文里，笔者认为，最重要的是薄凤翼的第二首题词，因为它间接给出了“无闷居士”的姓氏。“知是君家通敏悟，《天台赋》纪赤城霞”，用的是晋孙绰《天台山赋》“赤城霞起而建标，瀑布飞流而界道”的典故，联系“君家”二字，“无闷居士”当姓孙，绝不会姓顾。又“广新闻”一词，用孙处玄“常恨天下无书以广新闻”之典，也是因为孙处玄与作者同姓，故李福请以为书名，都是文人常用的借代手法。如李福诗“孙位嗟神妙，黄筌愿久要”，自注“谓蔚堂”，“荛圃更属曼生作《得书十二图》”（《花屿读书堂诗钞》卷一《己未九月十三日陪陈古华太守延庆及其弟子陈曼生鸿寿宴集士礼居曼生即席作〈荛圃赏雨图〉分得瓢字》），即以孙位指孙延、黄荃指黄丕烈。可惜这条材料，张振国竟没有采用，实在奇怪。

循着这个线索，笔者认为，《广新闻》的作者很有可能是当时吴县名士孙延。孙延，原名衡，字寿之，号蔚堂，因家有古梅九枝，故又号九梅居士。诸生。工写生，能诗善画。黄丕烈收宋刻十卷本《陶渊明集》，即请其题签，今藏于国家图书馆。子义钧，字子和，亦善诗，有《好深湛思室诗存》二十二卷。

李福诸人与孙延的交往，在其《花屿读书堂诗词钞》中有明确记载，如《诗钞》卷一有《赁屋于孝友堂之东偏书呈孙蔚堂》《十月望日集江云墀顾希翰金湘江吴惕人孙蔚堂家四香于笃雅书屋分题得典裘》《同高颇愚顾南雅家四香孙蔚堂游天平山访一峰上人》，卷五有《孙蔚堂延挽辞》，《词钞》卷二有《减字花木兰·柬孙蔚堂》。其中，顾希翰、顾南雅即顾莼，家四香即李锐。

顾莼对他们几人的交情，记述更详，见其为孙义钧《好深湛思室诗存》所作序言："子和尊甫寿之明经，与予同出嘉定钱少詹之门，寿之居吴郡迪南东郭里，志称为小沧浪，有池榭林木之胜。嘉庆丁巳、戊午间，延予与李尚之明经课其弟若子，李子仙孝廉复赁居寿之东偏屋。时则江艮庭徵君、孙渊如观察、洪稚存太史、黄荛圃主政、高颇愚上舍、钮匪石布衣、夏方米孝廉、陶凫香太守、董琴涵侍御恒朝夕过从，诗酒谈宴，于斯为盛。"（《好深湛思室诗存》卷首）

足见李锐（字尚之）、顾莼、李福、黄丕烈等人与孙延的关系相当亲密，李锐和顾莼在孙家教课，李福租屋孙家东偏房。李福为此特意作《赁屋于孝友堂之东偏书呈孙蔚堂》诗一首，以表感谢。潘曾莹《小鸥波馆诗钞》卷八还收录了顾莼灵岩山感怀诗一首，顾氏自注云："辛亥岁，与高颇愚、夏方米、李子仙、孙蔚堂宿此山数日，今存者予与方米而已。"辛亥是乾隆五十六年（1791），可知这几人在《广新闻》刊刻之前就已相识。

李锐《观妙居日记》也记载了大量与孙延交往的例子，摘录一二。嘉庆十年（1805）六月二十一日，"寄家信一件，吴春斋、孙蔚堂信各一件"；八月十九日，"中吴诗课，集吴春生愿学草庵。同会者，陈仲渔、黄荛圃主政、董琴南、琢卿、孙蔚堂、高颇愚、陶云椒、秋麓、王小梧、蒋于野、李子仙、夏方米、孙配堂、吴庚生”；九月十三日，“子仙家晤颇愚、宾嵎、伫兰、竹友、蔚堂、春生、琴南、容斋、康民、毓川。晚同伫兰、蔚堂食蟹”。十一年（1806）正月初一，“蔚堂拉同至子仙、颇愚家，颇愚留饮，更余归”；正月初二，“同蔚堂至元署，又至张伯冶家”；二月初一，“星槎、蔚堂来谈。又至四美斋与蔚堂对谈竟日”；三月二十六日，“蔚堂赠天文书一本”。

三、“齐云”在哪里？

前拈花侍者序中提到了“无闷居士”的里籍，即“家本齐云”，从“本”字看，“无闷居士”当有迁居之举。故张振国认为，“齐云”即苏州城内齐云楼，在吴县境，顾广圻为元和人，顾氏先人居吴县，因以齐云楼代指。这也说错了，齐云楼旧址在子城内，地属长洲，并且齐云楼元末已毁，以齐云楼来代指里籍，则从未有过。

而据孙义钧记载，“休宁草市村有家庙，钧原籍也”（《好深湛思室诗存》卷一《呈族伯鞠堂》），可知孙延原籍安徽休宁。休宁县西三十余里有齐云山，又名“白岳山”，是著名道教圣地，供奉真武大帝。其道教活动可以追溯至唐乾元年间，明代香火最为鼎盛，号“小武当”。清代虽道场渐衰，但仍是重要的道教祖庭之一。拈花侍者为何人虽不详，但从其他题词者的籍贯（皆苏州府人，疑皆紫阳书院学生）来看，应是苏州人。孙延是安徽人，迁在苏州，故用“本”字。而顾广圻本是苏州人，元和、长洲、吴县县署都在苏城之内，又何必赘此一字？

可惜的是，直至现在，笔者仍未能找到孙延号“无闷居士”的直接证据，但从薄凤翼的题词来看，作者姓孙，是确切无疑的。《广新闻》本是用以解闷消暑的志怪小说，创作此书之时，孙延等人不过二十余岁，自号“无闷”，不亦宜乎？

关于雕胡饭的补正

老　凡

前几日，收到好友寄来的包裹。打开一看，居然是满满一口袋菰米。倒入盆中，就闻到一股淡淡的香味，其形细细长长，颇似苏州常熟特产鸭血糯，其色乌黑油亮，用手一摸滑爽油润，又酷似木渎的青粳米，顷刻间就想到杜甫的诗“滑忆雕胡饭，香闻锦带羹”。欣喜之余，即刻微信回复致谢。没想到一番殷勤致谢，竟然换来了一记着着实实的打脸：“大作《饮食经》，在下已拜读，甚觉有味。然而尚有几处疑惑，就以书中提及的雕胡饭而言，老兄在《香椿头和雕胡饭》一节中言：‘用秋茭白结出的果实做饭一度也是古人的主食之一。早在商周时代，菰米就已是先人们的盘中餐，只不过不是佐餐的菜肴而是一种主食。’然而在《饭稻羹鱼》一节中又言：‘饭稻羹鱼这是一个常用来描绘苏州人食馔的一个成语。吃饭以稻米为主，而吃菜则以鱼族水产为主。’两者所言，似有相悖。再有，关于菰米的由来‘据说是因为茭白成长过程需要一种黑粉菌。初时因为黑粉菌的存在，茭白才能长得茎肉嫩肥、洁白如玉，若是茭白中生出黑丝，那就意味着品质步入了粗老的阶段，这时的茭白就不再受人待见了，只能静待着不断长黑变老，直至结籽生成菰米’，却似有纸面文章之嫌……”赶紧再读原文，不觉汗颜，短短七百多字一小节，谬误竟然如此，实在有愧读者。无奈之下，只得重作梳理，予以补正。

首先，“饭稻羹鱼”指的是以水稻为饭，这一点应该没错。2010年浙江省文物考古研究所对金华市浦江县一万多年前的上山文化遗址进行了发掘，根据出土的生产工具和稻田遗址，估算了当时的稻谷产量，得出的结论是亩产约为五十五公斤。而在20世纪70年代，对苏州草鞋山遗址的考古发掘，也发现了水稻原种，而且已有了粳、籼种类之别，这足以说明在上古时代，水稻已经成为重要的农作物之一。而菰米在先秦时期是餐桌上的主要食材，这一点似乎也没大错。《周礼·天官·膳夫》就说："凡王之馈，食用六谷（黍、稷、稻、粱、麦、菰）。"与苏州一水相隔的浙江湖州，遍地是菰，因而古有"菰城"之称。在元代，高启《松江亭》有云："欲炊菰米饭，待月出海白。"杨基《赤山闲居》亦云："朝饮米杂，雕胡晚炊。"这些都说明在很长的历史时期中，菰米确实是一种重要的野生粮食作物。笔者文中所犯之错，皆忽略了《周礼·天官·膳夫》中"凡王之馈"这条重要信息。显然，虽同为餐桌主食，但菰米的珍稀度要远远高于水稻，享用者的层级也不可相提并论。再从至今全球仅存的野生菰米出产地——北美印第安人聚集地的产量来看，其亩产不过二十五公斤，由此可知，菰米的珍稀度远远高于水稻。

关于"饭稻"之淆，似乎还能自圆其说，但关于黑粉菌与雕胡饭的关系，却说得实在是牵强附会了。

所谓菰米，其实就是茭白籽，用其成饭即为文人笔下的雕胡饭，故而茭白古时又称"雕胡"。至于旧时的"食用六谷"演化为当今的"五谷丰登"，菰米为何会被剔出六谷之列，雕胡又是从何时起由饭而成时蔬，说辞虽多，但几乎都源于历代诗文。

雕胡饭在古代诗文中出镜率最高的时期当属唐代，李白、杜甫、王维、陆龟蒙、皮日休等都曾咏及，其中尤以李白的《宿五松山下荀媪家》最为著名，诗云："我宿五松下，寂寥无所欢。田家秋作苦，邻女夜舂寒。跪进雕胡饭，月光明素盘。令人惭漂母，三谢不能餐。"李白夜宿的五松亭，在今安徽铜陵，此行原为给三年前落成的五松学堂题名，时为南陵县丞的常建安排李白品尝了雕胡饭。不承想，就这一碗乡间野味，居然让李白"跪进雕胡饭"。四百多年后，南宋淳熙年间，铜陵知县林桷专程去拜谒了五松学堂，写了五首《题太白五松学堂》，其中一首云："荡漾清溪两桨飞，趋行不及到斜晖。无人跪进雕胡饭，只学卢仝啜茗归。"这时学堂尚在，雕胡无了。元明之后，关于雕胡饭的溢美诗句明显少了许多，而且往往都带有怀旧追忆的色彩，对菰米和茭白的认知也开始混淆。宋哲宗朝的苏颂在《图经本草》中就说："菰，至秋结实，乃雕胡米也。古人以为美馔，今饥岁，人犹采以当粮。"指出菰应是蔬菜，其籽只是荒年充饥之物。到了明代，王世懋就在《学圃杂疏·蔬疏》中质疑："茭白以秋生。吴中一种春生，曰吕公茭，以非时为美，初出时，煮食甜软。据《尔雅翼》曰：苽即菰、蒋之类。曰菰首者，即今之茭白也。又有黑缕如黑点者名乌郁，今茭中有之。余所种仅秋生者耳，然菰实有米，而今茭白未闻有之，或者野茭乃生米也。"他直言不讳地说，茭白和茭白籽并不是一回事，只有野茭白才能生成茭白籽。

对于王世懋的质疑，现代学者游修龄先生在《野菰的误称与雕胡的失落》中曾作论证："当初长江以南湖泊众多，人们从浅水边即可采集到菰，加之菰的落粒性很强，要将其培育为成熟又不易掉粒的栽培作物也不容易，所以一直没有人工栽培的菰。唐宋以后，南方人口激增，农业不开发，人们到处在湖泊边缘围湖垦田，菰的根被清除，稻米产量大增的同时，生长菰的浅水沼泽迅速减少，可供采集的菰米也越来越少，终于在人们的餐桌上消失了。另一方面，菰米的消失，也与一种寄生在菰茎中的真菌——菰黑粉菌有关。当菰茎开始拔节抽穗时，菰黑粉菌的菌丝就入侵到茎的薄壁组织细胞内，从茎组织获得营养，菌丝的新陈代谢产生一种生长素类的分泌物，刺激薄壁组织的生长，使茎部膨大，成为茭白，从此不再抽穗结籽了。古代人们早已发现茭白可以食用，但也只是采集现成的茭白，数量有限。直到宋时，人们把茭白挖出来，种植在田里，第二年会产生新茭白，因菰黑粉菌的冬孢子是一直留在田间地下茎里越冬的，所以带菌的菰茎像种薯类一样，可以留种无性繁殖，世代相传，于是有了专门种植茭白的田块。因茭白不再结实，人们渐渐忘记了茭白和菰的关系，以为是不相干的两种植物。天然菰慢慢消失后，人们就只知道茭白，不知道雕胡（菰米）为何物了。"至此，雕胡的变种脉络大致清晰了。

至于能让李白"跪进雕胡饭"的味道，前人也多提到。王维《送友人南归》云："郧国稻苗秀，楚人菰米肥。"一个"肥"字，可见其油润。李时珍《本草纲目·谷部》说："其米甚白而滑腻，作饭香脆。"清香四溢，色泽明亮，口感脆爽，似与杜甫的"滑忆雕胡饭，香闻锦带羹"同出一辙。晏殊《御阁》的"南国雕胡奉紫庭，九重楼阁瑞云生”，更是描绘了品尝时飘飘欲仙的感觉。可惜，笔者所得的感受却与此大相径庭。

按友人随邮附来的说明书，抓一把菰米泡入清水中，顿觉杜甫提到的“精凿成白粲”，如今恐难做到了。杜甫的“精凿”是将收集来的秋菰黑穗混入瓷末，然后搅动翻滚后，搓去菰米外层的黑翳。且不说如今菰米这么贵，搓去黑翳多可惜，即便舍得，但如何将“白粲”和瓷粒分离，这就足以让现代人大费心思了。退而求其次，浸泡四小时后，菰米似乎未见变动，静静地躺卧在碗底，清水依旧，证明友人赠送的菰米是未经“美容”的天然食材。上笼蒸熟，掀开盖，杜甫说的“香闻锦带羹”，一点不虚，舀一勺送入口，倒是有几分鸡头米的味道，抿口细品，齿间似乎也有留香，却很难体会古人所言的“肥”“滑”“脆”。

稍有遗憾，但也无所谓。原本就有“今人不知古人味”的说法，更何况美食体验很大程度上在于过程，适口为珍，本来就是一种精神上的享受。

江芸阁年谱

唐　权

前　言

活跃于嘉庆、道光年间的苏州人江芸阁，在中日文化交流舞台上可谓风光一时。其人多才多艺，不但擅长诗文书法，且精通音律丝竹，对日语也能说能写。他渡航日本凡二十年，日本的一流文人如市河宽斋、大田南亩、赖山阳等人争相与之交游唱酬，他的名字和诗文也频繁出现在日本的各类诗文刊本及绘画作品中，确乎蔚为大观。

然而江芸阁身后名声不显，他的诗文亦散落四方，未能结集刊行。盖以其人并非士大夫，本业乃是协办官铜的商贾，这一点也是他身后受到轻视的原因。直到2004年，德田武教授出版专著《近世中日文人交流史的研究》，书中第八章《江芸阁与日本文人交流年表》（以下简称《年表》）才首次勾勒出江芸阁的部分人生轨迹。德田氏将江芸阁与陈元赟、朱舜水并列，认为这三人是江户时代对日本文坛影响最大的中国文人，而通过梳理江芸阁的事迹，将有助于理解江户时期日本人的对华意识。

德田氏对江芸阁的评价，笔者十分赞同。同时，笔者认为，如果能厘清江芸阁的生平与文化活动，不但可填补中日文化交流史研究中的一段空白，而且将丰富和增进吾人对于清代苏州的对外关系，中日两国间的文人网络，乃至对整个东亚文化的理解。

需要指出的是，德田氏的《年表》在对江芸阁的研究上虽有开辟之功，但在内容上尚有值得商榷之处。一是在文献方面，《年表》主要依据江户后期各类汉诗文集的刊本，而甚少涉及江芸阁本人的手稿，以及相关抄本和书画作品，后者不但数量庞大，而且内容之丰富远超前者。因此不得不说有关江芸阁与日本文人交流的事迹，在《年表》中尚有诸多遗漏。二是《年表》没有利用中国方面的文献，因此江芸阁的身世、家庭及相关地域文化背景等信息未能反映出来，甚至江芸阁的年龄也未能正确推算。此外，还有一点令笔者感到遗憾，近年来国内学界亦出现研究江芸阁的论文，然在文献上大都取用德田氏的研究，未作文献批判就直接作为依据引用，结果难免以讹传讹。

笔者数年来奔走于中日两国间，调查与江芸阁相关的各类文献。这篇《江芸阁年谱》即根据调查所见重新编写。凡德田氏《年表》未及之处，本文详写之；《年表》详写之处，本文则尽量简略。在文献上虽是以全面调查为目标，然难免有所疏漏，不足之处，敬请方家指正。

乾隆三十七年（壬辰，明和九年，1772），一岁。

十月二十三日卯时生于苏州，父江潼（1751—？），字岐发，号莲塘；母吴氏（1753—？）。江芸阁为长子，名大楣，成人后取字印亭，芸阁则为其号也。

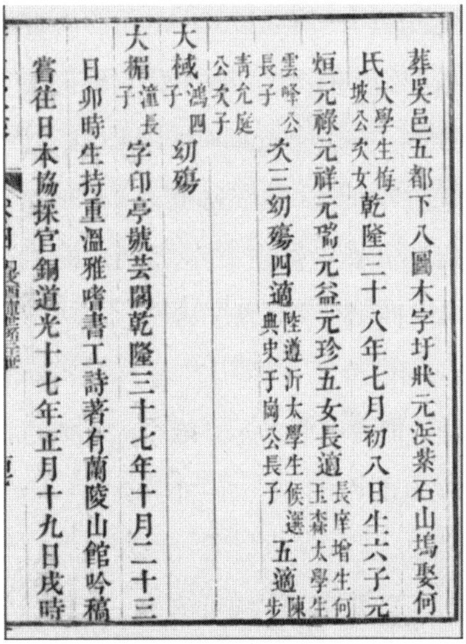
葬吳邑五都下八圖木字圩牀元浜紫石山塢娶何
氏大學生梅坡公次女乾隆三十八年七月初八日生六子元
烜元祿元祥元嵩元谷元珍五女長適長庠增生何玉森太學生
雲峰公次三幼殤四適陸道沂太學生候選典史于崗公長子五適步陳
長子青允庭公次子
大棫子鴻四幼殤
大楣子潼長字印亭號芸閣乾隆三十七年十月二十三
日卯時生持重溫雅嗜書工詩著有蘭陵山館吟稿
嘗徃日本協採官銅道光十七年正月十九日戌時

《萧江家乘》中的江芸阁小传

苏州江氏家族为兰陵江氏之一支。《萧江家乘》（道光年间刊，上海图书馆藏）记载，江氏系出于萧，一世祖名祯，唐季时官至上柱国江南节度使，因避乱渡江而南，居歙县黄墩，遂指江为姓。明季时二十五世江师威，字敬松，自歙县移居苏州，是为迁吴之祖。江芸阁为祯三十一世孙，出生时其家族居苏州已历七世。

江芸阁曾祖名国正(1656—1720),字湘侯,有孝行。其去世后四十二年即乾隆二十七年(1762),国正五子江铉(1696—1774),字声金,号玉斋,率族人向官府请旌,获准于虎丘青山桥东建江孝子坊,该祠至民国时尚存。见《吴县志》(民国)卷二十四上“坊巷”。

江铉即江芸阁祖父,国学生,例授儒林郎候补州同。铉自述曾商贩粤东,可知其实以经商为业。

江芸阁父江潼为铉第三子,庶出,其母为铉之侧室程氏。潼家寒素,曾受族人接济。江潼是第一个赴日经商的江氏族人,《萧江家乘》称其“博览群书,兼善岐黄术,曾往日本协采官铜”。又,江芸阁母吴氏为国学生吴景芳之女,其他未详。

来舶四大家之一的江大来(1746—1826),字泰交,号稼圃,为国正曾孙,江芸阁堂兄,是年二十七岁。

乾隆五十三年(戊申,天明八年,1788),十七岁。

江潼兄江淞(1723—1787),字岷发,号阆峰,以居贾起家。其设置义庄,为敬宗收族计,令次子江大林续修宗乘。江大林(1748—1798),字鹤荣,号环溪,聘吴中雪樵徐鼎襄助,于本年告成,称《乾隆戊申谱》。现存《萧江家乘》刊本中乾隆五十三年(1788)之前的内容均出自该谱,记录止于三十三世。

江芸阁青少年时期的事迹大多不详,仅能根据其本人日后的只言片语加以推测。嘉庆十五年(1810),江芸阁在致市河米庵的书札中自述:“余少年落魄,未尝学问。”见市河宽斋《琼浦梦余录》。道光四年(1824),江芸阁在与梁川星岩唱和诗中自注:“少年时喜演剧唱歌。又有妓红儿,相思不得致死。”见梁川星岩《西征诗》。透过这些回忆文字,似可看到一个多愁善感的少年形象。江芸阁同族中的江大标(1751—1792),是通俗文艺创作能手。《萧江家乘》称其“工韵语,尤擅词曲,所著传奇,钞遍吴下”。少年江芸阁之耽于演剧唱歌,或许有来自族人的影响。

乾隆五十六年(辛亥,宽正三年,1791),二十岁。

六月二十一日,亥九番宁波船进入津,船主江岐发。见《唐船方日记》。江户时期的日本文献称异国船寄靠长崎港为“入津”。这是目前能找到的有关江芸阁父江潼渡航日本的唯一记录。现存文献中关于十八世纪后期唐船渡航长崎的记录阙失甚多，江潼的实际赴日次数当不止一次。

江芸阁此时年届弱冠，似乎正处于迷茫之中。三十五年后的道光六年（1826）仲夏，他回顾这一时期的经历：“余年弱冠，读书不就。遂习武，又不就。自知无补于世、无益于事，岂欲成弃物耶？一日偶途步，见装池家粘横幅一枚。书法甚亲切，观至页尾，乃知董太史之手泽。惜乎墨落光绫，未能神全气足。即购之归，临摹岁余，颇有登迭之径。自此于金石一道，往来三数年，始得淘去俗态。”此文题为《得董元宰墨迹记》，见《三界居录》何册（日本仙台市博物馆藏稿本）。据江芸阁回忆可知，他二十岁前后曾读书和习武，后来数年间醉心于书法，宗董其昌。

嘉庆七年（壬戌，享和二年，1802），三十一岁。

九月十一日卯时，江芸阁次子元淳出生。元淳字德润，号金吾，事迹不详。

江芸阁长子名元禧，痘殇。

江芸阁妻沈氏（1773—1821），为太学生沈廷衡第七女，两人结婚时间不详。从元淳的出生日期推测，约在嘉庆初年前后。又，江芸阁称沈秋屏为内兄，可知其妻为秋屏之妹。沈氏家族中沈万珍、沈秋屏、沈筠谷均为铜商，则江芸阁与沈氏的婚配可以说是苏州赴日商人家族之间的联姻。

除元禧和元淳之外，江芸阁与沈氏另生五女，长适汪文锴，次适郑天琳，三幼殇，四适洪鼎铉，五幼殇。

嘉庆十二年（丁卯，文化四年，1807），三十六岁。

九月十三日，江芸阁弟江大果卒，年十九，葬兰陵义墓。江大果字实甫，潼三子。义墓为江氏宗族在苏州的共同墓地，其址在横塘费家浜。

嘉庆十三年（戊辰，文化五年，1808），三十七岁。

十二月二十五日，辰九番船入津，船主江稼圃。江稼圃是年六十三岁，为第二次赴日，第一次是在嘉庆九年（1804）。在长崎期间，江稼圃与汉诗人武元登登庵颇多交游唱酬。登登庵（1767—1818）为日本备前国人，名正质，字景文，号登登庵，著有诗集《琼浦探奇》。

稼圃出航之前，江芸阁有《送稼圃兄重赴日本国》的诗作，表达送别之情。其诗云："草色满江城，萋萋怅别情。河桥一杯酒，千里送君行。关树曾相识，云山似远迎。崎阳旧游地，去矣慎经营。"江芸阁涉及日本题材的诗文创作，在他的存世作品中，以此为嚆矢。

又，江芸阁赴日前诗作，其他还有二十余首传世，均见市河宽斋《琼浦梦余录》，大致作于三十岁至四十岁之间。从《中秋节玩月寄诸同社》可知，他在这段时期曾结过诗社，有一段"诗酒欢场"的生活。《水仙花和友人孙晋灏孝廉原韵》诸作则反映了他与同乡孙晋灏的交往，两人颇有唱酬。晋灏，字恭穆，号补云，长洲人，嘉庆六年（1801）举人，工诗文，有书名，著有《曼陀罗龕集》。江芸阁还曾游历杭州，有《重寻苏小墓》《杭州云栖寺晓起》诸作。通过这些作品，可以推测青壮年时期的江芸阁在苏州诗坛上颇为活跃。

嘉庆十六年（辛未，文化八年，1811），四十岁。

冬，江稼圃作山水扇面，款署"辛未冬日临文衡山笔。秋泉大兄声正"。秋泉（？—1819），即长崎唐通事彭城仪十郎，名俊贞。江芸阁亦作七律一首挥毫于另一扇面，诗云："杖藜步步入秋山，树杪松风尽日闲。天际寒泉飞百道，坐中岚翠耸发鬟。月穿老木龙蛇影，石放苍烟虎豹斑。回首风光随处好，侧身天地一开颜。题稼圃家兄山水图，为秋泉先生清玩。芸阁江大槐。"就笔者所知，在江芸阁与日本文人的笔墨交流中，以此件为最早。又可知这一时期江芸阁以"大槐"为名，有的作品亦写作"大櫰"。上述两件扇面被装裱在一个立轴上，今藏日本长崎市南山手美术馆。

又，日本东京国立博物馆藏定静堂捐赠书画作品中，有江芸阁行草书七言律诗扇面，诗云："老兄惯写米家山，云树苍茫杳霭间。一片岚光埋古屋，千重黛色掩紫关。石床松子临风落，天地沙鸥着水闲。满耳出声人不见，幽踪萝径试登攀。右题稼圃家兄山水，似梅泉先生。芸阁江大槐。"梅泉（1786—1819），即长崎唐通事游龙彦次郎，名俊良，为秋泉之弟，由彭城家过继至游龙家为养子，唐名刘梅泉，善书画，曾入江稼圃门下。这两件扇面为江芸阁在同一时期自苏州通过商舶分别寄给秋泉、梅泉兄弟。

嘉庆十七年（壬申，文化九年，1812），四十一岁。

五月初五，江芸阁修书致梅泉。这封以“稼圃家兄嘱笔道候”开头的尺牍，主要内容为江芸阁应梅泉之请，为其居所题诗，诗题《鸣泷梅花泉刘氏山庄题壁》。

十一月初八，江芸阁再次修书致梅泉，介绍友人徐二卯和程香简，江芸阁称两人为“姑苏风雅人才，其诗章辞翰皆为文场名手，不可多得者。欲与足下订为神交，以慰爱慕之心耳”。按，二卯名棠，号红螺馆主，吴县人，诸生，诗工丽，能填曲，著有传奇《两度秋》《寒山钟》《樱桃梦》等。参见韦光黻《闻见阐幽录》。香简名嘉猷，事迹未详。

江芸阁的上述两封尺牍并徐二卯、程香简致梅泉的尺牍原件，皆收入折帖《兰言雅集》，今藏日本长崎历史文化博物馆。

嘉庆十八年（癸酉，文化十年，1813），四十二岁。

江氏族人与里邻以江大林孝行久孚乡里，于本年联名向元和县请旌，呈文中有江潼之名，可知他此年尚在人世。见《萧江家乘》卷二。

冬，江芸阁有七言律诗《癸酉冬送少司马兵部侍郎刘青垣先生少君春农公子重赴直隶州司马之任》，见《琼浦梦余录》。

嘉庆十九年（甲戌，文化十一年，1814），四十三岁。

五月二十七日，夏船抵达长崎，是为江芸阁首次东渡。江芸阁此时自称大槐，号蕙圃。见市河三阳著《市河宽斋先生》。

本年市河宽斋在长崎游幕。宽斋（1749—1820），江户人，通称小左卫门，字子静，号宽斋，中国名为河世宁，为当时日本诗坛领袖。从七月一日至九月上浣，他与邹静岩、江芸阁、张秋琴等清人交流频繁，极尽唱酬之欢。相关记录由其后人市河三阳结集为《琼浦梦余录》一册，大正十五年（1926）刊。

江芸阁在长崎期间至少两次出游。七月七日至丸山游郭引田屋，并赋诗赠游女花琴。同月十六日与张秋琴等登金毗罗山，饱览异域风光。

同一时期，江芸阁与刘梅泉之间亦多诗文交流。七月二十一日，刘梅泉之父刘君雄与梅泉、秋泉兄弟在府第大张宴席，江芸阁作五排十六韵志其盛。梅泉把来舶清人数年来访问刘氏山庄时的吟咏聚为折本一册，题名《兰言雅集》，集中收录江芸阁作品最多，计有卷首“墨香梅韵”题字、书翰两通及诗四首，封面“兰言雅集”题签亦为江芸阁所书，款署时间是“九月既望”。

九月二十二日，江芸阁返棹。归国后修书至长崎，请刘梅泉聘画工绘游女袖笑小照，并寄来袖笑指甲一二片和其他日用之物，用以睹物思人云云。见木崎好尚著《百年记念赖山阳先生》，昭和六年（1931）刊。

嘉庆二十年（乙亥，文化十二年，1815），四十四岁。

江大林之子元炜、元煌兄弟续修家谱告成，称《嘉庆乙亥谱》。该谱从乾隆五十四年（1789）起，至嘉庆二十年（1815）止，计修二十七年，列至三十四世。

夏秋之际，江芸阁随唐船入长崎港，一直停留至翌年春天。是为江芸阁第二次渡航日本。

2015年，在广东小雅斋春季艺术品拍卖会上，有拍品《汉宫青娥图》诗画册（杨隆生私人藏品）。此册有江芸阁题诗两首，分别款署“嘉庆乙亥新秋题于客馆，姑苏江芸阁”和“乙亥秋七月下浣题于崎海山馆，江芸阁”。由此可推知江芸阁至少在当年七月已达长崎。

八月八日，江芸阁在唐馆修书一封并七绝一首，寄送市河宽斋表达思念及仰慕之情。宽斋此时已经回到江户。见《琼浦梦余录》。

八月十五日，江芸阁为西川元章作五言律诗《题赠蓬蒿诗集主人》。元章（？—1818），字子琏，号国华，江户儒医，所著《蓬蒿诗集初编》三卷为汉诗集，收诗百首，刊行于文化十一年（1814）。

同一时期，江芸阁又有七言绝句《题杏花诗为杏花园主人正》。杏花园主人即江户人大田南亩（1749—1823），名覃，字子耜，通称直次郎，别号南亩、蜀山人、杏花园等。文化元年（1804）因公务被派遣至长崎，其间与江稼圃相善。上述两诗均见《大田南亩全集》卷九《丙子掌记》，可知南亩从梅泉处收到江芸阁诗作是在翌年八月间。又，南亩的《杏园诗集》卷五有《和清人江芸阁见寄韵》一首，为南亩的和诗。

江芸阁此次访日，受到长崎官府方面的关注。九月朔旦，江芸阁为《大象图》题字。该图为静冈县浅间神社的奉纳品，图中大象为荷兰东印度公司的贡物。见大庭修论文《大象图考证》，2003年刊。又，杂言诗《松平乐翁五十贺寿诗》或亦这一时期所作。松平乐翁即松平定信（1759—1829），宽政年间曾主导幕府改革。江芸阁给远在江户的当道者写贺诗，无疑是出于长崎官府方面的授意。事见武藤长藏论文。

在长崎期间，江芸阁与画家菅井梅关交往密切。梅关（1784—1844），仙台人，名岳辅，号东斋，后改号梅关，因游学久居长崎，在绘画上曾接受过江稼圃指导。其友人佐佐木中泽《梅关山人行实》云："山人少时不解读书，及与江大来兄弟辈周旋，遂能自读书。颇知古今事，书法亦有趣。"可知梅关在诗文与书法上曾受江芸阁熏陶。

九月三日，江芸阁第二次访问梅关居所，作七绝一首，感谢梅关相赠古铜小镜，见《三界居录》事册。

九月中旬，刘梅泉与崎阳文人等在长崎聚会于青眼亭，欢送梅关归仙台。席上众人合作书画一幅，题为《送东斋先生归仙台》，其中有江芸阁吟咏的五言送别诗一首，其云："翰墨中人物，先生意自佳。天涯同一处，何必欲归家。"画家荒木君瞻亦参与其会，并绘《别宴图》（即《梅关高士送别会之图》）志其盛。两幅作品现均为日本仙台市博物馆收藏。荒木君瞻（1781—1819），名真敬，通称真助，号里兆，司长崎唐绘目利之职。

又，青眼亭在长崎文人荒木廉布宅内，是当时文人的聚会之所。江芸阁有诗作《乙亥秋日重来青眼亭》吟咏此地，并与廉布有唱和。见《三界居录》事册。廉布（1796—1821）为地方小吏，司职东筑町乙名，名吉昌，通称龟八郎。

上毛人冈田东坞本年赴长崎游学。冈田东坞（1791—1834），名居敬，小字立助，游学于朝川善庵门下，曾随其师参与清朝漂流船的交涉。《冈田氏系谱》

《别宴图》(《梅关高士送别会之图》),日本仙台市博物馆藏。图中央东坡巾明服而立舞者为菅井梅关,旁边戴眼镜而白衣弄弦者为江芸阁

云,其在长崎期间“会清人江芸阁至,相见甚欢,为莫逆之交”,又云其“学书于芸阁,挥洒遒劲。所著崎阳竹枝名曰梅花品咏,使芸阁笔之。欲上梓公世未果,今佚其稿”。《冈田氏系谱》收录于冈田秀行等编著的《足利黉校志草稿》上编之第六十二册,西尾市岩濑文库藏。

是年冬季,江芸阁与刘梅泉有诗文唱酬,两首七言绝句即《梅泉先生持梅见赠》《乙亥十一月廿日天雨雪,梅泉以尺素绘雪景见遗,即裁报》。见《三界居录》事册。梅泉有《自远录》一册(长崎历史文化博物馆藏写本),录本年杂事,其中有江芸阁在苏州的住址,为“阊门外上塘街庞家衖内恒善堂间壁”,还有“江稼圃托芸阁处好通信”等的文字。梅泉作为稼圃门人,这一时期通过江芸阁仍与稼圃保持联系。

冬季某日,江芸阁偕同人赴唐通事魏氏家中观明人书画,作七律《乙亥冬日偕同人过魏氏庄观明人书画留题》。见《三界居录》何册。

冬至日,江芸阁作七绝一首,与山口行斋唱和。见《弘采录》第六十八册。行斋(1785—1832),名成允,日本出羽国(山形县)人,文化九年(1812)赴长崎习荷兰医学。

嘉庆二十一年（丙子，文化十三年，1816），四十五岁。

元旦期间与岛种玉唱和，作七绝《和岛种玉先生元旦原韵》。岛种玉，未详何人。

正月十三日，江芸阁诣圣福寺观红梅，得叠韵诗四首。然意犹未尽，二月二日复吟诵六首，题为《圣福寺梅沓三叠后复忆之得绝句六首》。

正月下浣，江芸阁依刘梅泉之嘱，书写旧作集为一册，并记其事云："乙亥岁后晤梅泉于琼江客馆。其所首重者文墨，而又长于山水。所性酷爱梅花，于余同一怪癖，皆不可解。意气相亲，语言印合，遇之异域，元为千古不易之奇逢也。偶以是册嘱书旧作，不揣孤陋，涂鸦以赖略存雪泥鸿爪之迹，兼志吾二人交谊之诚且真也。嘉庆丙子春王月下浣书于松壶阁之灯窗。芸阁弟江大楣拜识。"

上述诗文，均见《三界居录》事册。同书何册中，亦有江芸阁整理其作并赠予某人（或为菅井梅关）的记录，其文云："在崎经岁，题咏颇多，奈不自顾，惜随手散去。兹以记忆者信笔涂之，非敢言赠，少尽知己私衷，以博大雅公论。丙子春日，芸阁草稿。"

二月，江芸阁为洋风画《平安福寿图》题七绝一首。此图相传为荒木如元所作，画上另有荷兰馆甲必丹道富（1777—1835）荷兰文题词。《平安福寿图》今藏日本长崎历史文化博物馆。

同月，江芸阁与僧卧云有诗文唱和。记录唱和诗作的书幅今藏日本长崎市兴福寺。卧云，不详何人。

三月，崎阳文人为送别菅井梅关出游，合作《梅关高士送别书画幅》。江芸阁有"送东斋先生游山水"题字与"红树青山吟不尽，白云芳草是知心"的题句。

三月二十一日，江芸阁试用钱葆初笔，并作文云："丙子三月廿一日，晓起望对山宿雾未开，白云半山映入绿波，景态异于往常。真是一幅天然图画，惜余山水一道未能摄取，笔存相象于心。使吾兄稼圃在此，必将此意采入图中矣。丙子暮春雨当岑寂，试唐山钱氏葆初笔作此。芸阁。"见《三界居录》何册。可知江芸阁此时还在长崎。

秋季，稼圃有蟹图之作，江芸阁题诗其上，落款云"丙子秋日兄长稼圃教题"。此图曾见于2011年江苏省拍卖总行有限公司秋季拍卖会中国书画专场。

嘉庆二十二年（丁丑，文化十四年，1817），四十六岁。

本年江芸阁亦随夏船入长崎港，是为第三次渡航日本。

七月下旬，江芸阁书写长卷，内容为“江南有一名胜”云云，款署“丁丑秋七月下浣，书似齐之先生正之”。齐之先生，未详何人。此卷藏日本长崎历史文化博物馆。

八月初八日，作七绝《寄祈寿篇后》。《祈寿篇》刊本一册，九州大学雅俗文库藏。作者中川故（1773—1850），又名定故，通称修亭、周贞，字其德，号壶山、抱神堂主人，京都人，汉兰折衷医。

秋日，江芸阁为武田大成的书画帖题写识语：“琼江有佳山水。余三渡崎阳，遂畅游可经妙境。秋叶山已为幽僻灵秀之处，令人有出尘之想。曾口占一联：行过三条合涧桥，松声泉韵雨萧萧。昔未得通体完善，尚须足成之。丁丑秋日，江芸阁。”大成（1789—1842），名润璋，字温玉，号嵩山，仙台人，以医为业，本年至长崎，随犹林徕山、吉雄耕圃学兰方。此书画帖原件未知下落。引文见渡边库辅手写本《明清商》，现为长崎历史文化博物馆藏。

中秋，江芸阁评《椿亭诗钞》并加识语：“崎川诗虽未窥全豹，然诵此集，允为群季压卷。天分学力兼而有之，半与吾国风裁相肖，极称难得。俗事颇多，未能悉心玩索，承意乱涂，幸勿为咎。丁丑中秋，江芸阁拜识。”见《视听草》十集之九。诗集作者铃木文（1765—1829），字犹人，号椿亭，江户下级武士，曾入南亩门下求学。他或是通过这层关系，托人把诗集寄给江芸阁。椿亭所托之人，或为刘梅泉。梅泉本年四月因公务赴江户，在江户期间与南亩门下中井董堂（1758—1821）相善。梅泉回崎后，将董堂的赠别诗传示江芸阁，江芸阁和之。菊池五山将此事作为一桩韵事录入《五山堂诗话》补遗卷一。按，在江户后期的日本诗坛，作品能否被《五山堂诗话》录入是彼时评价文人成就的标杆，江芸阁之身价由此益高矣。

九月，艺阁赋诗赠游女，题为《丁丑秋九月题女校书他甲你》，今藏长崎历史文化博物馆。所谓“他甲你”，当为日语“たかい（takai）”的对音，即游女之名“高井”也。

秋冬之际，江芸阁著文评梅关，多激赏之语云：“琼浦东斋先生，余因鹤江君得识于青眼亭中。好读书，善丹青，尝游东海名胜，笔端乃得江山之助，更为生意扑人。……丁丑秋冬之际志于崎岛之琼江客舍。苏州江芸阁。”见《三界居录》事册。所谓“秋冬之际”，指当年九十月间，江芸阁此后不久当返棹归唐。

《长崎系南画展图录》〔佐野美术馆，昭和五十九年（1984）〕有江芸阁画《竹石图》，款署“丁丑九秋，江芸阁”，并尾藤二洲题诗。二洲为江户昌平黉儒官，去世于文化十年（1813），故此图真伪存疑。

嘉庆二十三年（戊寅，文化十五年，四月二十二日改元文政，1818），四十七岁。

三月，江芸阁自长崎返棹。归国前作七绝《戊寅三月一日留别袖笑校书》。

五月二十三日，西游中的赖山阳到达长崎，欲与江芸阁相会，然候九十天而不至。山阳返程之前赴丸山招袖笑侑酒，题诗于其手帕上。见《赖山阳全传》上。

九月，金井莎邨游学至长崎。莎邨（1793—1824），名粲，字子章，通称文太郎，号莎邨、坞隐，上毛人，擅长汉诗文。画家荒木君瞻向莎邨出示青眼亭别宴图，莎邨题辞于画上以示向往。见金井乌洲《无声诗话》。

嘉庆二十四年（己卯，文政二年，1819），四十八岁。

二月二十四日傍晚，卯一番宁波船入津，船主沈绮泉、江芸阁。在现存《割符留账》中，江芸阁名字的出现，以此为嚆矢。

闰四月，江芸阁从长崎客舍修书致京都的赖山阳，书简于八月十六日抵达。该书简全貌今已不得而知，但其中有寄赠给江马细香的诗笺一纸，诗笺上有七绝一首，后被命名为《江芸阁初来诗》。该诗笺经山阳之手转寄至细香处，其原件后来与江芸阁、细香两人的其他唱和作品一起被装帧为《清人江芸阁与细香应答诗》一卷，今藏岐阜县历史资料馆。江马细香（1787—1861），名袅袅，字细香，号湘梦，美浓国（岐阜县）人，为山阳女弟子，著有诗集《湘梦遗稿》〔同治十年（1871）刊〕。

与上述江芸阁书简密切相关的文物，见藏于日本今治市河野美术馆的《山阳先生赠江芸阁诗妙品》。此件书幅的内容包括云华大含的题字和山阳吟咏的七绝三首，迄今未见学界关注，这里引用此卷中的山阳诗文如下：“有客自长崎致江芸阁诗稿品花九咏者，谕崎中校书九人者。戏依其花字韵赋此，寄江千里一笑也。‘春风好处即为家，回首苏台路正赊。谁掷百花洲里种，来看海角九株花。’‘浪紫浮红盖自遮，一经品题便清华。舍毫着到关心处，第九花知第一花。’‘忆错佳期天一涯，托诗红袖满涂鸦。多情总与无情似，吟看它花不折花。’江所狎袖笑者居第九次。余尝西游候江来，不来，留诗付袖笑致之，故云。春塘居士自言不解风情，无意于醉绮罗丛，正与我同。绮语空华，未必妨相撩耳。三十六峰外史。”据诗文内容可知，此书幅为山阳针对江芸阁寄赠诗稿的唱和。江芸阁的诗稿题为《品花九咏》，未知下落。

在日本学者的研究中，一篇落款为己卯闰四月的《江芸阁自传》曾被多次介绍，全文如下：“江芸阁字大楣，号印亭，又号玉壶生，一号十二瑶台使者。出汉丞相萧何第六十一世孙，即唐宰相萧遘三十二世孙也。居唐山苏州府长洲县阊门外。为人持重温雅，嗜书工诗，著有兰陵山馆吟稿。字法董其昌，画宗稼圃。玉（至）于品竹、弹丝、歌舞、词赋乃余技耳。年甫四句（旬），崎阳五度。笔墨题咏，名著东都。即稼圃之弟也。己卯闰四月志于长崎山馆，芸阁自识。”据武藤长藏前引论文，上述文字系过游龙隆吉（刘梅泉后人）抄自先祖遗物中的一个卷轴。按，这段文字的特色，一方面是其内容与《萧江家乘》卷四的江芸阁小传相符，甚至文字上竟然也有重合之处，因此作为史料值得重视。文中言及江芸阁“崎阳五度”，亦与实情相符。不过此文亦有值得怀疑之处，一是江芸阁的字号被混淆误记，二是文章的语气非江芸阁本人。因此笔者认为，此文最有可能是刘梅泉等人根据江芸阁口述改作而成。又，1934年隆吉过世后，与游龙家关系断绝，该卷轴下落不明。

闰四月十四日，卯一番沈绮泉、江芸阁船返棹，然风恶不顺，错过归期，船主、按针役等获得重新上陆许可。

五月，岛原藩的文人川北重熹因公务赴长崎，其间出入唐馆与江芸阁唱和，其诗文集《温山文》中收录有七律《赠江芸阁三首》之作。重熹（1794—1853），字温山，号春风楼，据传辑有《长崎笔谈》一卷，然下落不明。

七月，梅关作人物图一幅，江芸阁在其上题诗云：“晋人酒后尚清谈，继晷焚膏语带酣。只有伯伦耽更甚，短僮荷插醉尤贪。巳卯秋七月下浣题，江芸阁。”文中“巳卯”二字当为“己卯”。此图被命名为《醉李白图》，曾于1939年5月参加京都博物馆展览，后收入图录《长崎派写生南宗名画选》。然而从江芸阁的诗句可知，画中人物乃是竹林七贤之一的刘伶。此图现为长崎县私人收藏。

莎邨本年在长崎游学，其间与江芸阁等来舶清人有交往。其诗稿《适适窝小稿》乙卯稿中收录有《赠清医陆品三》《赠江芸阁》（两首）等诗作，可知他与江芸阁等人曾有唱酬。又，莎邨回乡时，还带回江芸阁咏游女诗三首。

莎邨之弟金井乌洲在《无声诗话》中提及梅关《醉李白图》，谓江芸阁在该画中的题词为“天保年间李供奉，莫作钟家进士看”。此图未知下落。

八月四日，刘梅泉卒，年三十四。

八月初，卯一番船返棹归唐。

嘉庆二十五年（庚辰，文政三年，1820），四十九岁。

三月十四日，赖山阳致信细香，指导其如何回复江芸阁。见《江马细香来简集》。

初夏，高野山铃声院觉圆雅佛持主游长崎，获得江芸阁书一幅，背面有题记：“中华芸阁先生书。文政三庚辰初夏予再游于崎阳矣。于时清客应予需，书而见赠也。高野山铃声院觉圆雅佛持主。”此件今藏日本山口县公文书馆。

道光元年（辛巳，文政四年，1821），五十岁。

四月初四日丑时，江芸阁之妻沈氏卒，年四十九。见《萧江家乘》。日后在江芸阁与江马细香的唱和中，有“自怜鳏况泣鸳鸯”之句，可知他一直未再娶。

道光二年（壬午，文政五年，1822），五十一岁。

六月十八日拂晓，午二番南京船入津，船主谭竹庵，财副江芸阁。见《割符留账》。

八月，江芸阁为石崎融思的《福禄封侯图》（两幅一对，日本东京国立博物馆藏）、《唐船图》（《长崎系南画展》收录）、《兰船图》（日本神户市立博物馆藏）分别题写诗句。又，日本长崎历史文化博物馆藏石崎融思《山阴涧壑图》一幅，亦有江芸阁七绝一首，或是两人在同一时期的合作。融思（1768—1846），幼名庆太郎，字士齐，号凤岭，长崎人，司唐绘目利之职。

十一月二十七日，江芸阁二弟江大杲（潼次子，字旭堂，号嵩泉）卒，年四十三，葬岐发祖茔。见《萧江家乘》。

十二月十五日夜，午六番南京船“日新鹈”号入津，船主江芸阁。见《如是我闻》。又，此船曾漂流至天草郡崎津村。

道光三年（癸未，文政六年，1823），五十二岁。

京都儒医茅原虚斋上年四月来长崎，本年春季前后与江芸阁相识，并多有交流唱酬。虚斋（1774—1840），名定，字叔同，号虚斋、长南、茅窗，出生于长门国（山口县），精于博物之学并擅长诗文。

某日，虚斋托唐通事陈公绩致书江芸阁，赠诗兼请江芸阁为自己的《伤寒大全》二十五卷作序。江芸阁作诗回赠，婉谢作序之事，但同时另请译司传达口信，愿持目录及日本纸十枚许，舶归本国，乞翰林学士之序，得便达日本。虚斋于是备美浓纸十枚作边准，并目录赠之。

二月三日，虚斋与长崎权豪数辈入唐馆看戏，之后更入江芸阁之宅赴宴。席间江芸阁与虚斋对话用日本语，令后者大为惊异。两人当日有汉诗唱和。

其后，虚斋以书面询问清朝国情，包括询问清朝人物及《七问》一书和询问矿产及社会制度的《五条发问》（《铜问》《考试问》《衣饰问》《讽咏问》《习字问》）。江芸阁针对后五问一一作文回答。

以上事项具见虚斋著《长崎杂藻》，有文政七年（1824）积书堂刊本。

四月，江芸阁赴长崎会所领配铜证文，旋归棹。

九月二十日，冈山藩儒者中郇邑洲西游抵长崎。然适逢唐船解缆，在留唐馆的清人中无可唱和之人。邑洲（1777—1859），名耘，字圃公，其西游时汉诗集《梦游篇》，有天保年间刊本，收录江芸阁题辞一页，或为江芸阁日后致邑洲书简中的部分内容。

同一时期，女诗人原采蘋（1798—1859）亦在长崎，留下痛骂唐人之无学无文的诗句。采蘋一直停留至翌年四月，是否与江芸阁直接会面不详。

道光四年(甲申,文政七年,1824),五十三岁。

正月八日,未七番南京船“全庆”号入津,船主江芸阁、沈绮泉。此船曾漂流至萨州片浦。见《割符留账》《如是我闻》。

大阪文人野里梅园因公务出差至长崎,停留期间与江芸阁多有交流。梅园(1784—?),通称四郎左卫门,名嵩年,号梅园,司职大阪的“惣年寄”,公务之余嗜煎茶,又精于古董鉴定,擅长绘画。他与江芸阁之间的交流记录,均见梅园《如是我闻》(写本,日本大阪府立图书馆藏)。

二月二日,梅园入唐馆看戏,席间,江芸阁作诗赠之。

二月十五日,梅园欲举办书画会筵,江芸阁作十二字书幅赠之。日本神户市立博物馆藏梅园《兰船图》,图中有江芸阁题七绝一首,或为这一时期两人的合作。

二月,江芸阁为野村篁园集古诗集《采花集》撰写序文。篁园(1775—1843),名直温,通称兵藏,江户人,司昌平黉儒官之职。《采花集》另有朱柳桥序,落款时间为“道光四年仲春月上旬”,则江芸阁作序的时间当与此相近。又,柳桥云是书得自静宜先生,即篁园本人也。

四月十三日,梅园以会主身份举办书画会,江芸阁代笔起草告示一篇,其文云:“文政七年甲申犹清和月十有三日,琼浦丸山燕双楼中书画会。并恳诸家笔墨于右,以广观瞻。乐此芳辰,虽无兰亭之胜,亦足以游目骋怀云耳。代主会野梅园,江芸阁识。”此次书画会的参加者有十八人,除日本人外,还有中国人江芸阁、周安泉、陆品三,以及朝鲜人韩用楫。在现存文献中,这是在长崎最早举办的带有国际性质的书画会。见《如是我闻》。

暮春,江芸阁自唐通事刘秋圃处获得《声应集》(两卷两册,梦山堂刊),该书为江户诗人胜田半斋、中村为一、野泽醉石三人的汉诗合集。江芸阁评点集中诗作,并撰写识语于下册书后。此册江芸阁手泽本今藏于日本早稻田大学图书馆。胜田半斋另有诗集《半斋摘稿》,其中有《寄江芸阁》七律一首,或作于此后。

春某日,未七番沈绮泉、江芸阁船载日本版《四书集亭》《史记评林》各一部及两部《伤寒论义》回唐。

七月五日，申三番宁波船“金全胜”入津，船主沈绮泉、江芸阁。

梁川星岩偕妻西游，本年七月抵长崎。梁川星岩（1789—1858），美浓国（岐阜县）人，名卯，字伯兔，号星岩、诗禅。其妻名张红兰（1804—1879）。此后两月间星岩夫妇与江芸阁会面数次，极唱酬之欢。

七月七日，江芸阁会星岩夫妇、水野媚川于柳篔池馆。柳篔池馆为长崎文人村尾万载居所。万载（1786—1847），名氏福，通称三右卫门，号万载。《三界居录》何册中收录江芸阁《寄题柳篔池馆壁二首》，其中一首云：“琼浦风光领十年，偶因翰墨结深缘。而今又结骚人契，不禁诗狂欲上天。”诗中的“结骚人契”，即指当日结识星岩之事。按，星岩《西征诗》、张红兰《红兰小集》收入与江芸阁的唱和之作共十八首，上野日出刀在《游历长崎的汉诗人》一书中对此有过详细介绍。笔者另见江芸阁的七绝两首，内容亦为与星岩的唱和，然未被《西征诗》收录，《奉步见赠原韵二首》：“琼浦秋光清客舍，瀫疴灯下转无聊。偶因梁孟抛珠玉，如忆春风廿四桥。”“箧有琴书不算贫，天涯一面觉亲仁。夫君诗句细君画，韵语幽篁满室春。”两诗见木下逸云遗物中的写本，笔者所见为复制件，原件未知所在。

同一时期，山内香雪在长崎游学，曾向江芸阁求六法。香雪（1799—1860），会津人，通称熊之助，名晋，字希逸，号香雪，年轻时赴江户，入市河米庵门下。米庵（1779—1858），江户后期书法大家，名三亥，字孔阳。其赠香雪的送别诗有“行逢清客须谘问，好尚他山玉可磨”之句，“清客”当指江芸阁无疑。事见《市河米庵传》。

七月二十五日辰刻，香雪至圣福寺与江芸阁会面，江芸阁出食物招待，梁川星岩、诸熊秋琴等人亦来参加。午刻，香雪与唐通事吴墨酣入唐馆，在江芸阁居处剧谈。秋琴（1800—1838），名勇。吴墨酣（1794—1831），名正备，通称用藏，号枫山、墨酣，两人均为稼圃门人。

八月十四日，香雪接江芸阁回信，内容为谈论书法。事见草刈樵谷整理《香雪日记》，1973年刊。又，木下逸云曾抄录江芸阁致香雪书简一通（私人藏），兹引如下：“顷接手书及佳什，诵之欣慰之至。第书中措词太谦，余不敢当也。且足下天资雄秀，而得法于三亥先生手笔，其质地已为结实。而风雅一体出自游博山川阅历，诗书其意自来笔尖，却得佳境。天地文章备在空中，其人一分灵慧则能取一分，十分灵慧则能取十分。故翰墨一道无穷尽之处，能取多少存乎其人之天赋。此语尚希味之，丝毫不爽。若乃本质已到天限，虽苦攻力学，亦难取进也。凡世处不特六艺，商家、治国平天下全赖一片精神成事。故笔墨一道老不如少，即精神衰壮之别。先师有云。白日莫闲过，青春不再来。少年不努力，老大徒伤悲。吾今乃信斯言不谬也。足下有志好学，因敢进言于右。论交未及迎月直言偏尔盈纸，此吾所以存古道也。毋足怪也。草此布复，即问日佳。《奉步见赠原韵》：‘天风吹送木兰船，泛宅浮家卖昔贤。琼浦十年名满地，因缘犹在砚池边。’草呈希逸同砚兄正，江芸阁草稿。烦致内三纸、滕希逸大兄收展。”从此信内容判断，或即香雪八月十四日收到的江芸阁手札。

闰八月四日，香雪赴唐馆与江芸阁笔谈后道别。见《香雪日记》。

同日，江芸阁作抒怀诗一律回忆赴日十年，并寄赠米庵，诗中有“香雪儿即好才子，欣知桃李列门墙”云云。

又，米庵门人中另有石井谭香者，据说亦曾至长崎向江芸阁求教过书法，事见河野常吉编《北海百人一首》，明治三十九年（1906）刊。谭香（？—1870），名徽言，通称只一，号谭香。其游学长崎的时期未详，大致当与香雪相近。

闰八月，江芸阁为《西征诗》（星岩乙集）作跋。

暮秋，江芸阁于唐馆松风峦翠楼著文介绍月琴。该文后被大岛秋琴录入《月琴词谱》（1860年刊）卷首。秋琴生于江户，名克，通称钦一郎，又号观生居等，尝游长崎，学月琴于清客。

道光五年（乙酉，文政八年，1825），五十四岁。

春，茅原虚斋修书致江芸阁，告知《长崎杂藻》出版之事，并附送新书两册。同时又催促《伤寒大全》序文之事，再赠以彩笺纸十帖，寄津田某转交江芸阁。

六月六日，西三番南京船入津，船主沈绮泉、江芸阁。

六月九日，江芸阁步赖山阳原韵赋诗三首，并另作寄怀诗二首。山阳后来将此书幅转赠小石元瑞，收入《究理堂书画目录》。见京都府医师会编《京都的医学史·资料篇》。

丰前国药师寺村文人恒远真卿游学长崎。真卿（1803—1863）本名和市，通称赖母，字真卿，一字子达，别号远帆楼、䔥谷、醒窗等，世代业医，其曾求学于日田咸宜园。他在长崎期间与江芸阁交游并有诗文唱和，见《远帆楼诗钞》。

新秋，江芸阁赋七绝二首赠宝真惠。宝真惠未详何人，疑为真卿别号，待考。

同一时期风床上人亦来游长崎，并与江芸阁唱和。风床（1779—1831），讳教存，字快行，号风床，赞岐国人，备前国仓敷村龙观寺方丈，嗜诗文，与诗人菅茶山有交游。江芸阁赠风床七绝一首，款署时间为本年七月四日。

秋七月下浣，江芸阁撰自状一篇："大清江南苏州府长洲县姑苏城外桐泾里官铜局协办铜筋。江名大楣，号辛夷，别号芸阁。素爱诗赋文辞，临池染翰，旁通音律，重风雅，笃人情，自谓避俗之流。乙酉秋七月下浣芸阁自状。"按，本年江芸阁结识新来长崎的游学者颇多，这篇文字或为与他们交流时的笔谈记录。

八月九日，春泉有入都之行，江芸阁作送别诗二首赠之。春泉当为长崎文人，其他未详。

以上江芸阁自状以及与真卿、风床、春泉等人的唱酬记录，均见《三界居录》何册。

中秋，江芸阁为插花师龟龄轩斗远所著《筑紫百瓶》题写识语："插花须得画家笔法，胸中具有烟霞之气，不为俗流所拘。唐山谓之清品，亦曰书卷气。如是举手必有风雅趣也。乙酉中秋书赠龟龄轩斗远老兄。"龟龄轩（1778—？），原名伊东源兵卫，丰后竹田人，后移居大阪，继承花道中松月堂古流一派衣钵。同一时期龟龄轩出版的其他插花著作中，如《竹田百瓶》《三十六华相生帖》中也都收录有江芸阁的题词，可知两人关系密切。其人自云初到崎阳时曾屡会江芸阁，然经过不详。

八月十七日，安田蕉鹿在圣福寺举办书画展观会，与会者共六十三名，包括江芸阁并其他清客计十六名，在长崎的日本文人计四十七名。展品中有江芸阁的行书七律，以及芸阁赞、北越人安翠塘画《美人图》。展观会目录以《书画展观袖册》（内题《琼华竞秀》）为题于同年刊刻于京都，卷首有江芸阁撰写的序文。蕉鹿（1768—？）名贞，北越芝田人。

八月二十二日，江芸阁占七绝三首，与真卿唱和。见《三界居录》何册。

秋中之际，江芸阁与沈绮泉等人获学者佐藤一斋《言志录》，并写评语及赠诗。一斋（1772—1859），江户人，名坦，字大道，号一斋，又号爱日楼、老吾轩，此时担任林家塾长。《三界居录》何册收录有江芸阁的无题短文一篇，或即为《言志录》评语，其文云："细读大文，通贯经义，深得古人立言之理。针线甚密，意旨论辨明晰之至。非下苦功，焉能入妙。是以但能捧读，未敢班门弄斧。三复斯言，其实甘拜下风，固非泛滥语也。乙酉秋中之夕。灯窗读之三过矣。妙。"一斋收到江芸阁评语及赠诗后，有回信并赠和诗，收录于《爱日楼全集》卷三十五、卷四十五。

书画展观会目录中的江芸阁肖像（《琼华竞秀》插图）

道光六年（丙戌，文政九年，1826），五十五岁。

年初，江芸阁以"日新鹢"号财副身份出航。该船途中遭遇大风浪，先是漂收琉璜岛、二收朝鲜、三收萨摩，至是年四月十九日才抵达长崎港，编号为戌一番南京船。江芸阁在航行中"漂收七岛，绝粒四日，吐血升余"，上岸后一度"坐立眠食均不安"。见《得泰船笔语》。

春日，作《续品花新咏》十八首，分吟十六名丸山游女。见《书翰集》。

五月十五日，著文评长崎诸家书法云："琴泉、媚川、春泉及余书法之相似，如出一手，毫无分辨。而生长之处则天各一方，是何缘法。如闲云之会合，在有意无意之间，所谓好风吹向一堆来也。丙戌五月十五识于崎馆拳石轩灯窗。"见《三界居录》何册。

昌平黉的汉学者野田笛浦，是年受幕府派遣，护送漂流远州的唐船得泰号返回长崎。笛浦于五月上旬抵达，在长崎停留期间与江芸阁有笔谈唱和。笛浦（1791—1859），江户后期文章名家，名希一，又名逸，字子明，又号秋岳、海红园。

六月二十三日，江芸阁评点笛浦诗文集《海红园小稿》，并为该书题写跋文。

七月三日，笛浦赴唐馆看戏，席间与江芸阁匆匆会面。分手之后笛浦修书致江芸阁，并惠赠月林纸，江芸阁回信谢之。见《得泰船笔语抄》。

仲夏某日，撰《得董元宰墨迹记》，回顾自身学习书法的经历。

夏季某日，应真卿之嘱著文。见《三界居录》何册。

七月二十七日，江稼圃卒，年八十一，葬于苏州横塘严家湾黄山之麓。

九月七日，田能村竹田到达长崎，是为竹田第三次访问，并停留至次年十月。同月与江芸阁相见，临别时江芸阁题句于扇头赠之。竹田（1777—1835），文人画巨擘，名孝宪，字君彝。

九月二十五日前后，江芸阁返棹归唐。

道光七年（丁亥，文政十年，1827），五十六岁。

春，竹田修家书，信中言及自己与江芸阁数年间有文通，并有江芸阁办事迅捷、今春因江芸阁不来而大感狼狈等语。见《田能村竹田资料集》书简篇。

五月，江芸阁在苏州访问友人鲍秋吟，出示考槃吟社诗稿一册请序。事见《大唐诸君子赠答集初编》鲍秋吟序。秋吟本名贤哲，诰授奉直大夫直隶州知州，余不详。诗稿辑录僧人百城与清人唱和之作，百城为长崎大德寺沙门，前一年（丙戌）曾托海舶寄诗一卷致苏州开元寺方丈，庆贺该寺修复。

六月三日，亥二番宁波船入津，船主江芸阁。

六月上旬，江芸阁携来吴中万沄苏门氏撰伤寒书序文，并寄给茅原虚斋。虚斋作书答谢。

八月，医师本间玄调在唐通事杨又一郎陪同下访问唐馆，与江芸阁、朱柳桥会面。事见森铣三《本间玄调》，载《森铣三著作集》第五卷。玄调水户人，为幕末时期汉兰折衷派的名医。

江芸阁此次驻留长崎期间，与田能村竹田交流最为频繁。竹田曾至江芸阁书斋内，对书有“敬字纸”的红纸、《红楼梦》所记“川堂”乃至江芸阁信封的写法大感好奇。见《屠赤琐琐录》。另外，竹田还询问唐山茶具之制如“铫”“砂罐”等，江芸阁一一作答。见《石山斋茶具图谱》。

暮秋，江芸阁为竹田《风雨溪居图》《秋岭夕阳图》题辞。见《竹田名迹大图志》。又，竹田《砧图》上亦有江芸阁题句，《豆花螳螂图》题有江芸阁介绍的鲍秋吟诗句。这两幅作品当完成于同一时期。

九月，江芸阁至长崎会所领取配铜证文。然本年未返棹，而是奉命驻留长崎，身份为在留船主。

冬，江芸阁评点竹田的词集《清丽集》，并撰写识语、题诗。其《书清丽集初》云："意如蚕丛，心如春絮，脉絽肤理，允为细纤。度此音节，想见十载苦心，多半赴于声律之间也。第审音按拍，不胜哀艳，抑故作此腔或境遇使然耶。余昔赠吾苏词人徐二卯句云：诗人事业皆辛苦，名士襟怀自黯然。或斯之谓欤。"同年十月，为词集《竹田布衣集》中《艳情》《春恨》两词题写识语。又，竹田词集《秋声馆集》有江芸阁、朱柳桥、一圭三人的评点，亦当完成于此时。

冬，江芸阁为自己的诗集（或即《香梦楼稿》）撰序，诗集收录江芸阁近年咏长崎之作，其文云："天地精英，发而为文章、诗赋、艺巧、歌舞、美人、香草、花木、禽鱼。所谓钟灵毓秀者也。即琼浦名山大川，习尚儒雅，名士风流，士女如花，固中原以外而别土万不及者也，此所以吾必书之也。丁亥冬日。"文稿原件见长崎历史文化博物馆藏《书翰集》。

本年六月至翌年四月，江芸阁以在留船主身份驻留长崎。在此期间，他曾寄诗六首致江马细香，题为《叠和前韵报谢二首》《又寄怀诗四首》，诗后识语中有"此番奉命留崎"云云。见《清人江芸阁与细香应答诗》。

十二月八日，亥十番船入津，该船曾漂流至萨州羽岛。江芸阁参与了这艘船的交易。

道光八年（戊子，文政十一年，1828），五十七岁。

正月八日，袖笑入唐馆，因酩酊大醉而对守卫人员有失礼之举，受到处罚。见《寄合町诸事书上之控》。

三月，江芸阁在朱柳桥处观田边玄玄《玄玄瓷印谱》，口占绝句志喜。玄玄（1794—1858），京都人，名宪，字伯表，为东寺坊官，善书画及刻印。该印谱经由唐通事杨素良带入唐馆，江芸阁之外，另有沈萍香、朱柳桥、顾子英、周安泉、颜远山五人为该书题辞。

四月朔日，江芸阁作七绝一首送别大德寺僧百城，后者是年有江户之行。见《大唐诸君子赠答集初编》。

四月十九日，赴长崎会所领取配铜证文与信牌，江芸阁为信牌之名义人。

四月二十日，返棹回唐。

七月，大槻磐溪抵达长崎。大槻磐溪（1801—1878），仙台藩士，名清崇，字士广，通称平次，曾求学于昌平黉，善诗文，在长崎期间与来舶清人多有交流。

是年，赖山阳有《寄赠江大楣诗三首》。见《赖山阳诗集》。江马细香有《再叠前韵奉答江芸阁先生》（四首）。见《清人江芸阁与细香应答诗》。

道光九年（己丑，文政十二年，1829），五十八岁。

二月八日，子八番宁波船入津，船主沈秋屏、江芸阁。此船曾漂流至萨州山川。

三月十三日，唐船主设歌舞筵，邀长崎镇台，磐溪以随从身份入唐馆。

三月十四日，磐溪再次赴唐馆，得以与江芸阁、陆吟香等人连续两日会面，与诸人有笔谈唱和。磐溪后整理笔谈记录为《琼浦笔语》一卷，有天保年间刊本。

四月，长崎清谭会于花月楼举办第三次书画雅宴，以木下逸云、村尾万载为盟主，此后一年两度举办成为定例。江芸阁作为来舶人参加此次聚会，并以诗余出展。见《花月楼书画清谭》（私家版，个人藏）。

袖笑本年三十三岁，于春季除妓籍。

八月中旬，长崎清谭会于花月楼举办第五次书画会，称“己丑秋会”。见《千岁窝书画谭心》（私家版，个人藏）。

道光十年（庚寅，文政十三年，同年十二月十日改元天保，1830），五十九岁。

二月二十日，江芸阁与袖笑之子八太郎出生。

三月十五日，长崎清谭会于花月楼举办第六次书画雅宴，江芸阁以填词赠投。见《养华文宴》（私家版，日本松浦史料博物馆藏）。

五月十日，江芸阁在苏州收到水野媚川尺牍，信中附江马细香四首唱和之作《再叠前韵奉答江芸阁先生》，遂和原韵四首并附《春日吟》一首，直接题写于细香诗笺之上。

六月十三日，寅一番宁波船入津，船主沈秋屏（在留）、江芸阁。

秋，长崎清谭会于花月楼千岁窝举办书画宴，称“寅秋会”，江芸阁以《寄盟社诗十四首》出展，并为书画会目录作序，款署“十月朔旦”。见《千岁窝秋会书画宴》（私家版刊本一册，个人藏）。

冬，江芸阁于江稼圃肖像画上题诗，该像今藏于日本长崎历史文化博物馆。作者葵卫（1768—1859），号韦行、双鸽，后改名齐藤秋圃，为秋月藩画师，曾接受稼圃指导。

十二月十九日，寅九番南京船入津，该船曾漂流至萨州羽岛。江芸阁以在留船主的身份参与交易。

道光十一年（辛卯，天保二年，1831），六十岁。

二月十日寅时，八太郎殇，葬于圣福寺后山唐通事西村家墓地。

三月中旬，江芸阁出席长崎清谭会的书画宴，并以七绝两首出展。见《花月楼书画雅宴》。另外，江芸阁本年暮春与陆吟香、道幸文渊合作《柳溪泛舟图》，或为此次书画会的参展作品。

四月十六日，江芸阁领取信牌与配铜证文。

六月一日，江芸阁题写八太郎墓铭。该墓碑现安置于圣福寺庭院内。

长崎圣福寺内的八太郎墓碑

十月三日，江芸阁赴秋叶山妙相寺行香，归路经灞桥第一舍小憩，与木下逸云、铁翁、太田稻香、齐藤秋圃等人汇聚一堂唱酬交游。同月二十日，逸云作《灞桥图》志其事，江芸阁题诗和之。《灞桥图》及江芸阁与众人的唱酬诗作后来被聚为一卷，题为《灞桥赠别书画卷》，今藏日本长崎历史文化博物馆。

十月，为铁翁题“太素轩”匾额，今藏于日本长崎春德寺。

十月二十五日，江芸阁致信齐藤秋圃，感谢后者所绘一舍团禀欢会之景。见《斋藤秋圃·梅圃关系资料》。

十二月十四日夕，卯二番船入津，该船曾漂流至五岛深江。江芸阁以在留船主身份参与该船交易。

道光十二年（壬辰，天保三年，1832）六十一岁。

二月二日，江芸阁著文评来舶清人沈萍香与杨觉三。同一时期，沈萍香亦著文评江芸阁：“谚云：名利两途，不能兼顾。夫人而欲之也。然学问之途，或易流为商贾。商贾之途，竟难得有学问。仆未经航海时，窃以江君芸阁为崎馆中特出之人。搦管则直追晋唐，拈韵则压倒元白，襟期磊落，有不受羁縻之枕，风尘中定邀鉴赏。”上述文字为木下逸云抄录，该抄件今为东京私人藏。

三月三日，长崎人津川文作（号蝶园）出示小景索题，江芸阁与沈萍香各作七律一首酬之。见松浦武四郎《西海杂志》。

同日，江芸阁又有七绝两首，题为《壬辰上巳赠逸云内史》《乞诸君子赐题》。

同月上浣，再作七律一首，题为《一舍题壁补遗》。这三首作品均为木下逸云《灞桥图》之补题。见《灞桥赠别书画卷》。

四月十一日，领取信牌与配铜证文，旋即返棹。此后江芸阁一直住在苏州，直至故去。

本年中长崎奉行牧野成文离职回到江户，转交江芸阁赠市河米庵的书扇一柄，扇上有“琼浦掀翻芸阁句，江都横绝米庵诗”的诗句。米庵续其下联云：“蒹葭倚玉虽深愧，海外得知荣有余。”

九月二十三日，赖山阳在京都病故。

道光十三年（癸巳，天保四年，1833），六十二岁。

五月二十八日，唐船主孙渔村来访，带来媚川手札，江芸阁获知山阳死讯。

六月三日，江芸阁于苏州城外致书媚川，为山阳去世表示哀悼。同时在书札中又附上山阳手泽信皮一纸，以明珍重故人之意。见《书翰集》。

龟龄轩斗远于嘉永二年（1848）出版的书帖《三十六峰外史遗墨》中，收录江芸阁题词一段：“山阳先生，予未识面之交好也。海上文学无出其右者，允称一代词宗。今观手笔，如见其风采云。”从内容来看，这段文字或作于这一时期。

又，山阳生前曾把诗集《日本乐府》托付江芸阁，希望能带到中国出版，江芸阁最后未能完成使命。

十一月朔日，江芸阁寄诗给斋藤秋圃和翰香，述说思念。见《斋藤秋圃·梅圃关系资料》。

道光十六年（丙申，天保七年，1836），六十五岁。

正月，龟龄轩斗远编辑的春画集《华月帖》在京都出版。书中有南柯山人（岸岱）所绘阴画一幅，画中人物为江芸阁与袖笑。同时又附载江芸阁散曲二章，分别题为《别袖》《思芸》。龟龄轩还另有一段说明文字，云散曲两章直接得自袖笑，乃是两人枕席间之唱和。

《华月帖》中的江芸阁和袖笑，南柯山人（岸岱）绘。

道光十七年（丁酉，天保八年，1837），六十六岁。

正月十九日戌时，江芸阁卒。与亡妻合葬于祖茔，墓在父母岐发夫妇与弟嵩泉夫妇之旁。墓地位置在苏州阊门外下津桥附近。

伊势人松浦武四郎（1818—1888）于本年周游九州，其间在长崎停留约两

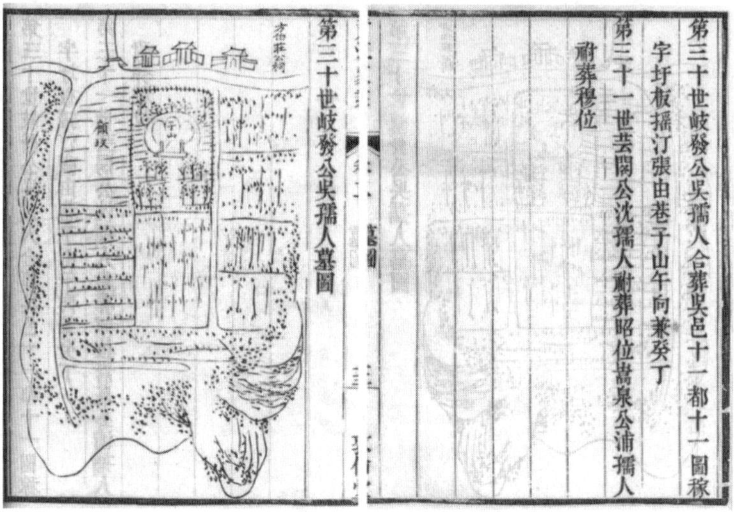

江芸阁夫妇墓图(《萧江家乘》卷二)

年。在随笔《西海杂志》(1843)中,记录了关于江芸阁的传闻:“江芸阁长年往来日本,宠爱引田屋的老妓袖笑。我听到了二人的故事。去寅年江芸阁病死唐土,病中他借来船之便寄信过来。我后来见到此信,皆以假名写成,妇女儿童也能看懂。信中有令人哀伤之词。唐人中长年往来此地之人,颇通我国言语,亦能书写假名。其笔法相比日本人更有雅味,颇不俗。我还见过沈萍香书写的扇面,其文云:‘ならわずに、かくやこのかな、ふゆごもり、いまをはじめに、かくやこのかな。’(大意:假名虽未学过,却学会了书写。漫长的冬天里,从现在开始书写假名。)这一首俳歌,乃是脱胎于王仁咏难波津的古和歌。此人书法亦十分漂亮。”上文中的“去寅年”指壬寅年(1842),为江芸阁去世后第五年,这里记载有误。但江芸阁去世前致书袖笑一事,或非虚言。这封日文书信或为江芸阁与日本人交流的最后记录,然未知尚存否。日本长崎历史文化博物馆藏《书翰集》中有江芸阁经由水野媚川致袖笑的书简(断简),内容哀戚。然而大部分内容为汉文,仅夹杂了少许日文。

怪杰金圣叹

孙中旺

楔　子

顺治十八年（1661）二月初，苏州的百余名秀才偕千余名百姓趁地方官哭临顺治皇帝驾崩的机会，到文庙鸣钟击鼓，并到府堂跪进揭贴，要求惩治时任吴县县令的贪官任维初，却遭到与任维初狼狈为奸的江苏巡抚朱国治的残酷镇压，造成了震惊一时的哭庙案。该年七月十三日，卷入哭庙案中的十八名秀才被斩于江宁（今南京）三山街，他们中间就有一代才子金圣叹。

金圣叹（1608—1661），初名采，又名喟，字若采；明亡后改名人瑞，字圣叹。吴县（今苏州）人。明末清初著名文学批评家。他少有才名，不拘时俗，尤擅评点，曾提出《庄子》《离骚》《史记》《杜诗》《水浒传》《西厢记》为“六才子书”，将当时备受轻视的戏曲、小说与正统经典文学相提并论。其所评点的《水浒传》及《西厢记》等对后世影响极大，在中国文学史上占有重要地位。

一、读书

明万历三十六年（1608），金圣叹出生在吴县（今苏州）乡下的一个小地主家里。他的父亲虽然未见有什么功名，但也通晓文墨，他的同族兄弟金昌、金丽、金希仁等人均学有所长，这也可以看出其家族确实有一定的文化积累，这为他将来的发展奠定了基础。

十岁时，金圣叹正式进入乡间私塾学习，跟着老师学习《大学》《中庸》《论语》《孟子》等儒家经典。他经常读得昏昏欲睡，感觉这些书索然寡味，此时对正统的儒家教育已有所抵触。入乡塾的次年，因体弱多病，他常常请假在家，只有读书解闷，在此阶段他接触了《妙法莲华经》《离骚》《史记》《水浒传》等书，这些杂书在私塾里是看不到的，却激发了金圣叹的极大兴趣，开阔了他的视野。

在这些书中，《离骚》因生僻字过多，年幼的金圣叹虽然喜欢看但不理解，只记一句两句供吟唱而已。《妙法莲华经》与《史记》因有注释，比较容易理解，但不适合小孩子读。

金圣叹最爱读的书是《水浒传》，他很佩服作者施耐庵，认为该书里的文章是天下最好的文章。另外他还喜欢读《西厢记》，有次读到“他不俫人待怎生”七字，深有感触，他后来回忆当时他曾为此句如痴如醉，好像被勾去了魂魄，不吃不喝在床上睡了三四天，可见其投入程度。他的老师徐叔良得知他卧床原因后，连连感叹金圣叹是读书种子。

二、轻狂

金圣叹博览群书，才气超群，他对自己也期许甚高，傲视一切，甚至曾认为自古及今，只有自己一人是大才，只有自己一人被埋没，后虽然有所改变，但养成了狂放不羁的性格，这种性格对其一生的为人处世及文学活动影响巨大。

年纪很小的时候，金圣叹就考中了秀才，如果能够沿着科举考试的道路走下去，依他渊博的学识和出众的文才，前途确实不可限量。但他视功名如儿戏，在岁试的时候写了一篇怪诞不经的文章，因此触怒了考官，秀才的功名被黜革了。秀才功名被黜革后，金圣叹很快就用别人的名字再次参加了秀才考试，并以第一名的成绩考取。但他仍然经常在岁试时捣乱，有时候以俚语入诗文，有时候在考卷的末尾作小诗讽刺考官，因此功名不断被黜革；但每次黜革后不久他就又冒名考中。

为了防止他故意捣蛋，当时负责科考的教谕和训导就出了个“人之所以异于禽兽者几希”的题目让他当面考试。谁知圣叹马上就写下了“禽兽不可以教谕，即教谕亦禽兽也；禽兽不可以训导，即训导亦禽兽也”的话，巧妙地把教谕和训导都骂了一通。

据说金圣叹认为人生中只有新婚和考中秀才才是最快乐的事，但妻子不能屡娶，经常结婚不大可行，那么只有不断参加考试来体会考中秀才的乐趣了，因此才考而屡弃、弃而屡考。虽然这个传说不一定真实，但可以看出金圣叹对科举考试的游戏态度。

三、扶乩

从弱冠时起，金圣叹就开始参加扶乩活动。晚明时期，苏州一带扶乩活动盛行，不少士大夫家都设有乩坛，经常举行类似活动。金圣叹在好友戴之杰、顾君遒、魏德辅等人的配合下，假托天台泐法师附体，号曰“慈月智朗”，在吴中一带扶乩降坛，广行法事。由于他才思敏捷，文辞艳丽，擅长四六文，并且有深厚的佛学造诣，所以所作扶乩之文辞藻华美，禅意深刻，深受文人信奉。他虚构了慈月宫、无叶堂，广收已逝女子为冥间弟子，前后共三十余人，如著名的吴江叶氏午梦堂主叶绍袁妻子沈宜修，女儿叶纨纨、叶小鸾，叶绍袁对此终生深信不疑。当时的文坛泰斗钱谦益也被金圣叹的表演所蒙蔽，不仅与其仙坛唱和，而且还特意写了一篇《天台泐法师灵异记》，盛赞金圣叹假托之仙的才华：“至其妙达三乘，博通外典，微词奥义，尽般若之笙簧；绮句名章，总伽陀之鼓吹。紫微、右英诸真，与杨、许相酬问者，犹不敢窥其藩落，而况神君、紫姑之流乎？”钱谦益的赞扬更加使得金圣叹的声名大振。当时郑敷教记载“缙绅先生及人士之有道行者，无不惑于其说”，甚至“倾动通国”，可见金圣叹的扶乩活动在当时吴中地区影响之大。不过后来因其科举不利，再加上其扶乩的重要助手戴之杰早逝等原因，金圣叹的扶乩影响渐趋减弱了。

四、儒妖

大约在三十岁前后，金圣叹全家迁居苏州城内憩桥巷。虽然生活穷困，但其仍然不乐仕进，对科举考试中的八股文没有任何兴趣，经常在家里钻研《易经》《庄子》及佛学等书，尤其对《易经》进行了深入研究。

金圣叹的书房名为“唱经堂”，他经常在此设座讲学，声音洪亮，顾盼伟然。因其知识渊博，在讲学时无论是儒家经典还是佛道理论，甚至于稗官野史，他都能信手拈来，发前人所未发，讲得滔滔不绝，听者为之倾倒，因此有“儒妖”之称。

当时的苏州一带学术思想比较活跃，讲学成风，不少学者甚至僧人都开坛讲学，宣传自己的主张，金圣叹对有名的讲学者往往不屑一顾，甚至和他们唱对台戏，反复辩驳，常常使这些人哑口无言，攒眉浩叹，但也无可奈何。

值得一提的是，作为儒者的金圣叹对佛法也有深入的研究，他常常出入寺院，和僧侣交往广泛，不少僧人都和他成了很好的朋友。不仅如此，他还打破畛域，登坛向僧俗讲经说法，以秀才的身份公开宣讲佛法，实为当时罕见之事。有人曾在苏州城西的慧庆寺听过金圣叹讲法，据说金圣叹讲得“快如利刃，转如风轮，泻如悬河”，使人听后心神恍惚，好像着了魔一样，其感染力之强可见一斑。他还曾与当时著名的佛学大师苍雪论辩，使后者败下阵来，也可见其佛学造诣之深。

金圣叹虽擅讲佛学，但对佛教的清规戒律十分蔑视，当时的苏州名士尤侗曾记载金圣叹“每食狗肉，登坛讲经，缁流从之者甚众”。讲经之前，先吃狗肉，可见金圣叹确实是狂放不羁。

五、评点

金圣叹一向特立独行，他把时人认为是“诲淫”的《西厢记》和“诲盗”的《水浒传》大加评点，甚至将这些不登大雅之堂的通俗文学和儒家经典相提并论，因此被正统儒士视为洪水猛兽，遭到了他们疯狂的诋毁和排斥，当时的名士归庄甚至欲杀之而后快。归庄曾公开对金圣叹的一个冯姓学生宣称，读了金圣叹的书，了解了金圣叹的所作所为，一定要将金圣叹杀死。归庄在哭庙案发生之后，对其他十七名被害文士表示哀悼，唯独对金圣叹之死拍手称快。他还特意写了一篇《诛邪鬼》，不仅痛斥金批《水浒传》《西厢记》为“倡乱”“诲淫”之书，更攻击金圣叹为人“贪戾放僻，不知有礼义廉耻”，所评之书流毒天下，罪不胜诛，不能因为金圣叹做了鬼就放过他，可见对其痛恨之深。

虽然遭到了正统文人的强烈反对，但由于金圣叹的评点语言活泼，通俗易懂，更好地展示了这些作品的魅力，因此在当时受到了广大普通民众的欢迎。据清代常熟人王应奎记载，当时几乎家家都有金圣叹的作品，可见其畅销程度。金圣叹的评点作品不仅在民间畅销，甚至还传到了清朝皇宫内，顺治皇帝就很喜欢读金圣叹评点的《西厢记》及《水浒传》，还曾向名僧释道忞打听过金圣叹的消息，并对其做了“议论尽有遐思，未免太生穿凿，想是才高而见僻者”的中肯评价。

金圣叹喜欢饮酒，并且酒量极好，有资料记载他饮酒能“三四昼夜不醉”，常和一帮朋友在一起喝酒，酒醉后就借宿在朋友家，为了方便评书，他把要评的书在经常往还的朋友家里也放置一套，以便酒醉醒来后批阅。金圣叹评书也是尽兴而为，兴之所至时奋笔如风，一天可以评点完一两卷，但一般不会超过三天时间就意兴阑珊，于是就放下笔找人喝酒去了。也许正因为如此，他的评点作品才会真情流露，很少矫揉造作。

金圣叹平生最喜欢的事情就是读书和著书，他认为“天下之乐，第一莫若读书”，他把读书和著书作为自己一生的事业，他在《第五才子书·序三》中说：“生死迅疾，人命无常，富贵难求，从吾所好，则不著书，其又何以为活也！”他晚年的理想就是：“无病无恼开眉吃饭，再将胸前数十本残书一一批注明白，即是无量幸甚！”可惜他后来因卷入哭庙案被杀害，使他的评点事业突然中断，该理想也化为泡影。

六、哭庙

哭庙案是由吴县县令任维初的暴虐贪污激起的。任维初上任后，一面监守自盗，侵吞了常平仓粮食三千余石，一面酷刑催逼赋税，并因此杖毙一人。而当时的江苏巡抚朱国治也不断罗织大狱，搜刮无度，人称“朱白地”，激起了众怒。顺治十八年（1661）二月初，顺治皇帝去世的哀诏抵达苏州，苏州的百余名秀才趁地方官哭临的机会，到文庙鸣钟击鼓，并到府堂跪进揭贴，后来参加者达到千余人，号哭而来，都要求惩治贪官任维初，巡抚朱国治实施镇压，当场就有十一名秀才被逮捕。不久这些秀才被押送至南京审问，在此过程中金圣叹也被牵扯进去。

据记载，金圣叹在哭庙案发生后曾写了《十弗见》一文对官府进行了辛辣的嘲讽，因此被朱国治所恨，还有记载说哭庙案中的《卷堂文》为金圣叹所作，且在其家开雕，因此被牵连。顺治十八年（1661）农历七月十三日，金圣叹与其他卷入哭庙案中的十七位秀才被斩于南京三山街，结束了他传奇的一生，家属也被流放到辽东宁古塔。他的尸体后来被其学生沈永启运回苏州，安葬于五峰山博士岭下西山坞。

尾　声

金圣叹被杀后，苏州百姓深以为冤，作民谣云：“天呀天，圣叹杀头真是冤。今年圣叹国治杀，他年国治定被国贼歼。”不久朱国治转任云南巡抚，后被叛乱的吴三桂所杀，并被“脔而食之，骸骨无一存者”。而吴县县令任维初不久也因事被斩于南京三山街，可谓报应不爽。

为了纪念包括金圣叹在内因反对贪官而遇害的十八名秀才，苏州百姓还曾专门在阳山建造了十八人祠作为祭祀场所，而在今天的苏州民间，还流传着“百批金圣叹”的俗语，可见其影响之大，真可谓“纵酒著书金圣叹，才名千古不沉沦”。

苏州名医曹沧洲

周　异

曹沧洲在苏州的名气太大了。他做过御医，为光绪皇帝看过病，见过大世面。“三钱萝卜籽，换只红顶子”的故事在苏州家喻户晓。

苏州阊门西街曹家，清初自安徽歙县移民苏州。至曹沧洲，已是第四代。曾祖敬堂公，“医理穷神”。祖父云洲公，因医术高明而活人无算，很获地方好评。云洲公生了三个儿子，老大曹毓俊、老二曹毓英均业儒。老三曹毓秀独承家学，在苏州行医。

曹毓俊也生了三个儿子，长子曹元恒，字智涵，号沧洲，医精内科，擅治外疡，名冠吴中；次子曹元荚，后改名福元，字邃翰，号再韩，官至河南布政使，护理河南巡抚；三子曹元弼，字谷孙，号懿斋，赏翰林院编修，兼任存古学堂经学总教，乃吴派经学的大家。

本文以曹元恒为主人公，即曹沧洲，他在民间以号行。

子孙或业儒，或业医，是曹家的传统。曹沧州的堂兄，即叔父曹毓英的次子曹元森，擅用鲜药，人称“鲜货曹”，为北京内城官医院医官，属京城四大名医之一。曹家从先祖始，就是业医与业儒兼举。曹毓俊自己习举子业，成为举人，走了读书做官的路子，但是个小官，国史馆誊录、候补知县。家中经济，上靠父亲曹云洲，下靠儿子曹沧洲。

曹沧洲上要养父母，下要养两位弟弟，负担真是不轻，他“黎明而起，深宵而息”，方才得以支撑家业。甚至结婚当天上午，曹沧洲还在医所诊病，待到赶回家成亲，已观者塞门，不得不从邻居家侧门溜回家。

光绪三十三年（1907），曹沧洲被征召进京，因为光绪帝病了。

光绪帝有什么病？是遗精。按理说，青年男子遗精，纯属正常。可光绪帝十六七岁时，遗精成了常态，有点情况不妙。到十九岁大婚时，非但没有改善，反而成了宿疾。病情严重时，大白天突然听到一声锣响，都会自泄，更别说晚上梦寐时了。

光绪二十四年（1898）九月初四，法国驻京使馆医务官员多德福进宫为光绪帝诊视，留下了一份医案。1980年，中国中医研究院与中国第一历史档案馆联合整理清宫医档时，发现了这份医案，非常惊讶。因为光绪二十四年是戊戌变法的那年。八月初六，变法失败，光绪帝似乎在软禁中。多德福探视光绪，是纯粹治病吗？多德福能进宫，又是何人批准？这一切，似乎被掩盖得很深，无人知晓，仅留下一份医案。

礼部主事王照口述的《德宗遗事》记载，八月戊戌变法后，慈禧“令太医院将光绪帝脉案，遍示内外各官署，并送东交民巷各国使馆”。各使馆会议，决定将计就计，荐西医入诊，一探虚实。当时负责外事的是荣禄，他是直隶总督兼北洋大臣。荣禄拿不定主意，请教两江总督兼南洋大臣刘坤一。刘坤一说：“君臣之义已定，中外之口难防。”多德福蒙召进宫，就是这个背景。

根据这份医案，多德福为光绪帝查验了小便。多德福觉得，皇上身体虚弱、头面淡白、耳鸣头晕、腿脚酸痛等，都是表征。表征之下，是多年的遗精痼疾，丝毫没有减轻。因此，皇上可能患有肾炎或肾结核。身体里的有毒之物作为渣滓被带到肾脏后，不能随小便排出体外，反而再次被输送到四肢百体，以致全身器官都出现了问题。

至于施治之法，法国医官很让光绪帝失望，他只是建议滋补调养，办法是中国式的，食用人乳或牛乳。因为中国高官喝人乳，早已蔚然成风。光绪二十四年（1898），青霉素尚未发明，法国人没法为皇上消炎。欧洲发现青霉素是1928年，中国皇帝早已经下台，而实际临床使用的时间更晚。

行文至此，要喘口气。因为前后文，跨度十年，前文所说，光绪帝有基础疾病，而下文要说的是，皇上又病了。

太医院治不好皇上的病，工部尚书兼管理医局的陆润庠向慈禧建议，向全国征求名医为皇上诊治。光绪三十三年（1907），经两江总督端方推荐，苏州曹沧洲和青浦陈莲芳同时应征入京。刘声木《苌楚斋三笔》记载："一时到京者约六七人。公费由内务府发给，每人每月二百金，各省复私添公费，闻每月有至千金者。"可见待遇相当优厚。

为皇帝看病已经很难，而为光绪帝看病更难。首先，因为长久得不到有效治疗，皇上肝火很旺，曾经失态扭断太监的顶戴，踢翻电器灯。宫中传出这种流言蜚语，听到的人都觉得心惊肉跳。其次，皇上本人懂医，糊弄不得。

恽毓鼎，曾任光绪帝的起居注官十九年。他在《崇陵传信录》中说："戊申（光绪三十四年）秋，突传圣躬不豫，征京外名医杂治之。请脉时，上以双手仰置御案，默不出一言，别纸书病状陈案间。或有所问，辄大怒。"

光绪帝为何发脾气？这个问题暂且不回答。先看曹沧洲和陈莲芳两人为皇上所拟处方，所谓"帝案"，究竟写了什么？

曹沧洲撰有《御医请脉详志》，一直没有刊行。直到2005年，上海科学技术出版社将其作为"中医古籍孤本精选"的一种，出版了《曹沧洲医案》。其中，为光绪帝请脉的医案，是曹沧洲门人无锡柳剑南所藏的抄本，由南京中医药大学收藏并点校。

曹沧洲帝案，共三十二份。前六份为光绪三十三年（1907）所拟，日期从九月初七至九月十二日。六份处方几乎一模一样，主张"仿金匮之法，以饮食消息之"，换言之，皇上的这个病，注意饮食就可以了。这是什么意思？意思就是没病。后二十六份处方，为光绪三十四年（1908）三月初八至四月十二日所拟，治疗核心是皇上的"足跟痛"。天天说脚跟，连说二十六天。二十六天后还在说，是陈莲芳单独开的处方，没有曹沧洲的署名。因为在这段治疗时间，曹沧洲请假回苏了。

光绪帝对曹沧洲的医案甚是满意，《苌楚斋三笔》就说："元和曹智涵郎中深为德宗信任。"圣恩优渥，曹沧洲当时可能不知。他按既定方针，请假回籍后，就称疾养病。江苏巡抚私下将其每月公费添至两千金，车马费三千金，依然没有说服曹沧洲再度进京。

光绪帝究竟病得如何？其实曹沧洲的医案已经作了最好的说明。

行文至此，可以解释皇上为何发脾气了。因为皇上自觉没什么严重的病。另一名御医，江西知县吕用宾与曹沧洲看法相同。他也对光绪帝说："现在皇上之病，未见十分要紧，请皇上安心。"而内务府秉承慈禧的意旨，要求御医们顺着有病的思路开处方，所以光绪帝为之愤怒，非常不配合，对御医们冷嘲热讽，甚至把处方掷在陈莲芳脸上，批其处方"名医伎俩，不过如此，可慨也夫"。可怜年已七十的陈莲芳"汗流浃背，不敢仰视。谓为生平未有之奇辱"。

曹沧洲回苏后"谢绝诊事"，并不是年仅五十八岁的曹沧洲已经可以悠游林下，而是太医院有规矩，御医因病请假，病愈后，仍需赴院任职，不准在宫外行医。一旦发现，要交刑部严处。如果太医院徇情私放御医提前退休，发现后一并议处。曹沧洲是皇上的"征君"，他自然不敢私自行医。

光绪三十四年（1908）夏秋之交，慈禧太后生病了，七十多岁的她连着拉稀，放在今天，有抗生素为后盾，有现代化验手段，不算大毛病。但在晚清，恐怕未必。慈禧的病，早已撼动京师，大家都觉得老佛爷已时日不多。十月初十，是慈禧太后生日。恽毓鼎写道："上率百僚晨贺太后万寿，起居注官应侍班，先集于来熏风门外。上步行自南海来，入德昌门。门罅未阖，侍班官窥见上正扶阉肩，以两足起落作势，舒筋骨为跪拜计。须臾忽奉懿旨：皇帝卧病在床，免率百官行礼，辍侍班。上闻之大恸。"

这段文字值得细细研读。执笔者恽毓鼎，是皇上的起居注官，行文严谨，是可以信赖的。很明显，一场挑战公然揭幕了，十天后的十月二十日，光绪帝果然就死了。

十月十九日，也就是光绪帝驾崩前一天，御医周景涛在南海子瀛台为皇上诊脉，看到御案上散放着一堆书，有《贞观政要》第八卷、《太平御览》第三十二卷、《大学衍义》第十二卷，以及《四库全书提要》医家类一册。另有新买的四册《理财学》，似乎还没有开读。

皇上在想些什么？通过这些卷目，或许能找到开门的钥匙。

《贞观政要》记录了唐太宗的"嘉言、善行、良法、美政"，是唐太宗在位二十三年中，对国家政治、经济生活的重大思考与举措。不仅唐代皇帝“书之屏帷，铭之几案”，唐以后的历代统治者都把它视如圭臬。翻开《贞观政要》卷八，唐太宗说了这些话：

以一人治天下，不以天下奉一人。

奴告主者，不须受，尽令斩决。

古语云：“小人之幸，君子之不幸。凡养稂莠者，伤禾稼。”

谋小仁者，大仁之贼。故我有天下已来，绝不放赦。

长孙皇后遇疾渐危笃，对皇太子说，岂以吾一妇人，而乱天下法。

光绪三十四年（1908）夏秋之交，光绪帝有望独掌政权。他研究《贞观政要》，很有针对性。他的身边，不就是群小围聚；那位老佛爷，不也是“疾渐危笃”吗？

光绪帝阅读的另几本书，也很有意思。《太平御览》第三十二卷记述了目连救母的故事。大清以孝治天下。如果光绪帝得了天下，相信他会很爱护慈禧的名声。目连救母，带给他的，应该是这样的思索。另一本《大学衍义》，也是帝王必读的教科书。格物致知，正心诚意，修身齐家，是帝王的基本修养。元仁宗就说：“治天下者，此一书足矣。”

光绪帝不是一个没想法的人。他本来想做个励精图治的好皇帝，但仅仅过了一天，十月二十日，清廷即宣布皇上病危。二十一日凌晨子刻，太医院院使张仲元上报病情：“皇上脉息如丝欲绝，肢冷气陷，二目上翻，神识已迷，牙关紧闭，势力将脱，谨勉拟生脉饮，以尽血忱。”到酉时，也就是下午五点许，皇上就去世了。其中种种诡异，神鬼莫测，已是无法说清。当时南方有一家报馆发表评论认为，请江南各省督抚推荐名医，皆系饰人耳目，“太后病亟，则帝命亦不保矣”。

光绪帝去世，太医院官员受到处分，这是例行公事。江南名医也没有幸免。上谕说：“前刑部主事陈秉钧、分部郎中曹元恒、江西玉山县知县吕用宾、江苏阜宁县知县周景涛、浙江候补知县杜锺骏、江苏候补知府施焕、候选道张鹏年，均着降二级留任。”

曹沧洲的搭档陈秉钧被降二级留任后，官阶从正七品降到正八品，职务从太医院御医跌到御药房近侍医官。太医院御医是皇帝的私人医生，而御药房近侍医官是大内医务处为太监宫女看病抓药的，境况大不一样了。

而此时此刻，曹沧洲在苏州城里游哉悠哉。

回到文章开头，“三钱萝卜籽，换只红顶子”的故事。这句苏州俗语，苏州人都知道，说的是曹沧洲。曹沧洲有资格戴红顶子吗？清朝官员的顶戴服饰有严格规定，只有一二品大员，才有资格戴红顶子。一品用红宝石顶，二品用红珊瑚顶。

按太医院官制，御医仅为七品。但曹沧洲是编制外御医，不受此约束。光绪二十六年（1900），曹沧洲曾以捐资报效，得奖郎中，分部行走（见《苏州史志资料选辑》第二十四辑《吴县曹先生行状》）。郎中，是五品官。分部郎中，是候选郎中的别样说法。纳资做官的正常程序是先候选，再候补。从分部郎中到实授郎中，还有很长一段路，还要花很多钱。曹沧洲没有走下去，这是对的。他只要一个绅士的身份。

由于太医院功能特殊，也有一些特殊政策。如雍正元年（1723），“令九卿及直省督抚荐举知名的年老医生。由地方官资以路费，护送到京，报礼部，交太医院试用。果能医理精通、疗疾有效，即留任太医院任职”。为了刺激名医任职太医院，朝廷颁布了特殊的政策，如儿子中有在职官员的，立即升一级；如果是候选候补的，立即转正；如果是贡生、监生，立即授官为经历；如果是布衣，立即授吏目、典史即用。换言之，平民百姓，也能给个相当于如今科局级公务员的身份，除了薪水收入外，一年的养廉银就有八十两，很诱人。这个政策，可参阅《大清会典则例》卷一五八“太医院”条。

按照这个政策，曹沧洲任分部郎中，视同实授，从五品。《清稗类钞》说：“光绪朝，京外官吏之三品以下者，泰半得有红顶，名器之滥，至此极矣。”在晚清，有了五品官的身价，再混个红顶子，不算难事。但是，这里要强调一下，苏州当时是省城，士绅如林，冠盖如云，一个编制外的御医，想在苏州城里玩僭越，以“红顶子”招摇过市，谅曹沧洲也没这个胆量。

曹沧洲的墓志铭，是他弟弟曹元弼所撰的。铭盖题为“皇清诰授奉直大夫晋封荣禄大夫内廷供奉分部郎中曹公墓志铭”。他在世时，授奉直大夫，从五品，与他分部郎中的身份是对应的；后晋封荣禄大夫，是从一品的虚衔，是死后追赠，当然要花点小钱，纯粹牌位上好看罢了。这篇墓志铭，收入《明清以来苏州社会史碑刻集》，遗憾的是，这是块残碑，文字留存部分只到光绪十四年（1888），曹沧洲精彩的后半生，只字全无，殊为可惜。

回到“三钱萝卜籽，换只红顶子”这句话上来。

萝卜籽，是治腹泻的。腹泻，过去叫“河鱼之疾”，因为鱼的肚子比较容易烂。光绪帝没有河鱼之疾，但慈禧有。但曹沧洲没有为慈禧看过病。所以，“三钱萝卜籽，换只红顶子”，挨不上曹沧洲，而是另一位苏州名医，他叫潘霨。潘霨比曹沧洲年长一点，他也没有为慈禧看过病。但他为直隶总督桂良的两个女儿看过病，其中一个女儿，是恭亲王福晋，都治好了。他还“奉旨为皇太后请脉”。这位皇太后，是恭亲王生母、咸丰帝养母——孝静成皇后，也治好了。

潘霨官至湖北巡抚、贵州巡抚，是真正的二品大员。“三钱萝卜籽，换只红顶子”说的，其实是他。潘霨不是科举上的正途出身，他的监生是捐监，他步入仕途的第一站，是在北京捐了一个九品官。潘霨曾在北京郊区当过监狱的狱官，他的医术，是免费为犯人治病练就的，属于自学成才。

郑文焯宅居考

卜复鸣

郑文焯（1856—1918），字俊臣，小字豫格，号小坡，又号叔问，别号瘦碧、冷红词客、江南退士，晚号大鹤山人等，奉天铁岭（今属辽宁）人，正黄旗汉军籍。后复本籍，自称郑玄之后，北海高密（今属山东）人。家世显赫，父瑛棨曾官至河南巡抚。少从父宦游南北，濡染学家。光绪元年（1875）顺天乡试举人，出陈宝琛之门。次年会试未中，授内阁中书。后屡试不售，遂绝意进取。自光绪六年（1880）春，南下苏州，为江苏巡抚吴元炳幕客，时年二十五岁，客居吴下三十余年，游于历任江苏巡抚之幕，康有为《清词人郑叔问先生墓表》说："游吴而家焉。先后巡抚十九人，慕其才名，延赞幕府，君乃徜徉湖山，著书作歌词以老于吴下。"又尝为存古学堂都讲。辛亥革命后，以遗老自居。清史馆尝聘其任纂修，北京大学聘其任金石学教授，皆辞谢不就，以行医鬻画自给，孤贫以终。郑文焯为清季著名词家，与王鹏运、况周颐、朱祖谋并称"晚清四大词人"，有《瘦碧词》二卷、《冷红词》四卷、《比竹余音》四卷、《苕雅余集》一卷，后删存为《樵风乐府》九卷。

苏州是文人骚客向往的流寓之地，至晚清尤甚。俞樾《曲园杂纂序》说："东南底定之后，吴中花月之胜未减曩时。士大夫之宦成而归，及流寓于是者，各治第宅，启园林，竹崦松台，月汀星沼，极一时之盛矣。"当时流寓吴门词人较多，如朱祖谋、易顺鼎、张祥龄、蒋文鸿、张仲炘等。况周颐于光绪十七年

（1891）、三十年（1904）两度客居苏州；王鹏运往来于沪苏间，曾与郑文焯有西崦卜邻之约，又有卜居半塘之想，惜因暴病客死而未能实现。

郑文焯颇有隐逸思想，既居苏州，就赁屋买宅，隐于市巷间。戴正诚《郑叔问先生年谱》说：“少无官情，生有傲骨，得味林壑，肤味琴书，非所谓高尚，其事隐居求志者哉。”他的寓所，大多为园林或庭院，今略作考述如下。

一、潘氏西园

光绪六年（1880）春，郑文焯为江苏巡抚吴元炳幕客，寓居苏州。《郑叔问先生年谱》说：“春，先生偕张宜人赴苏州，卜居乔司空巷潘氏西园。”乔司空巷在观前街北，全长不足四百米，潘氏西园所在今已无可稽考。郑文焯寓居于此达四年之久，却不见其对景物作描述，可见只是一般庭院而已。

当时俞樾居马医科巷曲园，与潘氏西园相去不远。俞樾是郑文焯之父瑛棨的朋友，两人有异性昆弟之约。光绪六年（1880）秋，郑文焯偕夫人张眉君游杭州，俞樾正寓湖滨俞楼，俞樾书“诗窝”横额以赠，鹏南《郑叔问小传》引文焯语曰：“诗窝者，俞丈巾山为余题吴下寓庐也。夫以余家无半亩之居，萍寄江湖，而钝足迄鲜佳著，时放浪空青顽碧间，兴之所至，发为咏歌。是无地无吾师也，奚以窝名为。老子曰：‘人生天地间，寄耳。’然则余之诗窝亦盈天地间所寄乎。日月相代，去就矫起。异日买山江南，坐卧万卷，手一编从蠹鱼以乞残饱。”郑文焯早期以诗名，南下苏州后始填词，故王鹏运说：“郑大鹤诗名因词而掩。”李瑞清也说：“山人诗名为词名所掩，书名又为画名所掩。”“诗窝”当是借寓潘氏西园时自题的室名。

另金天羽《鹤园记》载：“沤尹善讽喻，忱悱婉丽，一师梦窗。而高密郑大鹤为词俊健，有白石之风。二子同居吴下，海内隐然推词坛祭酒，四方名士踵接其庐。”沤尹即朱祖谋，一号强村。《鹤园记》后有一段附记，说庞国均对金天羽说：“大鹤初来吴下，实僦居马医科巷，巷在是园北。”又说：“癸亥九月，吾辟园北户，得某氏故宅居，立券购之。既泛扫池阁，因见名文焌者所临《争坐位》书六幅壁间，浥损矣，审其跋，而后知为大鹤之兄，兄若弟寄迹于此也。”文焌即文焯之从兄，号嚼梅，工诗词，善书。庞国均说郑文焯“初来吴下，实僦居马医科巷”。此说有误，郑文焯赁居马医科巷沤园，应该是光绪二十四年（1898）以后的事了。

光绪七年（1881）秋，郑文焯到西湖，梦游至一仙洞，其《记梦》诗序说：“光绪辛巳七月十三日癸酉，夜梦游一山洞。西向，榜曰‘石芝崦’。山虚水浑，乱石林立，石上生如紫藤者，异香发越，坚不可采。屐步里许，闻水声潺潺，出从竹间。容裔恍漾，一碧溶溶，世罕津逮。时见白鹤横涧东来，迹其所至，有石屋数间，题曰‘瘦碧’。摄衣而入，简秩彪列，多不可识，徘徊久之。壁间题‘我欲骑云捉明月，谁能跨海挟神山’十四字，是予去年在西湖梦中所得旧句也。尝欲补为，卒卒未果，今复于梦中见之，其觉所接者，实耶！列御寇曰：‘神凝者，想梦自消。’吾勿能勿为梦况也。翌日瑞其梦而述以诗。”故郑文焯即以石芝西崦名其室，自号石芝崦主人、大鹤山人、鹤道人，晚年又自署老芝等。又以瘦碧自号，且名其词集。吴昌硕题有“石芝西堪”横批，款曰：“叔问西湖梦中所见，爰以榜其居。”另有“石芝崦梦游客”（仲穆刻）、“瘦碧暗所得金石文字印”（吴昌硕刻）诸印。他请顾沄绘《石芝诗梦图》，遍征海内名家题咏，题者有俞樾、王闿运、沈秉成及夫人严永华、彭翰孙及夫人吴清惠、李鸿裔、黄彭年、钱葆青、费念慈、吴昌硕等。光绪九年（1883）冬，郑文焯与耦园主人沈秉成订金兰之契，成了忘年交。沈秉成曾赠齐玉象一尊，故取斋名曰“齐玉象堪”，有“齐玉象堪题记”诸印。“瘦碧暗”“石芝西崦”“齐玉象堪”等，都是他赁居潘氏西园时的室名。

二、汪氏壶园

随着经济收入的提高和生活的稳定，潘氏西园显得较小了，郑文焯便委托吴恒为其另觅环境更好的寓所。吴恒字仲英，号颂音，晚号鹤翁，浙江仁和（今杭州）人，善书画，官至松江海防同知。据《潘钟瑞日记》“光绪十年甲申”条记载，四月二十日，“仲英来看壶园之屋，云文小坡文焯欲觅屋移居”；廿二日，“晨至吴仲英寓，因文小坡昨已来看过房子，往询其意，不值，遂返。午刻，小坡有札来，覆之，约明日到彼寓面谈”；廿三日丁卯，“仲英之子平格来，为小坡事也。……饭后洒雨，俟一阵过后出，至乔司空巷潘家文寓见小坡谈”。经过多次的讨价还价，光绪十年（1884）五月初一，“是日，小坡来，租定壶园”；十一日，“文小坡移家来平阳壶园中，余具衣冠贺之，略谈”；十四日，“夜，小坡招饮吴仲英、汪少甫、潘吟香、铜士与余五人为客，谈谦良久。席撤，又观其收藏物，留桂轩与闲舫陈设具备”。潘钟瑞长期坐馆汪体椿家，教授汪氏子弟，借此谋生。从潘钟瑞这几段日记来看，潘钟瑞是一位热心人，也是郑文焯赁居壶园的促成者之一。从此，壶园成了词人、文人间交游唱和之地，如光绪十一年（1885）腊月十九日雪后初霁，在壶园为苏轼八百四十八岁生日作寿。光绪十五年（1889），与蒋文鸿、张祥龄、易顺鼎、易顺豫等结社于壶园，易顺鼎《吴波鸥语序》说：“四子皆嗜白石深于余，探幽洞微，穷极幽眇。藩使署有西楼三楹，城堞缺处，可望灵岩、上方诸山，视城外沙鸟风帆，皆自眉睫间过。数人者，非啸于楼，即歌于园。”郑文焯《过秦楼·过雨檐花》小序说：“后溪连雨，新渌平桥，一楼卧临，城西陂船舫皆从几案间过。晚霁见月，水光花影，澹然空寒，有怀丁酉秋石壁望湖台夜游，流连光景，动逾岁时，遭世乱离，游情匪昔，感时属景，不自知其词之凄异也。”

壶园在庙堂巷，原为平阳汪宅的一部分，始建于同治九年（1870），园主为汪锡珪。壶园其名，取之于东汉费长房故事。顾文彬曾多次为壶园题联，如同治十一年（1872）八月廿一日，顾文彬枕上口占壶园一联，云：“名花斶忿，美酒延年，笑傲即神仙，不羡长房壶隐；瘦石补云，小池涵月，往来无俗客，何殊庾信园居。”（见《过云楼日记》）当时壶园内有婆罗花馆、一松一石之庐、留桂轩诸构。汪锡珪卒后，园归汪体椿，为郑文焯赁居时的主人。汪体椿字潞年，号铜士，汪藻嗣子，潘钟瑞表侄，为吴趋汪氏第八十九世孙，娶潘世磺孙女。

关于壶园中的景物，易顺鼎《吴波鸥语》小序说：“大鹤所居小园，命之以壶，才可数弓，然有石，有池，有桥，有篱，有阑，有梅、竹、桃、柳、棕榈、木樨、芙蓉，芳树杂华，有鱼，有鹤。”可谓螺蛳壳里做道场，应有尽有。《潘钟瑞日记》光绪十一年（1885）三月十七日记道：“晌午，小坡遣人来，邀往便饭，云牡丹正开，仓石在座，同看花也。……饭罢，复于小亭啜茗而散。”五月廿六日记道：“傍晚，仓石冒雨来……偕至小坡处新额‘瘦碧行窝’中，三人同坐叙谈。雨适猛泣，庭际竹蕉梅柳，万绿齐滴，小池水涨，几将拍桥，又须画壶园话雨图矣。”仓石即吴昌硕。郑文焯《迟红词》之四首曰：“晚薇开遍去年枝，红露霏霏点鬓丝。肠断江南花落后，更无人醉补秋。”自注：“余客汪氏壶园，临水遍种蕉竹，以补秋名其居。”可见郑文焯已将汪氏壶园中的建筑题名改为“瘦碧行窝”“补秋簃”等。园中花木，也随新主人的爱好而改植，郑文焯《绛都春·赋壶园雁来红》有曰：“鹃魂一片。怪小墅绿阴，都被愁染。鸿阵悄来，凄紧西风黄昏院。茜裙残缕吹香远。”《祝英台近·古屏寒》有曰：“壶园秋事，惟黄华可语，西风老涩，数丛向残，以此曲写之。”可见秋色中有雁来红、黄菊等植物。

值得一提的是，养鹤是晚清苏州园主的高雅之事，如鹤园、留园、怡园等园内都有鹤。郑文焯《瑞鹤仙·我诗仙也未》小序说：“壶园旧豢华亭鹤，丁亥岁感秋而蜕，瘗于丽娃祠右。是冬大雪中，茧园主人乞题其先世仁简先生志矩斋图。诗成，以白鹤见报，欣然寿之以词。”《扫花游·小梅悄绿》小序说：“予以诗易鹤，吴士艳称。”丁亥即光绪十三年（1887），茧园主人即彭翰孙，字南屏，为道光时工部侍郎彭蕴章之孙。另其《祭天神·叹岁寒残雪谁堪语》小序说：“题自画归鹤图，有叙。余落南三十有二年已，旧寓城西壶园，尝蓄六白鹤。”壶园内养鹤数量之多，当时苏州诸宅园无出其右。

三、龚氏修园

郑文焯除夫人张宜人外，尚纳有二妾。光绪十二年（1886），纳方氏素南为侧室，于光绪十六年（1889）六月生一子，名复培。光绪十九年（1893），又纳吴趋歌儿张小红为侧室，小红亦名红冰，家住彩云桥。郑文焯为其租赁庙堂巷龚氏修园，筑冷红阁，有侍儿西美、南佳、澹宜、倩倩、洛孤、柔素等。吴昌硕为郑文焯刻“侍儿南柔同赏”一印，可见其宠爱之情。龙榆生《冷红词跋》说：“小坡方有比红之赋，即所谓侍儿红冰是也。后遂归于小坡，乃于剪金桥卜西楼以贮之。《冷红词》一编，大半咏此。”郑逸梅《艺林散叶》说：“郑大鹤善吹洞箫，有金昌歌伎张小红，擅琵琶，郑置诸其寓剪金桥巷，所谓冷红簃者是。更为小红取别号曰南柔，曰可可。每作词，或自吹箫，令小红歌之，或由小红弹琵琶而自歌之，务期协律，稿始定。《冷红词》即是时所作，顾若波绘《冷红簃填词图》，图为庭园小景，怪石修篁，掩映左右，郑坐茆亭内，伏案拈毫，小红侍立，侧首望天外翔鹤。王晋卿题之云：'瘦碧微吟工笛，小红低唱记吹箫。'"

东西走向的庙堂巷西接南北走向的剪金桥巷，龚氏修园的位置在两巷的交错口。郑文焯《折红梅·记西楼筝雁》小序说："《中吴纪闻》宋吴应之居小市桥，有侍姬曰红梅，因以名其阁。尝制《折红梅》二词，传播人口，春日群宴，必使优人歌之，竹垞以为杜安世作误矣。余新得吴趋歌儿亦有比红之赋，时将寻梅西崦，爰和吴词，同一清宛也。"可见其建冷红阁，乃仿效宋吴感所建红梅阁。红梅阁故址，在小市桥西。郑文焯《蓦山溪·故家乔木》小序说："吴城小市桥，宋词人吴应之红梅阁故地也。桥东今为吴氏听枫园，水木明瑟，以老枫受名，红叶池亭，不减旧家春色。且先后并属延陵，于胜地若有前因。强村翁近僦其园为行窝，翁所著词声满天地，折红梅一曲未得专美于前也。爰托近意，歌以颂之。"查1928年《最近苏州游览地图》，小市桥西的吴殿直巷（因吴感得名）是一条东西向的小巷，听枫园则在小市桥东北，两者之间还是有一定距离的。

修园中的景物不详，郑文焯《鹧鸪天·水榭移灯月到》小序说："冷红簃逭暑赋得侧艳小词，以罗帕潃墨题之。"又请顾若波绘《冷红簃填词图》，冷红簃是园中除冷红阁之外的主要建构。《乌夜啼》有曰："蕉云一枕新凉展，昨夜小窗多。"蕉竹之类是苏州园林的主要花木，修园也不例外。

郑文焯诗词中常提到西园，如《齐天乐·西园感旧》有曰："园居半亩，笑双鹤栖依，占人清瘦。见月登楼，过秋知健否。"《梦芙蓉》小序说："霜中作花木芙蓉独饶冷艳，曩于西园池上遍栽，花时招同社连句赋之。"修园在壶园之西，疑西园是指修园。龙榆生《冷红词跋》说："卷一《暗香》题云：'岁晚江空，微闻红儿消息，感忆白石载雪垂虹故事，和其二曲，寄声湖上。'是红冰未归小坡以前，常往来于三竺六桥间也。卷三《折红梅》题云：'余新得吴趋歌儿，亦有比红之赋'。又《暗香》题云：'余昔和石帚《暗香》《疏影》二曲，为感西湖之别也。仅冷红阁子落成经年，不可无词以报春。'是红冰湖上归来，旋即归于小坡。所谓'卜西楼以贮之者'，既词中所谓冷红阁子是也。予近从强村老人所得小坡瘦碧龕诗未刊稿，有《迟红词》十二首，足与《冷红词》相印发。……据此知小坡之恋于红冰，盖不出彼姝怜才之痴念。小坡性情好尚，差与白石相同。自制新词，小红低唱，固小坡心目中之所存想不忘者也。”可见郑文焯在纳小红之前，“冷红阁子”已“落成经年”，因其心中一直存想着张小红，一日得之，即以贮之。《玲珑四犯·竹响露寒》小序说：“壬辰中秋，玩月西园。中夕再起，引侍儿阿怜露坐池阑，歌白石道人《玲珑双调》曲，度铁洞箫，绕廊长吟，鸣鹤相应，夜色空寒，花叶照地，顾景凄独，依依殆不能去。”壬辰即光绪十八年（1892），此年尚未纳张小红，故有侍儿阿怜歌之，这也是顺理成章的事。

四、马医科巷沤园

光绪二十四年（1898）冬，壶园不慎失火，郑文焯迁居幽兰巷。幽兰巷旧称“勾栏巷”，在乐桥西南。二十六年（1900）冬，由幽兰巷迁居马医科巷沤园。郑文焯挽俞樾诗自注：“庚子冬同寓马医科巷三年，公为书沤园版。”沤园的园额是由俞樾题写的。

沤园的具体情况不详。“沤”为水中浮泡之意，如“沤梦”指泡影般的梦；“沤珠槿艳”比喻短暂的幻景。沤又通“鸥”字，如《列子·黄帝》：“海上之人有好沤鸟者，每旦之海上，从沤鸟游。”清末民初，马医科巷内名人寓所较多，除曲园外，还有荆园、楼园、庞家花园（绣园）、潘奕隽宅等。

今见一拍卖成扇，上有郑文焯款：“至仇氏《江南春卷》真本，余曾与老友李香严几按（案）间见之，匆匆于今已廿年矣。雅旧风流，零落殆尽，遭世离乱，清事童颜阒然。今网师旧园所藏名迹，强半散佚，读此临本，感念昔游，题讫为之三叹。癸卯九月，写奉壶清先生雅属，北海郑文焯写于沤园。”癸卯即光绪二十九年（1903）。李鸿裔，字眉生，号香严。可以说他是郑文焯的追慕者和精神偶像，其《玉梅令·沧波旧苑》小序说：“城南网师小筑，故瞿氏园也。咸丰庚申乱后，中江李使君眉生治园为宅，以近沧浪亭，号苏东邻，博古自娱，简敖绝世。余以疏狂侨旧，雅奉闲逸，数预竹林之游。今眉生下世十余年矣，林亭旧隐，时见官仪，宾戏嚣尘，无复高致，感时悼往，不能无西园之思也。园中殿春簃最胜，因以钱仲文咏故王维堂前芍药诗意，寄慨于词云。”李鸿裔卒于光绪十一年（1885），其嗣子李赓猷家业不能守，曾被人设局受骗，“所藏名迹，强半散佚”，怎不令人唏嘘。

郑文焯在《荷塘清趣图》上题曰：“强梧大荒落之岁大梁月上番，大鹤山人郑文焯并记于听雨沤园。”所谓“强梧大荒落”是岁星纪年，强梧，丁也；大荒落，巳也。“大梁月”是四月初五至五月初五。故知此语题于1917年农历四月上旬，同时可知，郑文焯自名沤园为“听雨沤园”。易顺鼎《瘦碧词序》称文焯“行吟菰蒲之中，与沤鹭为伍”，故知沤园之“沤”字，寓鸥鹭之意。

五、通德里吴小城

光绪三十一年（1905），郑文焯在孝义坊购地五亩，建筑新居，曰“通德里”，秋初落成，乔迁并张筵庆五十。又从邓尉购来嘉木名卉，杂莳于庭院，颇擅园林之美。其东高冈迤逦，即吴小城故址，复作亭于城之高处，曰“吴东亭”，绕以竹篱，足供远眺。下有一水萦回，即子城西壕所谓“锦帆泾”也。其《满江红·竹槅桥南》小序说：“乙巳之秋，诛茅吴小城东，新营所信，激流植援，旷若江村，岁晚凄寒，流离世故。有感老杜《卜居》之作，聊复劳者歌其事云。”词曰：“竹槅桥南，有竹里、人家小葺。依约似，浣花门径，数椽幽僻。居近梅家西市隐，补吟桂树东城植。念岁寒、何意老江村，今非昔。怀旧隐，三高宅，空遐慕，五噫客。叹百年，枯菀一般陈迹。归燕犹寻斜日垒，闲鸥且占沧波席。待到门、春涨棹歌来，渔榔集。”又《满江红·乙巳之秋》有曰：“竹槅桥南，有竹里、人家小葺。依约似，洗花门径，数椽幽僻。”朱祖谋《西子妆·池粉濯妆》小序说：“叔问卜筑竹格桥南，水木明瑟，遂营五亩。证以吴郡图经，跨流而东陂陀连蜷，为吴小城故墟。怀昔伤高，连情发藻，眷念昨年结邻之约，几时可遂，因次其韵。”郑逸梅《郑大鹤借鬼骂世》记李瑞清书郑文焯尺牍册子有曰：“初见山人于吴城孝义里，阶砌竹篱，皆莳花木。会已暮，一瓦灯荧荧，萼枝映牖，四壁秋虫声唧唧，如入古冢。”

郑文焯于园中的书带草有特殊的感念，书带草系百合科沿阶草属常绿多年生草本植物，相传因生于郑玄读书处得名。乐史《太平寰宇记·河南道二十》引《齐记》："郑玄教授于不期山下，生草大如薤，叶长一尺余，坚韧异常，土人名曰'康成书带'。"又相传郑玄门下取草以束书，故名。郑文焯《瑶华慢》小序说："余家书带草始生，不其山中以经神受名，自成馨逸。……今余既营草堂于吴小城东，修廊曲砌，布濩殆遍。"又《鹧鸪天》曰："水竹依稀壕上园，苍烟五亩绝尘喧。半床落叶书连屋，一雨飘花船到门。　寒事早，恋清尊。狸奴长伴夜毡温。老来睡味甜于蜜，烂嚼梅花是梦痕。"郑文焯有"善草楼""书带草堂"诸印。竹樀桥在乐桥东南、乘鱼桥侧的锦帆泾上，锦帆泾即今锦帆路，1931年填泾为路。

樵风居是通德里的主要堂构，郑文焯自号樵风词客，有咏《樵风居》八首，有曰："樵风好，揽古省跻攀。故沼能通新甃井，小城还作隔墙山。地僻意常闲。""樵风好，烟水自为家。三径尽成居士竹，一畦犹有故侯瓜。老圃送年涯。"王大炘治"吴小城东墅"印，款署"西崦是梅花深处，鹤道人将移家山中，令刻是印为胜引。岁在甲辰中秋之月"。甲辰即光绪三十年（1904）。王大炘（号冰铁）与吴昌硕（号苦铁）、钱叔厓（号瘦铁）合称"江南三铁"。郑文焯《鹧鸪天·余与半塘老人有西崦卜邻之约，人事好乖，高言在昔，款然良对，感述前游，时复凄绝》曰："据榻连吟数往年。夜窗枥马警秋眠。可怜燕市尊前月，又共吴云梦里天。　回首处，一潸然。小山招隐有新篇。淮南几树留人桂，纵得攀援不得仙。"

光福西崦是苏州赏梅游玩的胜地之一，亦为文人墨客常游之地。郑文焯曾多次描写雪西崦，并有《阳春曲·忆梅西崦》曰："一坞雪垂垂，西崦路、梦地经惯被花觉。暝寒犹恶。看未足、野桥疏萼。须信旧识青山，胜伤春、等闲篱落。"

六、存古学堂和樵风补筑

光绪三十四年（1908），江苏设立存古学堂（今可园址），这是清末在教育体系内保存国粹的一种形式。学堂每次月考，必请郑文焯校艺，《郑叔问先生年谱》称其"宏奖风流，造就颇多"。此年郑文焯于吴小城的正厅石芝西崦西北隅辟精室三间，称“樵风补筑”。其《满庭芳·邻寺霜钟》小序说：“新治西寮，岁晚叙意，辄题一解。时戊申十月。”并作《上梁文》：“光绪旃蒙大荒落之年，余既于吴小城粗营五亩之居，灌园著书，寂寞人外。越三年，以石芝西崦隙地数弓，复取新规拓以向阳两间，约略连簃之制，作祝文，其词曰：桂丛之幽，聊可佳留。诛茆西益，善草是谋。巢移一枝，书堆两头。蝉翳自簌，计唯周周。既练时日，经始及秋。乃陈三瓦，以应天庥。伐木莺迁，胥宇燕游。补我樵风，拓兹菟裘。蒋诩三径，仲宣一楼。”“旃蒙大荒落之年”为乙巳年，即光绪三十一年（1905）。

辛亥革命后，郑文焯生计日绌，常来往苏沪间，行医鬻画，聊以养家。1918年4月7日卒于苏州，享年六十有三，葬邓尉梅花中。

随着郑文焯的故去，其所居之园也随之湮没。可惜的是，壶园1959年时尚完整，至1982年全废。刘敦桢《苏州古典园林》对壶园有高度评价：“此园的面积仅约三百平方米，但池水曲折多致，池上小桥及两岸树木湖石错落布置，白皮松斜出池面，空间富有层次变化，无论从南望北或从北望南，都有竹树翳邃的风景构图。小园用水池为主景者，以此为佳例。”童寯《江南园林志》更认为“城中尚有小园，以畅园、壶园为最”。

吴昌硕苏州寓所考

陈 艺

近代书画篆刻大家、西泠印社首任社长缶庐吴昌硕，浙江安吉人，自二十六岁至杭州诂经精舍从学俞樾始，三十岁后主要谋生、游学于江浙一带，曾客寓嘉兴、湖州、苏州、上海等地，其中在苏州时间最久，前后累计三十年。关于吴昌硕在苏州的寓所，众说纷纭，莫衷一是。他寓居苏州时，用过的斋名有“铁函山馆”“削觚庐”“元盖寓庐”“缶庐”“禅甓轩”“四间楼”“石人子室”“破荷亭”“癖斯堂”等，其中有哪些是实，哪些是虚，笔者通过文献考证和实地考察，爬梳剔抉，相互印证，整理出了吴昌硕在苏寓所的初步线索，以此质诸识者。

据迄今所掌握的资料，吴昌硕第一次到苏州的时间为同治十三年（1874）七八月间，时年三十一岁。他为友人沈均玱刻“竹谿沈均玱字笈丽”印，款署“苍石刻于吴下，时甲戌秋八月”。又作“武陵人”印，款署“茶邨仁兄有道正之，甲戌七月吴俊并记”。茶邨，为苏州画家顾潞别号，应该是吴昌硕在苏期间为顾氏所刻。另有是年所刻“吴榖祥”印，款署“甲戌秋，苍石”，时间与上述两印相符，嘉兴画家吴榖祥长期客寓苏州，也当是同时在苏所刻。同治十三年（1874）之行，或许是吴昌硕到苏州谋生的尝试之行，只是匆匆经过，小住而已。

光绪六年（1880），吴昌硕三十七岁，再次到苏州。其《哭铁老先生》自注：“余与先生甲戌年同客杜氏曼陀罗馆，庚辰正月重遇吴下。”铁老，金姓，名树本，时年约七旬，与吴昌硕为忘年交。据吴长邺《我的祖父吴昌硕·年谱简编》

（以下简称《吴谱》）说，本年“在苏州寄寓于吴云两罍轩”。林树中《吴昌硕年谱》（以下简称《林谱》）说，本年“寓苏州，在吴云幕中”。吴昌硕是年二月已在苏州，是否已住进吴云家中呢？其“铁函山馆”印款云：“得杨大瓢书‘铁函’二字，县（悬）之旅馆，因凿此石。庚辰二月，仓硕。”杨大瓢，即清初书法家杨宾，吴昌硕获其所书“铁函”两字，并以铁函山馆来命名他借寓的旅馆，可见他此次初到苏州时，暂住旅馆。

《缶庐诗》卷一有《双塔寺寄友人》诗云：“双塔倚林表，危楼此暂栖。湿云低渡鸟，朝日乱鸣鸡。入望烟芜冷，怀人浦树迷。黄华故园好，昨夜梦苕西。”双塔寺即定慧寺，在今苏州城东南定慧寺巷。余友周新月说：“从诗中可以得知，吴昌硕还曾寄寓定慧寺僧舍，很可能是刚到苏州之事。‘黄华故园好，昨烟梦苕溪’的诗句，也似乎与初至异乡浓郁的思乡之情甚为契合。”可见吴昌硕是年二月（或二月前）到苏州，先住旅馆，后借寓定慧寺僧舍。同月，吴昌硕就入住吴云的听枫山馆。吴云（1811—1883），字少甫，号平斋，晚号退楼。浙江归安（今湖州）人，咸丰九年（1859）任苏州知府，兼摄松江府，被劾罢官，遂家苏州，筑听枫山馆。听枫山馆在城中庆元坊，即今听枫园。在吴昌硕传世的印章、印谱中，有不少边款都署作于两罍轩、晒镜室、听枫山馆，这都是吴云园宅的斋馆。如“苍趣”款署“吴俊卿于晒镜室改作，时庚辰二月”。“施曜庚印”“星衢一字小普”对章款分署“庚辰六月朔，游沧浪亭归来作此，苍石”“安吉吴俊卿刻，时客听枫山馆”。其纪年时间最早的是“庚辰二月”，即光绪六年（1880）二月，最晚的是“辛巳长至节先一日”，即光绪七年（1881）冬至前一日。这说明他寄居吴云家前后约两年。

《吴谱》“光绪八年壬午（1882）”条：“因故里不宁，携眷宅居苏州西亩巷之四间楼，地近寒山寺。时鬻艺生涯清淡，不足以赡一家生计，友人荐作县丞小吏以维家计。”《林谱》同年条：“是年接母、妻、儿来，已定居苏州。”按云：“先生苏州寓所，《吴门画史》云在帝赐莲桥，一作桂和坊。或当时住所有迁移变化，录以待考。”《吴谱》的说法显然是错误的。吴昌硕《元盖寓庐诗稿》有《甲申暮春，自南宫里移居西亩巷，铁老过我新居，以诗索和成此》，此诗收入《缶庐诗》，改题《甲申三月，铁老过西亩巷新居索和》。据此，吴昌硕离开吴云家后，住在南宫里，即丽娃乡南宫里，在城内西南隅，其大致范围，东至卧龙街

（今人民路）及南延，南至城墙（今南门至盘门段），西至胥门城墙（今盘门至姑胥桥段），北至卫前街、府前街、道前街（今三条街统称“道前街”），养育巷、太平桥也属南宫里。这个范围很大，吴昌硕的具体居所很难遽定。按《吴门画史》，称其在帝赐莲桥附近。帝赐莲桥在大太平巷（今十全街）西端，跨第三横河，北接长洲路，其地虽属长洲县乐安下乡仁寿里，但与南宫里的书院巷（古称南宫坊）近在咫尺，吴昌硕称其址为南宫里，亦无不可。但帝赐莲桥一说，还有待相关文献的进一步佐证。

吴昌硕卜居南宫里的时间，在光绪七年（1881）冬至后至光绪十年（1884）三月。这时吴昌硕的斋名称“元盖寓庐”，《元盖寓庐诗稿》中的作品大都写于这一时段。光绪八年（1882）四月九日，好友金杰赠其古缶一只，他在《缶庐诗序》中说：“金俯将杰赠余古缶，云得之古圹，了无文字，朴陋可喜，因以名吾庐。光绪八年壬午四月记。”又自刻“缶庐主”一印，款云：“余得一瓦缶，乃三代物，古朴可爱，以名其庐。壬午夏，仓硕。”可见吴昌硕用缶庐作室名，始于此时，后来又成为他常用的别号。

光绪十年（1884）春，吴昌硕得晋砖一方，又名其室曰“禅甓轩”，其“禅甓轩”印款云：“得晋砖双行，文曰：‘元康三年六月，陈钟纪作，宜子孙，位至高迁，累世万年相禅。’因以名吾轩。甲申春，昌石记。‘月’字下夺‘廿七日孝子中郎’。”禅甓轩也当在南宫里寓所。

同年三月，吴昌硕自南宫里徙居西亩巷四间楼，时年虚岁四十一岁。《吴谱》将此事误系“光绪八年壬午”条下，并称“地近寒山寺”。《林谱》同年条称“三月，迁新居西亩巷”，并按曰：“据此诗（指《甲申三月，铁老过西亩巷新居索和》），先生是年在苏州迁新居西亩巷，吴昌硕纪念室有桂和坊照相，未知是否即为该处？”关于四间楼的所在，众说纷纭，以“地近寒山寺”说最流行，或有说在“葑溪”者，如吴民先《缶庐事略》就称“葑溪畔西亩巷之四间楼”，葑溪指葑门内外一带，此说不知从何而来。吴昌硕《四间楼》诗云：“四间楼高风泠泠，寒山钟入烟冥冥。城隅一塔耸孤秀，江上数峰排众青。酌酒自作东道主，卧游胜读南华经。日光晨气荡檐角，梅花树树开围屏。”诗中“寒山钟入烟冥冥”句，大概就是《吴谱》所谓“地近寒山寺”的依据。当时吴昌硕正在城内某衙门当差，以交通条件来说，四间楼“地近寒山寺”之说很难成立。四间楼究竟在哪里？吴昌硕诗题中的“自南宫里移居西亩巷”是关键。但苏州并无“西亩巷”这个地名。我们再从吴昌硕的印款来考察，光绪十年（1884）冬为高邕所刻“西泠字丐”一印，款云：“甲申小雪先五日，为邕之司马仿汉，时同客吴下。仓石吴俊记于柳巷之四间楼。”这明确地说四间楼在柳巷。柳巷是西美巷横巷，这样“西亩巷”就落实下来了。西美巷，旧称“西米巷”，在苏州方言中，“亩”与“美”的读音比较接近，而在安吉彰吴村方言中，“亩”与“美”的读音则几乎相同。因此，“西亩巷”即西美巷。还有一点，吴昌硕故里彰吴村数公里处，有村曰“西亩”。旧时文人为了避俗，将地名谐音改称，也是常有的事，将“西美”写作“西亩”，或是吴昌硕有意为之。四间楼的地址，当在柳巷、西美巷口。

吴昌硕在四间楼住了两年，又迁居醋库巷。继述堂藏《草木村人五十一岁小影》，像为常熟钱秋畦绘，陆恢补景，有吴昌硕题篆“草木村人五十一岁小影”，并题识云：“不肯持竿上钓台，行行濠濮望中开。秋人清兴谁能写，知是风波历过来。稻粱谋处剧艰难，斗笠清鞋耐岁寒。我欲移家秋水窟，南邻野老借君看。丙戌九月，茶邨老哥属题，时余将移居醋库巷，得与茶老为邻矣。”丙戌为光绪十二年（1886）。像主顾潞（1836—1900），初名恩潞，字子衡，号茶邨，别署草木村人，长洲（今苏州）人，善诗，工画山水兰石。前述昌硕“武陵人”印即为其所刻，两人最迟在同治十三年（1874）已订交。顾潞生卒年阙载，据此“五十一岁小影”，则其生于道光十六年（1836）。又见2012年福建静轩秋季拍卖会拍品顾潞《南园成扇》，有题识云：“庚子上巳日散步南园，归而作此，茶邨顾潞时年六十有五。”庚子为光绪二十六年（1900），此年其尚在世。

吴昌硕题识称“时余将移居醋库巷”，他究竟是否迁居醋库巷呢？据吴昌硕光绪十三年（1887）春为沈云所刻“道无双”印，款云：“道无双之三字见《韩非子》，伯云仁兄索刻于吴下，昌石吴俊。种竹谈吾虑，移居十月初。戴天同俯仰，租地养扶疏。尘洗室生白，影寒风过虚。墙头揽明月，高节欲师渠。《种竹》。伯云老友索刻近作，丁亥春，仓硕。”《种竹》诗收入《缶庐诗》卷二，诗中“移居十月初”句，当指为去年即光绪十二年（1886）十月，适与《草木村人五十一岁小影》题识“余将移居醋库巷”之语相契合。由此可证，吴昌硕确于光绪十二年

(1886)九、十月间自柳巷四间楼迁居醋库巷。醋库巷较长，吴昌硕寓所又坐落哪里？虽与顾潞为邻，但顾潞寓所也不能落实。承周新月提供了一条线索，向被吴昌硕尊为师长的杨岘，也住在醋库巷。于是笔者查阅了《迟鸿轩集》，卷末所附自撰《藐叟年谱》有记："余今年六十九矣，无子无孙，深恐风烛易熄，无能举余行事者，因自辑年谱以示将来。光绪丁亥闰四月记于醋库巷寓斋。""（道光）五年己卯，始购置醋库巷屋，拟长作寓公矣。"果不其然，道光五年(1825)，杨岘就买宅醋库巷。《藐叟年谱》卷末，吴昌硕跋曰："忆俊卿从学时，先生罢官寓吴门，爱之如忘年交，赁居庑下，有作辄呈正，为谈诗学源流正变及斟酌字句，自朝至暮无倦容。"原来吴昌硕迁居醋库巷，就是租赁杨岘的屋子，或许不是一个大门出入，故吴昌硕也称之为"比邻"，如宣统元年(1909)作《藐师遗像归老显亭图》诗，有"显亭归去十三春，板屋吴洲失比邻"之咏。吴昌硕迁居是在光绪十二年(1886)秋冬之交，时年四十三岁，杨岘年已六十八岁。惜乎杨岘故居的具体所在，今已无可确考。

杨岘自撰年谱称自己"无子无孙"，其实他曾育有三子及二女，长子恒熙、次子鸿熙、长女静熙、次女淑熙、三子能熙。恒熙幼殇，同治元年(1862)，太平军攻陷湖州，鸿熙被掳，后杳无音信，静熙、能熙投水死，仅其妻和幼女淑熙得以脱走。其时次女淑熙已嫁。原配张氏病故，虽续娶有侧室陆氏，却"粗陋可笑"，老人的孤苦是可以想见的。因此，杨、吴两人的关系极其密切，杨视吴为忘年之交，吴则终身尊杨为师。

吴昌硕尝居"葑溪"之说，指的就是醋库巷。如光绪十三年(1887)所作《梅花图》，题识云："只管和烟和月写，不知是雪是梅花。丁亥四月廿七日，蟾仙法家属，昌石吴俊画于葑溪之滨。"

吴昌硕在苏州的寓所，过去都是租赁或寄寓。至光绪三十年(1904)，吴昌硕六十一岁，买下桂和坊的宅子，十二月十四日移居，名其室曰"癖斯堂"。桂和坊在今干将西路(原镇抚司前)北，西至养育巷，东至新春巷。吴宅在民国时为桂和坊19号，20世纪50年代改为4号，吴昌硕后人回忆多写作4—1号，然检苏州市房管局档案资料，并无4—1号的门牌编号，恐误。桂和坊吴宅，曾被列为苏州市文物控制保护建筑。然而，1996年在干将路开发改造工程中被拆除。

由于桂和坊吴宅已被拆除，对其本来面目已难以作出准确的描述。吴民先先生曾编制过一幅示意图，或根据其先人早年转述追忆而成的，故或有差错。笔者又从苏州市房管局借阅了当年桂和坊4号的平面图，其中有与示意图相契合的，也有差异之处。周新月回忆，他在20世纪80年代曾到桂和坊4号考察过，依稀有印象，当时宅内有一幢三楹二层的楼房，周围为平房，其中已是居民杂处，后来搭建的附房、隔墙随处可见，故而很难看出原建筑的轮廓，只是由外而入依稀记得有三进。又据《苏州市文物园林古建调查资料汇编》记载："吴昌硕宅：在桂和坊4—1号，三开间平房三进，结构一般，属晚清建筑。"与桂和坊4号平面图相似。

吴民先先生回忆，有一帧吴昌硕与家人的合影，即是在桂和坊癖斯堂所摄。吴昌硕晚年虽然以寓居上海为主，但亦经常返回苏州，他是以苏州为家的。笔者外祖王个簃先生回忆，1926年曾陪同缶师回苏州，即小住于桂和坊癖斯堂。1928年缶翁去世后一年，外祖又曾特意至苏州拜访缶师故居，他在《不是故乡也似故乡》中写道："来年又赴吴，特地瞻仰了先生桂和坊故居，伫立良久，默寄我对恩师的怀念。"根据以上的考证梳理，笔者将吴昌硕在苏州期间曾经寓居的地址编制成《吴昌硕寓苏地址示意图》，以供同道参考。2014年是吴昌硕诞辰一百七十周年，笔者外祖父为缶翁晚年得意门生，自幼幸得外祖耳提面命，言传身教，于书画篆刻差有所获，作为缶翁一派的再传后学，谨撰此文以表敬仰缅怀之意。拙文通过相关资料的整理、比对，以及实地的调查考察，对吴昌硕在苏寓居的过程和具体地址做了一个比较系统的梳理，并纠正了一些过去的错误，然而这仅仅是勾勒出了一个大概的轮廓，尚有待深入挖掘。

甫里园墅谈往

王稼句

苏州向为园林荟萃之地，即使是四郊乡镇，也有不少园林，其中以甫里最有代表性，其造园历史既久，数量又多，成就也大。甫里即今之角直，历经沧桑变迁，就是清代所造之园，亦已荡然无存，因此只能从故纸堆里，遥想它们的峰石水流、花光树影、亭台楼阁，还有其间的人和事。

早在春秋后期，吴王就在甫里建造离宫，史称“吴宫”。乾隆《吴郡甫里志·古迹》说：“阖闾浦，即阖闾离宫也，在甫里西南，一名合塘，为苏松水路之要津。”晚唐陆龟蒙《问吴宫辞》小序说：“甫里之乡曰吴宫，在长洲苑东南五十里，非夫差所幸之别馆耶？披图籍不见其说，询故老不得其地，其名存，其迹灭，怅然兴怀古之思。”吴宫里有梧桐园，任昉《述异记》卷下说：“梧桐园在吴宫，本吴王夫差旧园也，一名鸣琴川。”其址约在甫里塘北的枫庄。“螳螂捕蝉，黄雀在后”的故事就发生在梧桐园里。另外，古诗“梧宫秋，吴王愁”，更是情景交融的名篇，高启依其意，作《梧桐园》云：“桐花香，桐叶冷。生宫园，覆宫井。雨滴夜，风惊秋。风不来，君王愁。”梧桐园在文献里是一个独立的古迹。

陆龟蒙在甫里置有庄田，故建别业于此，相传其址在白莲寺西。《幽居赋》小序说：“陆子居全吴东，距长洲故苑一里，阖关不通人事，且欲吟咏情性。”赋云：“窃慕王晞，眷恋于良辰美景。深符谢眺，留连于明月清风。得不分奇岸而饰荒台，辍金钱而营佳树。莼丝兮欲萦千里，草带兮初围十步。颓垣抱碧，无非海发山衣；暗座飘香，尽是松肪桂蠹。加以篱边种竹，后堂生萱，覆井之新桐乍引，临窗之旧竹犹存。花妨过帽，柳碍移门。梦去而云遮绝洞，樵归而水绕孤村。”别业里还珍藏一些画卷书籍，赋云：“梁世祖府充名画，或得奇踪；任敬子家聚群书，率多异本。何尝仿佛，莫究分毫。徒羡玉杯珠柱之号美，象格犀簪之态高。宁容朴野，不称蓬蒿。怅残编之未构，奚雅具之为劳。”屋的四周，遍植枸杞和菊花，《杞菊赋》小序说：“天随子宅荒，少墙屋，多隙地。著图书所，前后皆树以杞菊。春苗恣肥，日得而采撷之，以供左右杯案。”枸杞、菊花的嫩芽、嫩叶可食，为古人所尚。菊或说为菊花菜，即茼蒿。方孝孺《味菜轩记》说：“若杜子美于韭薤，陆龟蒙之于杞菊，苏子瞻之于芦菔、蔓菁，莫不遂称之见于咏歌，而黄鲁直谓士大夫不可不知此味，尤为笃论。”

陆龟蒙殁后，即葬于此。北宋熙宁间建祠，南宋嘉定十七年（1224）又别建于东，元至正间县尹马玉麟重建，高启《过甫里祠》云：“衣冠寂寞半尘丝，想见江湖独卧时。遁迹虚怀明主诏，感怀犹赋散人诗。钓鱼船去云迷浦，斗鸭阑空草满池。芳藻一杯谁为奠，鼓声只到水神祠。”明正德、万历、崇祯间第次葺修，方鹏《重建甫里先生祠记》记载，正德十二年（1517）重建时，“改筑于寺右隙地，堂宇既邃，门垣亦整，买田若干亩，以供祀事，委僧德瑜守焉”。嘉靖时几被毁于倭寇。万历二十三年（1595），管志道《重建甫里先生祠书劝同志》说：“历宋迄元，遗风未泯，而庙貌夷为僧舍，吊古者伤之。正德中，有马处士复其祠，方大夫矫亭为之记，废额始复，然独举清风一亭耳。迄今八十余年，碑虽存而祠废矣。”至万历三十六年（1608），大雨累月，祠又遭殃，张大复《重建甫里先生祠引》说：“今复颓圮于戊申之水，轩窗榱栋，蹊径池桥，不绝如线矣。”随即重修。清康熙二十三年（1684）重修时，祠中八景得以恢复，这八景是清风亭、光明阁、杞菊畦、双竹堤、桂子轩、斗鸭池、白莲池、垂虹桥。相传光明阁中有一方镜石，光绪《甫里志稿·古迹》说：“镜石，光明阁中故物，沃以水，毫发皆映，如镜然。向存僧舍溪云堂前，万历间堂圮，移至梅花墅湛华阁壁内，后置海藏庵击竹轩中。同治初仍移置清风亭壁，今于光绪初年沈国琛重建光明阁，函之壁。”

王韬《漫游随录·鸭池观荷》记载了道光时陆龟蒙祠的景象：“以先生在时喜斗鸭，有斗鸭栏，乃凿地为池沼，方塘如鉴，一水潆洄。中央筑一亭，曰‘清风亭'，东西通以小桥，四周环植榆柳桃李。盛夏新绿怒生，碧荫覆檐际，窗棂四敞，凉飙飒然，袭人襟裾。中供天随子像，把卷危坐，须眉如生。”“去亭数十武，先生之墓在焉，或云后人葬其衣冠处，将以留古迹而寄遐思者。亭中楹联颇多，余师青萝山人一联云：'白酒黄花，九日独高元亮枕；烟蓑雨笠，十年长泛志和船。'特举二君以比拟先生，当矣。”至1932年，赵君豪来游，《甪直罗汉观光记》说：“保圣寺左近，古木清溪，风景入画。其右又有陆龟蒙祠，亦名斗鸭池。架以小桥，池水已涸，祠中供陆龟蒙先生塑像，旁悬楹联。”

晚唐甫里，相传还有罗隐的小筑，乾隆《吴郡甫里志·庙寺院庵》说：“罗隐庵，在甫里北隅，隐尝慕陆鲁望，因结庵于里，与之游，相唱和焉。”这是颇有疑问的，两人交往，仅存罗隐《寄陆龟蒙》五言一首，且题注“李相公在淮南征陆龟蒙诗”，故有此作；罗隐诗文和有关纪传都没有提及曾居甫里的事；又，沈崧《罗给事墓志》记载，罗隐光启三年（887）东归，入吴越王钱镠帐下，陆龟蒙已卒十年了。但人们相信罗隐曾居甫里是真事，还在传说他住过的地方立祠纪念。至南宋绍定末，魏了翁以浙东安抚使就医平江，尝至甫里，即罗隐庵旧址筑别业，并置庄田数顷，即如今的魏家厍。因学者称魏了翁为鹤山先生，故别业改梵刹后，即称“鹤山庵”。康熙初，重建大殿，并有罗魏两先生祠，祠中供奉两人遗像，春秋奉祀，香火不绝。前人都将两位并提，也作为自陆龟蒙之后甫里的骄傲，金露《罗隐庵》云：“昭谏当年小结茅，面南甫里酒旗摇。鹤山自宋初经变，僧舍由今转寂寥。送社鼓来寻禹庙，打渔人渡唤虹桥。赠题鲁望曾遗句，海月江云载一舠。”蒋铉《魏文靖旧宅唐罗昭谏先曾结庵于此游而赋之》云：“野祠斜阳古渡头，千年唐宋水犹流。蒲砧响落三更月，牧篴寒生万树秋。老我乱离来避地，昔人哀怨此登楼。于今不必凭高望，荒草吴宫更起愁。”

南宋时甫里园墅，除鹤山别业外，还有马先觉的小园。先觉字少伊，昆山人，绍兴三年（1133）进士，官浙西常平干官，以承议郎主台州崇道观，号得闲居士。其《索笑图并序》说：“余有小墅在甫里之东，将营草堂，种梅以娱老，命陈良士图其意为作陋质，幅巾藜杖，巡檐玩香，殊有逸趣，因号索笑图，且赋诗以志之。”“索笑”者，喻梅花也，园多梅树，具有暗香疏影之趣。另有姚申之的水云千顷亭。姚申之，字崧卿，昆山人，隆兴元年（1163）进士，与范成大是忘形交。时和战之议相争于朝，壮志难抒，遂高隐不仕，筑别业于此，著有《水云千顷集》。有绝句云："云影翻随宿雁回，斜晖独对晚潮来。小桥低处通船过，一队鹅儿两道开。"可见亭阁高敞，可见田野风光。还有叶茵的顺适堂。叶茵，字景文，甫里人，与徐玑、林洪相唱和，江湖诗人也，萧闲自放，所居草堂三楹，题名"顺适堂"，其《次赋顺适堂韵》云："万卷藏书抵万金，翛然轩宇绝尘侵。顺时不作荣枯想，适意元无胜负心。蒲石疏帘真道院，柏香净几小丛林。四时剩有闲风月，醒里寻题醉里吟。"他曾于宝祐五年（1257）刻陆龟蒙《甫里先生文集》，所著《顺适堂吟稿》，刊本甚多，流传至今。

元代甫里园墅也多，举其六处。一是袁易的静春堂。袁易字通甫，长洲人，不乐仕进，荐署徽州路石洞书院山长，隐于甫里蛟龙浦，构静春堂，藏书万卷，时或棹舟载笔，游于江湖，赵孟頫绘《卧雪图》，称其与龚璛、郭麟为"吴中三君子"，著有《静春堂诗集》《静春堂词》等。静春堂园中有兰花，袁易有《满庭芳》咏之，小序说："余家园有兰花，花开时未著叶，粲然可爱，勉夫同赏，讯余此花于谱中何所属，余以为木兰之别种也。"二是徐处士的清宁庵。不知徐处士其名，自号清宁居士，筑庵于张林西山，庵中有无碍斋、怡闲亭、蒙泉亭等，赵孟頫为之书额。三是陆德原的笠泽渔隐。陆德原字静远，龟蒙九世孙，长洲人，赀甲吴中，至元初举茂异，署甫里书院山长，寻调徽州路儒学教授，别业在吴淞江滨，中有杞菊轩，故人称杞菊先生。四是马麐的醉余草堂。马麐字公振，昆山人，避兵筑园于吴淞江阳钟巷里，具亭池竹木之胜，与佳客往来，觞咏不断。五是刘元晖的快雪斋。庭前有老桂一株，花时香溢四远。倪瓒《岁己酉八月十四日寓甫里之野人居刘君元晖邀余酌酒快雪斋中对月理咏因赋长句》云："凉月纷纷疑积雪，凝晖散彩白于银。此时独酌开轩坐，便欲剡溪寻隐沦。尔营茅斋名快雪，我醉行吟踏秋月。河汉无声风露寒，心境泠然一高洁。"六是蔡子坚的雪篷。也在吴淞江畔，王原吉有诗云："岁晚天空玉一蓑，满船书画压银河，鲛人室露双冰鲤，神女峰沉几翠螺。梦里客星称帝座，樽前小海度渔歌。烟波浩荡真堪乐，日咏东家绿树多。"由此看来，雪篷形制如舟楫，临水而筑，仿佛真在烟波里。

明代甫里，造园之风最为兴盛，著名者先后有虞堪的南轩、马勖的东园、马绚的松石园、陈淳的五湖田舍、王世臣的锦潭庄、许自昌的梅花墅。

虞堪，字克用，一字胜伯，号青城山樵，长洲人，元末隐居不仕，以咏诗绘画自娱，洪武十年（1377）入滇为云南府学教授，卒于任上。著有《希澹园诗集》《虞山人诗》《鼓枻稿》，并为其祖父虞集辑存《道园遗稿》六卷。南轩为其早年所居，具芳池竹木之胜。徐贲《题虞山人家南轩》云："荣名众所慕，隐趣良寡知。君子苟明此，意美神自怡。伊人刁嘉遁，远与尘世离。崇轩结新构，深静抱林池。高荷既丰缛，密竹更逶迤。灵禽夕下渚，凉飙晨泛漪。肴觞置前席，谈燕无休时。杜喧信成美，为乐讵非宜。来惟动情款，寄爽恒在斯。"

马勖的东园，在眠牛泾北，筑于永乐年间，张大猷题匾。园中有一玲珑湖石，名为翠云朵，经文人咏唱，名声大著，赵文《翠云朵歌》云："崆峒氤氲山气积，天寒岁暮凝为石。巧斫浑疑鬼工擘，何年移植高轩侧。矞如奇云含古色，炯若芙蓉堕空碧。广不逾丈高寻尺，烟雾隔窗生几席。山人爱山人未识，丘壑年来饱胸臆。自言太山高有极，何如小朵盘而特。雨后翠光寒欲滴，尚有幽泉泻苍壁。户庭不出成山泽，我亦平生有山癖。恨不移家山水国，明日还携素心客，借榻看山坐忘食。"可惜的是，这翠云朵在清康熙三十六年（1697）被尼僧毁碎后填砌池岸。胡国观《吴淞江绝句》云："梅花别墅已榛芜，竺典空传皓月孤。更问眠牛泾上客，东园还有翠云无。"

马绚的松石园，在通明道院南，筑于嘉靖初年，园中有青莲阁、坐月亭、古松、湖石、菊畦、竹径、鹅池、鹤渚、鱼梁、鹿柴诸胜，赵骥白有《松石园十咏》，梁辰鱼有《甫里马冀才园林十咏》，将园中景物一一描绘。其中以青莲阁为最胜，登临可作远眺，张夏《青莲阁远眺》云："两腋清风意欲翔，凭高不但为乘凉。拟通远思穷千古，聊纵青眸尽四荒。阜树相传先代寝，田禾非复旧民庄。回头簇柳藏蝉处，几片渔罾挂夕阳。"又，闵暹《青莲阁远眺》云："纳凉无地且登高，四面风生一挂袍。寥落野烟多废冢，荡摇斜日半归舠。蝉鸣疏柳声相续，农唱平畴力自劳。徙倚不胜今昔感，空余舒啸满林皋。"青莲阁至清乾隆时尚存，且犹是旧额。

陈淳的五湖田舍，一说在木渎白阳山下，故陈淳号白阳，但据陈仁锡《居第考记》则在陈湖之滨："自葑溪泛大荡，过渎墅、镬底潭，历高店又十里，径入大姚，其陂为塘，夏日荷花烂熳，一棹径穿。岿然峙者为东明寺，一曰'大觉寺'。折而西北下，波涛万顷，曰‘陈湖’。”“东湖建傍湖楼，吴文定公诗云：‘应向此中涵画障，只容其下集渔舟。’堂名‘偕老’，李贞伯书余：‘尝三宿傍湖楼，夜半闻涛，如在玉山中，晓来推窗，绿竹霏霏，烟雾自湖上起。’韦斋公诗云：‘临溪袅袅千竿竹，绕屋鳞鳞二顷田。且有小舠随钓去，不妨肥犊系门前。’公仲子白阳隐此，海内问奇之客，樯楫相望，乃建阅帆堂，自题‘五湖田舍’，有茂林修竹、花源柳隩、鹤圃鸭栏、酒帘渔艇诸胜，其轩为碧云，白阳笔记云：‘燕坐碧云轩甚适，日日得如此，正东坡所谓一日是两日也。’”

锦潭庄，万历间王世臣与其子王应徵所筑，别墅正沿千亩潭，时人称“天光上下，云烟万状，葑关外远近所未有”。潭上有桥六座，有亭三座，逶迤曲折，风景如画，三亭分题“六桥分胜”“鸢飞鱼跃”“水天一碧”，主人于潭上植荷花数千本，故取名“锦潭”，庄亦名“锦潭庄”。王世臣《潭上即事》云：“谁人百战一身还，今日维摩到辋川。千顷烟波明掌上，六桥花雨落樽前。芙蓉别浦藏书屋，杨柳长堤系钓船。此卜菟裘吾欲老，君恩须在五湖边。”金阶升《游千亩潭记》说：“己卯秋尽，明甫载予游，溯洄由吴淞之半渗而取道以入，溪流奥隐，篱落深疏，更十数折而窈然极目，不复知桃花源何境矣。潭之四际，值亭榭以瞰清流者几，垂虹之卧波者几；溪湾水角，别具洞天，穴而进者几；玉屿中浮，围流相簇者几；茅檐鸡犬，林幕烟云者几；参霄之干，参差拱立，若抗若垂，若攫人而伺者几。潭口扃截外流，时其启闭。主人爰命决塞，放舟中流，啸傲凫鸥之上下，逐鳣鲔之潜泳。或陟远堤，放志于苍莽；或驾短舸，寻奇于幽□。其为景物也，旷无断续，澹不经营，疏密无恒，隐现相得。吴地多金谷，视此皆笼槛中物耳。”

尤侗与主人相熟，曾多次往游，他在《千亩潭记》中说：“崇祯癸未七月之晦，予与王子禹庆避暑于甫里之千亩潭。其明日，泛舟潭中，日影有无，天光上下，水痕一碧，又澹澹之。予顾而言，此湖妆抹不下西子，惜无青青者扫眉黛耳。言已棹转，忽于树隙中见远山数点，澹冶如笑，不觉喜笑几坠水也。亡何风起青蘋，小雨丝丝，飞上衣袂，遂急回舟，故予诗云：‘旧雨迟新客，远山卜近邻。’盖纪实也。至八月九日有事归，计居此潭者十日，恨不及见一见芙蓉城，然四堤杨柳，依依学小蛮舞，有牵衣惜别意，长系人去思。”这是崇祯十六年（1643）的事，未久，即国变乱离，尤侗再度往游，时正“秋风迟暮，芙蓉晓妆矣”“水湄清浅，莲衣摇落，荇藻交横，一折入曲湾，遥望两岸芙蓉，艳若锦宫城，仿佛朱楼美人映户窥客，空中芦花荻花，随风而飞，枫叶点点，从溪旁流出，不减御沟红叶”。由此而感慨：“今日者，北望神京，甘泉烽矣；西望长安，潢池弄矣。汉家陵阙，半入西风残照中，则斯游也，正晋人所云‘风景不殊，举目有河山之异’。抚今感往，惟有河水淙淙，助我涕泣，其如能如昔日之临流赋诗、优游永日耶？”

又过了许多年，旧观不再，竟成寒烟荒草，刘蕃《千亩潭记》说：“无几何时，而四郊多垒，桑沧变迁，缙绅之家，门可罗雀，登临歌舞，阒无其人。潭之四围杨柳，摇曳依依者已剪伐过半，其芙蓉夹岸，艳丽夺朱楼美人，亦复西风憔悴。”锦潭庄的楼阁亭桥不存，千亩潭里的荷花却依然年年盛开，《国朝吴郡甫里诗编》有马万《吴淞竹枝词》，一首云：“吴淞江上是侬家，千亩潭中红藕花。绕岸芙蓉杨柳月，门前枯树靠渔叉。”又一首云：“江南江北过年华，每到秋深说看花。最爱浅堤衰柳畔，一群鸂鶒浪淘沙。”目睹这样的景象，谁会想到这里曾是一处风光绮丽如同西湖一般的地方呢？

梅花墅在甫里历史上最负盛名，坐落于今姚家弄西，为许自昌所筑，地广百亩，潴水蓄鱼，榆柳纵横，花竹秀擢，辇石为岛，中有得闲堂、杞菊斋、浣香洞、小西洞、招爽亭、锦淙滩、在涧亭、转翠亭、碧落亭、流影廊、维摩庵、漾月梁、秋水亭、竟观居、浮红渡、涤砚亭、湛华阁、滴翠庵、浥露桥、宿花亭、藏书楼、溪上村、暎阁、樗斋、莲沼、鹤籞、蝶寝诸胜。使之名声大张，且誉延至今日的是钟惺的《梅花墅记》、陈继儒的《许秘书园记》和祁承爜的《书许中秘梅花墅记后》，这三篇晚明小品佳作，为人们稔熟。钟惺举当时名园为例，如邹迪光惠山愚公谷、徐氏拙政园、范允临天平山庄、赵宧光寒山别业，但这些园墅“不尽园于水，园于水而稍异于三吴之水者，则友许元祐之梅花墅也”，可见梅花墅实在是水乡古镇上一个颇具规模的水园，且节录钟惺所记，以一窥园貌。

大要三吴之水，至甫里始畅，墅外数武，反不见水，水反在户以内。盖别为暗窦，引水入园。开扉坦步，过杞菊斋，盘磴跻暎阁……登阁所见，不尽为水，然亭之所跨，廊之所在，桥之所踞，石所卧立，垂杨修竹之冒荫，则皆水也……迹暎阁所上蹬，回视峰峦若岫，皆墅西所辇致石也。从阁上缀目新眺，见廊周于水，墙周于廊，又若有阁亭亭处墙外者。林木荇藻，竟川含绿，染人衣裾，如可承揽，然不可得即至也。但觉钩连映带，隐露断续，不可思议……乃降自阁，足缩如循，褰渡曾不渐裳，则浣香洞门见焉。洞穷得石梁，梁跨小池，又穿小酉洞，憩招爽亭，苔石啮波，曰锦淙滩。指修廊中隔水外者，竹树以表之……折而北，有亭三角，曰在涧，润气上流，作秋冬想，予欲易其名曰寒吹。由此行，峭蒨中忽著亭，曰转翠。寻梁契集，暎阁乃在下。见立石甚异，拜而赠之以名，曰灵举。向所见廊周于水者，方自此始，陈眉公榜曰流影廊。沿缘朱栏，得碧落亭。南折数十武，为庵，奉维摩居士，廊之半也。又四五十武为漾月梁，梁有亭，可候月，风泽有沦，鱼鸟空游，冲照鉴物。渡梁，入得闲堂，堂在墅中最丽，槛外石台可坐百人，留歌娱客之地也。堂西北，结竟观居，奉佛。自暎阁至得闲堂，由幽邃得宏敞，自堂至观，由宏敞得清寂，固其所也……观临水，接浮红渡，渡北为楼以藏书。稍入为鹤籞，为蝶寝流，君子攸宁，非幕中人或不得至矣。得闲堂之东，有亭曰涤研，始为门于墙如穴，以达墙外之阁，阁曰湛华……向所见亭亭不可得即至者是也。墙以内所历诸胜自此而分，若不得不暂委之，别开一境。升眺清远阁以外，林竹则烟霜助洁，花实则云霞乱彩，池沼则星月含清。严晨肃月，不辍暄妍……虽复一时游览，四时之气，以心准目，想备之，欲易其名曰贞萋。然其意渟泓明瑟，得秋差多，故以滴秋庵终之，亦以秋该四序也。

梅花墅自然以梅花著名，钱允治《梅花墅歌赠许元祐》有“君园名署梅花墅，种梅已自成千树”之咏，王韬《漫游随录·古墅探梅》说：“墅本以梅花名，冬时花开，弥望皆是，不逊香雪海也，暗香疏影，浮动月华中，别开静境。自选佛场兴，月榭云房，风景顿异，不过二十年间，已有沧海桑田之感。余少时，尚存数十枝，老干纷披，着花妍媚。”可惜的是，道光二十九年（1849）的一场大水，那些梅树都被淹死了。

晚明时的梅花墅，是江南士人聚集的地方。因为主人既有传承之家财，自己又是一位精明的出版家，生活可以说颇为阔绰，有戏班，有美婢，有佳酿，有精馔，有下榻之室，有抚琴之居，更有这样一个人间难得的园子，天下名士也就接踵而来。凡有客来，许自昌都热情款待，在弘敞的得闲堂里设歌舞之席。陈继儒《许秘书园记》说：“每有四方名胜客来聚此堂，歌舞递进，觞咏间作，酒香墨彩，淋漓跌宕于红绡锦瑟之旁。鼓五挝，鸡三号，主不听客出，客亦不妨拂袖归也。”钱允治《梅花墅歌赠许元祐》亦云：“清歌一曲酒千觞，妙舞千回醉万场。斗杓北指月西堕，犹自留人不下堂。主人好客更殊妙，六子森森尽文豹。引商刻羽掷金声，日与调人艺相较。分题寄胜日无何，烂熳盈篇卷帙多。”对于许自昌的生活，士人们是颇为钦羡的，陈继儒便说：“今玄祐不妄想而坐得之，又且登阁四眺，远望吴门，水如练，山如黛，风帆如飞鸟，市声簇簇如蜂屯蚁聚，而主人不出里门，部署山水。朝丝暮竹，有侍儿歌吹声；左弦右诵，有诸子读书声；饮一杯，拈一诗，舞一棹，沿洄而巡之，上留云借月之章，批给月支花之券；袍笏以拜石丈，弦索以谢花神。此有子之白乐天，无贬谪之李赞皇，而不写生绡、不立粉本之郭恕先、赵伯驹之图画也。”

梅花墅为许自昌侍亲而筑，时在万历三十六年（1608），父亲许朝相八十寿辰。至天启元年（1621），陈继儒、钟惺各为撰记，使之名声益彰。天启三年（1623），许自昌逝世，其子许元溥继为园主。张采《梅花墅诗序》说：“江水周流，渺渺作势，中栽竹木，构亭榭，引桥接流，修廊断续，遂极雅胜。先生以娱亲辟园，园成忽殁，孟宏偕诸弟读书其中。先生养志，孟宏继志，游闲之地，孝思寓焉。”晚明烽烟离乱，虽然梅花墅依旧，但已无复当年屐履麇集的盛况了，门庭冷落，深院寂寞，碧波残叶，红阑尘埃，蛛网结于屋角，破帷在冷风里轻轻飘动，一个衰败了的名门大族，再也没有能力来维持这样一个园墅的开销，于是便有舍墅为庵之举。梅花墅的大部分舍为海藏庵，一部分散作民居，还有一部分则为许氏后人居住，然只是当年梅花墅的一角，仅有半亩之地，有诗两首为证，蒋楛《题梅花墅为许箕屋》云：“怅望昆明劫火余，十年不入子将车。隔墙钟鼓闻仙梵，半亩松筠读父书。过客已知居有竹，临渊休叹食无鱼。此生若不飘零去，常向兰亭共祓除。”又，马万《留别许不远于梅花墅》云：“剪取名园半亩宫，著书何必恨途穷。与君相约须春晓，灵举风前暎阁中。”为别人居住的，便有沈氏的且闲居，乾隆时顾鸿时《且闲居秋景八咏序》说：“沈子容轩雅工诗，其尊大父允仪先生构书舍，颜之曰且闲居，盖即许中翰梅花墅故址也。庭前则桂树连蜷，叠石成小山，其远峰之高出者曰灵举，岁久苔积，苍翠欲滴；旁凿方池，曰小沧浪，甃间置石鱼，引泉喷薄，作瀑布状；仰见荫阁，时有弹棋者，子声丁丁；然迤而东，古槐蟠屈，下覆石砌，少憩觉阴翳可爱。他若风篁拂槛、落叶堆床，皆眼前景，可罗致几席。”顾时鸿等拈题分赋，且闲居秋八景为灵峰积翠、沧浪浸月、古墅槐荫、石鱼喷水、小山桂露、银床落叶、荫阁棋声、疏帘竹影，似乎尚可流连，但毕竟只是梅花墅的一角了。

梅花墅最终成为一个逝去的梦，人们绘之以图，咏之以诗，想追忆它的胜观和雅韵，王韬《漫游随录·古墅探梅》记下了他见过的一幅梅花墅图：“余所见一本，顾元昭临庄平叔笔也，工妙绝伦。中翰长孙王俨字孝酌题长歌一篇，叙其始末。图后归里中严氏，乞人题咏，韦君绣光黻二律最佳。其一：‘绢海胶山迹尚存，伤心家国不堪论。梅开古雪春无主，钟度寒霜月有痕。土地祠留黄主簿，伽蓝神奉顾黄门。祇园香火消尘迹，能报平泉祖父恩。’其二：‘樗斋隐迹感沧田，回首香云涌白莲。易代谁知丁卯宅，长歌忍溯甲申年。辋川画手师前辈，甫里高风替后贤。六直至今南下水，暮潮呜咽绕禅天。’”咸丰初，有人将这幅画携至沪上，王韬得以重睹，并题诗一首：“梅花今已半枝无，为念梅花展旧图。回首故园悲寂寥，夕阳一抹下平芜。”可惜这幅画被毁于太平军战火。

明代甫里园墅，除上述以外，还有周兴的眉寿堂和怡云轩、赵文的归悦堂、赵茂华的知过斋、徐国华的徐氏园、沈之翰的沈氏园、祝文秀的三省斋和思诚斋、杨潜的杨氏园、邵维时的虚舟、王绳的即是精舍等。值得一说的是，当时甫里的园墅主人和郡中士人交接频繁，士人们也将甫里作为一个近郊的游憩之处，为了感谢主人的盛情款待，或撰园记叙之，或作诗歌咏之，为主人扬名延誉，客观上也为甫里人物和园墅留下了珍贵的文献。如顾叔盛的林塘佳趣，王宾《林塘佳趣记》说：“环堂之左右前后，其为林，贞篁刚柏覆地，隆隆然，气之爽无可以杂焉；其为塘，香菰幽莲被水，冲冲然，色之靓无可以亵焉。”如马绶的乐圃，文徵明《赠乐圃》云：“羡君雅抱林泉趣，偏爱新除春更殷。编竹种花时对酒，倚窗听鸟欲留曛。洛中小适追司马，吴下高风继长文。从此隐沦殊自得，不知墙外有黄尘。”又，徐俊民《题乐圃》有“纡以九曲径，缭以百堵墙。艺蔬十余品，种种含清香”之咏，向光振《题乐圃》有“树密墙深不见人，轩窗四合莓苔绿”之咏，由此可得乐圃高墙深院、树木茂盛的印象。再如金伯祥的安素堂，祝允明《笠泽金氏重建安素堂记》说：“独取吾志所处山泽之区，宫一亩，田一顷，以安其中而不动乎外，虽非屡空，可谓素行乎。”归有光则为甫里两位亲戚的园墅作记，一是严润的莪江精舍，归有光弟归有尚娶严润之姑，因严润“念其先人早弃，讽诵《蓼莪》之诗，日日以泣，游行江上，痛流水之逝而不返也，故以莪江名其精舍”，归有光为作《莪江精舍记》，既表彰了严润的孝道，又暗寓着人世沧桑的悲凉；二是马用拯的花史馆，马用拯是归有光的妹夫，字子问，一生爱读《史记》，归有光《花史馆记》说：“余时过之，泛舟吴淞江，游白莲池，憩安隐堂，想天随先生之高风，相与慨然太息，而子问必挟《史记》以行。余少好是书，以为自班孟坚已不能尽知之矣，独子问以余言为然。间岁不见，见必问《史记》，语不及其他。会其堂毁，新作精舍，名曰花史馆。盖植四时花木于庭，而庋《史记》于室，日讽诵其中，谓人生如是足矣，当无营于世也。”这篇《花史馆记》表述了主人“观世如《史》，观《史》如花”的人生态度，这也是许多知识分子隐居后的心态。

清代甫里园墅建造风气稍显寂寞。据旧志所记，有顾炜的藏书旧庐、吴志宁的持敬堂、陈三初的红杏堂、韩士昌的尚友堂、陈吾典的树德堂、汪缙的二耕堂、蔡廷杰的起亭、严禹镄的东园、许名崙的碧存轩、严兴鳌的延秋馆等。略具规模的，大概是严禹沛的西圃草堂。严禹沛，字扶千，常熟人，寄居甫里，康熙五十四年（1715）进士，曾官山丹知县，所著《西圃草堂诗集》尚存于世。草堂在广济桥东，园中有自适轩、吟云轩、文石、老梅、岩桂等，园主及许名崙、陆贻琛、冯承宗等都有《西圃杂咏》，尽管描写引人入胜，想来也都是溢美之词，当不了真。

旧时的园墅，大都已消失在历史的尘埃里了，过去的池沼假山、花圃竹院，竟然一点陈迹也看不到了。晚近以来，建筑越来越密集，隙地越来越狭窄，人居环境发生了很大的变化，自然的或模仿自然的环境，演化成砖木结构的深宅大院，园墅的概念也就成为民居。晚清的民居，在如今的角直还有几处可看，作为江南古镇建筑的范例，并得以较好保存和整修的，有沈宅和萧宅两处。

沈宅在西汇上塘街。沈氏是镇上大族，门前有青砖照壁，大概因为门前有水的缘故，照壁上镌有“漪韵”两字。全宅布局为并排三路，纵深五进，如今已修复的，只有西路和门厅部分。西路大厅，今悬额“乐善堂”，高敞宏放，前后重轩，雕梁画栋，颇有大户财主家气象。大厅之东本是主人沈伯安的书房，叶圣陶在

《角直闲吟图题记》里回忆："宾若之表兄沈伯安亦是镇上士绅，于其老屋中筑小书斋，布置自出心裁，窗明几净，书画盆栽皆有雅致。我三人得暇辄往访，到则无所不谈，而伯安尤尤好谈笑，'赏美''伤美'常挂于口。"如今这书房被改为旧时厨房铺摆，筑一假灶头，桌上还放着几样小菜，也不知用什么胶泥做成的，有点煞风景。

萧宅在中市街，和丰桥南堍，始建于光绪年间，后为萧氏所得。有前后五进，依次是门楼、茶厅、楼厅、厢楼、饭厅，布局较为紧凑。茶厅和楼厅构筑精致，颇多雕饰，楼厅前后重檐，楼下有书房，前有小庭院，数点湖石，几丛绿竹，显得幽静雅致。于楼上倚栏，一片瓦屋，几株老树，会让人想起陆游的诗来，"小楼一夜听春雨，深巷明朝卖杏花"。宅主的后人萧芳芳，生在上海，两岁时便随家去了香港，后来以演电影成名，故楼上挂着不少她的照片，在这样一个地方，又有这样一个摩登丽人，真可看出新旧时代的交织和冲突来。

钟惺《梅花墅记》起首一段话，说得好极了："出江行三吴，不复知有江，入舟舍舟，其象大抵皆园也。乌乎园？园于水。水之上下左右，高者为台，深者为室；虚者为亭，曲者为廊；横者为渡，竖者为石；动植者为花鸟，往来者为游人，无非园者。然则人何必各有其园也。身处园中，不知其为园，园各有园，而后知其为园。此人情也。"在角直这样的地方，何必去寻找什么园林、屐痕所在，游目所至，就是一个饶有情趣的园林啊！

苏派盆景发微

吴之虚

盆景是中国农耕文化的产物，乃当之无愧的国粹，也是中国传统哲学思想的表现形态之一。盆景及其技艺后传入日本，再辗转传至世界各地。

目前对盆景的起源、苏州盆景和苏派盆景等基本问题，存在着一些诸如概念不清、不作考释、随意发挥等问题，混淆了大众对盆景的认识和审美。本文拟就其中的两个问题作一些阐述，请教于方家。

一、什么是苏州盆景？

苏州盆景是指历史上苏州地域内出现的盆景。它与中国盆景的发展是同步的，不但历史悠久，而且种类齐全，又有一定的理论总结，独成系统。可以说，一部苏州盆景史即为一部中国盆景史。

那么历史上的苏州盆景有什么特征呢？

（一）历史悠久

盆景起始于何时，目前尚无结论。从出土文物考察，河北望都县东汉墓壁上绘有一陶质卷沿圆盆，栽有六枝红花，反映的是以盆栽置于屋上的“戒火”习俗，这从侧面反映了东汉时期已出现盆栽植物。又，嵇含《南方草木状》卷下说：“吴黄武中，交趾太守士燮献橘十七实同一蒂，以为瑞异，群臣毕贺。”“十七实同一蒂”的橘，必栽于盆，这是有关吴地出现盆栽的较早记录。

盆景的出现，约在唐代，周瘦鹃《盆栽趣味》就说：“盆栽和盆景大约起始于唐代。”并引唐冯贽《记事珠》：“王维以黄瓷斗贮兰蕙，养以绮石，累年弥盛。”1979年，王世襄在香港《大公报》发表《盆景起源于何时》一文，以唐章怀太子李贤墓前甬道东壁上的侍女图为证，认为两侍女手中托盘中有假山、小树，这是盆景出现在唐代的例证。有人认为，侍女托盘中的假山、小树，其实是类似现在奶油酥乳或似冰淇淋的食品，名曰“酥山”。但这种模仿盆景的做法，正说明盆景在当时已是客观存在。

中唐出现了“盆池”这一盆景形式，韩愈、张蠙、杜牧、姚合、齐己等都有诗咏之。陆龟蒙卜居苏州临顿里，皮日休赠诗云：“与杉除败叶，为石整危根。薜蔓任遮壁，莲茎卧枕盆。”陆龟蒙《移石盆》诗云：“移得龙泓潋滟寒，月轮初下白云端。无人尽日澄心坐，倒影新篁一两竿。”即盆池中植荷花，天光月影和一二新篁倒映水中，可尽日“坐游”。这是山水盆景的最初形式之一，并首次提出了“澄心坐游”这一盆景审美特征。

中国的赏石之风，最初流行在上层贵族中，如北齐崔芬墓壁和初唐阎立本《织贡图》中均有盆石形象，但并没有在文人阶层和民间流行。白居易任苏州刺史时，寻得太湖石，置于洛阳履道里宅，并为牛僧孺所藏太湖石写了《太湖石记》：“撮要而言，则三山五岳、百洞千壑，覼缕簇缩，尽在其中。百仞一拳，千里一瞬，坐而得之。此其所以为公适意之用也。”一拳石则表现出太华千寻之势，可以“坐而得之”，即绘画中的卧游，目的是“适意”，从奇石的赏玩中可以得到一种精神满足。中唐是中国社会的转型期，白居易的“中隐”思想为以后的士大夫们树立了一个人格典型，而盆景作为“中隐”园居生活的一个艺术门类也开始普及。至两宋以后，苏州盆景开始形成一种专门的产业。

（二）种类齐全

苏州不但有树木盆景、树石盆景、竹类盆景、小微型盆景、山水盆景等，而且盆景植物的种类也很丰富。

树木盆景。朱勔随父朱冲被蔡京带至京师，最初以进献三株黄杨而受宠于宋徽宗。宋徽宗喜好怪石、盆景和造园，朱勔创以花石而进媚。这一时期的《听琴图》和《十八学士图》中均出现树木盆景。南宋范成大还从四川引种莲花海棠，《吴郡志·土物下》说：“成大自蜀东归，以瓦盆漫移数株置船尾，才高二尺许。至吴乃皆活，数年遂花，与少城无异。”少城即成都城西。

树石盆景。康熙间陈淏子《花境·课花十八法》中介绍，苏州出现一种仿倪瓒画意的树石盆景：“用长大白石盆或紫砂宜兴盆，将最小柏、桧，或枫、榆、六月雪，或虎刺、黄杨、梅桩等，择取十余株，细视其体态，参差高下，倚山靠石而栽之。或用昆山白石，或用广东英石，随时叠成山林佳景，置数盆于高轩书室之前，诚雅人清供也。”这是一种丛林式树石盆景。

竹类盆景。元代苏州僧人多善作竹类盆景，善住居报恩寺，其《盆竹》诗云：“瓦缶不多土，娟娟枝叶蓄。岂知幺凤尾，元是古龙孙。”这是用小叶凤尾竹制作的盆景。阳山昱上人善作潇湘竹盆景，黄溍在吴门寓舍为其赋长诗云：“道人来自阳山麓，手携旧种千竿竹。小裁方斛不盈尺，中有潇湘江一曲。未信天工能尔奇，不知地脉从谁缩。晴窗翛翛散烟雾，眼底森然立群玉。”在方斛中栽竹，形成“潇湘一曲”的意境，这是较早出现的水旱式竹类盆景。

小微型盆景。元代苏州还出现小微型盆景“些子景”，丁鹤年《为平江韫上人赋些子景》诗云：“尺树盆池曲槛前，老禅清兴拟林泉。气吞渤澥波盈掬，势压崆峒石一拳。仿佛烟霞生隙地，分明日月在壶天。旁人莫讶胸襟隘，毫发从来立大千。”其以盈掬之波而现渤海之势，以一拳之石而表崆峒之景，在毫发之上塑造出广阔世界，从而阐明了盆景创作的基本手法，即小中见大。

山水盆景。南宋时，苏州流行赏玩昆石，杜绾《云林石谱》说：“土人唯爱其色洁白，或栽植小木，或种溪荪于奇巧处，或立置器中，互相贵重以求售。”“溪荪”即菖蒲，在昆石上栽以植物，置于盆中观赏，这是一种用昆石做成的山水盆景。洪武《苏州府志·土产》说：“昆山石，名著吴中。其佳者嵌空洁白，峰峦可爱，玲珑奇巧，出于天然。邑人采之，种花草其上，贮水盆，谓之水窠子，好事者以为奇玩。”计成《园冶·选石》称昆石“或置器中，宜点盆景”。沈复《浮生六记·闲情记趣》记夫妇俩创作的水岸式山水盆景：“用宜兴窑长方盆叠起一峰，偏于左而凸于右，背作横方纹，如云林石法，巉岩凹凸，如临江石矶状，虚一角，用河泥种千瓣白萍，石上植茑萝，俗呼云松。经营数日乃成。至深秋，茑萝蔓延满山，如藤罗之悬石壁。花开正红色，白萍亦透水大放，红白相间。神游其中，如登蓬岛。”

盆景植物。种类甚多，这里只以顾起元《客座赘语》卷一“花木”条说的为例：“几案所供盆景，旧惟虎刺一二品而已。近来花园子自吴中运至，品目益多，虎刺外有天目松、璎珞松、海棠、碧桃、黄杨、石竹、潇湘竹、水冬青、水仙、小芭蕉、枸杞、银杏、梅华之属。务取其根干老而枝叶有画意者，更以古瓷盆、佳石安置之。其价高者，一盆可数千钱。”

（三）富有画意

由宋代开始，出现了盆景及赏石的题名。范成大爱玩太湖石、英石、灵璧石等，并题“天柱峰”“小峨眉”“烟江叠嶂”等，其《烟江叠嶂》诗小序说：“烟江叠嶂，太湖石也，鳞次重复，巧出天然。”这是中国赏石、盆景品题之始。

苏州盆景多以画理构思、剪裁，讲究布局、蟠扎、配石，并注重景、盆、架的搭配，故盆景品题，往往从画意与整体效果着眼。文震亨《长物志·花木·盆玩》说，制作天目松盆景，“高不过二尺，短不过尺许，其本如臂，其针若簇，结为马远之欹斜诘曲，郭熙之露顶张拳，刘松年之偃亚层叠，盛子照之拖拽轩翥等状，栽以佳器，槎牙可观”；选择梅桩，以“苍藓鳞皴，苔须垂满，含花吐叶，历久不败者”为古；对于枸杞、水冬青、野榆、桧柏等盆景，要“根若龙蛇，不露束缚锯截痕”者为高品；“盆以青绿古铜、白定、官、哥等窑为第一，新制者五色内窑及供春粗料可用”；盆景的配石，“以灵璧、英石、西山佐之”。“小者忌架于木几，大者忌置于官砖，得旧石凳或古石莲磉为座，乃佳”。

沈朝初《忆江南》词曰：“苏州好，小树种山塘。半寸青松虬干古，一拳文石藓苔苍。盆里画潇湘。”乾隆《虎阜志·物产》引《元和县志》：“四时花卉，皆植磁盆。有一树一石，仿云林、大痴画本者。今山塘有花园衖，居民多世业也。”可见民间也多以画本制作盆景。

（四）产业化和市场化

黄省曾《吴风录》说：“朱勔子孙居虎丘之麓，尚以种艺垒山为业，游于王侯之门，俗呼为‘花园子’。”从此，虎丘、山塘一带成了苏州盆景花木的传统培育之地。乾隆《虎阜志·物产》引文肇祉《虎丘山志》云：“山东有花园巷，花园人皆种奇花异卉售于人，遂成村市。”近郊光福一带居民，以红绿梅桩为业，规模很大，那里因此成为梅桩盆景产地。

高濂《遵生八笺·起居安乐笺上》说：“盆景之尚，天下有五地最盛，南都、苏松二郡，浙之杭州，福之浦城，人多爱之。论值以钱万计，则其好可知。”这是晚明的情形。清初邵长蘅《吴趋吟·种花》有云：“复有些子景（元人呼盆景为些子景），点缀白石盆。咫尺丘壑趣，屈蟠松桧根。买置几案间，一盆值十镮。”又，李斗《扬州画舫录·冈西录》记载，苏州僧人离幻“好蓄宣炉砂壶，自种花卉盆景，一盆值百金。每来扬州，玩好盆景载数艘以随”。由此可见，苏州盆景不但供应本地，还远销各地。

最迟在晚明，苏州已形成了一定规模的盆景产业，盆景的商品化程度极高。

（五）技法总结和理论归纳

正德《姑苏志·风俗》说：“虎丘人善于盆中植奇花异卉、盘松古梅，置之几案，清雅可爱，谓之盆景。”这是对盆景的最早定义。

万历间吴人周文华在《汝南圃史·栽种十二法》中，在对盆景的莳养、修剪、蟠扎等方面均有详细的论述，尤其是提出了对树木的“整顿尤须得法”，要去除向下枝、向内枝、交叉枝，以及冗杂枝、风枝、旁枝等；在对盆景的剪扎上，“松柏小时可剪缚作盆玩”“棕缚花枝”，说明苏州盆景早在明代已普遍采用棕丝进行蟠扎造型。陈淏子《花镜·课花十八法》之“种盆取景法”中介绍苏州盆景：“如树服盆已久，枝干长野，必须修枝盘干”，蟠扎时“须以极细棕索缚吊，岁久性定，自饶骨致矣”。采用棕丝进行蟠扎造型，具有极强的观赏性。

乾嘉年间，或许出现了张兰坡、沈复、僧离幻等一批盆景家。沈复《浮生六记·闲情记趣》说：“及长，爱花成癖，喜剪盆树，识张兰坡，始精剪枝养节之法，继悟接花叠石之法。”沈复于盆景制作说：“若新栽花木，不妨歪斜取势，听其叶侧，一年后枝叶自能向上，如树树直栽，即难取势矣。至剪裁盆树，先取根露鸡爪者，左右剪成三节，然后起枝。一枝一节，七枝到顶，或九枝到顶。枝忌对节如肩臂，节忌臃肿如鹤膝，须盘旋出枝，不可光留左右，以避赤胸露背之病。又不可前后直出，有名双起三起者，一根而起两三树也，如根无爪形，便成插树，故不取。”这都是经验之谈。

二、什么是苏派盆景?

苏派盆景的概念，出现于20世纪80年代初期。1979年，国家城建总局启动了“中国盆景艺术研究”项目，经两年多研究，确立了苏派盆景、岭南盆景等五大流派。艺术流派必须有代表性人物和作品，有一定的社会基础和社会影响。从苏州盆景发展历史来考察，苏派盆景是具有时代特点的阶段性产物。

苏派盆景代表人物之一的周瘦鹃，“一方面是自出心裁的创作，一方面是取法乎上，仿照古人的名画来做”。他的树石盆景，如仿唐寅《蕉石图》、沈周《鹤听琴图》，以及张大千《松岩高士图》等；山水盆景，如仿范宽《长江万里图》、倪瓒《江干望山图》等，其中《饮马图》等成了当代盆景界丛林式树石盆景的范式。当下动势盆景（风吹式）亦明显受顺风式梅花盆景的影响。周瘦鹃认为盆景观赏要满足四个必要条件：一是盆景要有诗情画意；二是盆盎古雅，大小配合恰当；三是必须衬以几座，与盆盎互相配合；四是陈列时必须前后错综，高低参差，家中陈设则少胜于多。与其长子周铮合著的《盆栽趣味》，是我国最早的盆景专著之一。

苏派盆景另一位代表人物朱子安，在吸收历史上苏州传统盆景造型的基础上，根据江南各种树木在达到一定生长年限后就会“封顶”，形成圆弧形的树头，侧枝则向外伸展形成枝片的特征，对野生树桩在造型和培育上采用棕丝绑扎和“粗扎细剪”技法，呈现出清秀淡雅、古朴自然的艺术风格。他的代表作有《秦汉遗韵》《巍然侣四皓》等。

通过以上分析，苏州盆景包括苏派盆景的造型，它们都强调以自然为主，参以画理，极具诗情画意。不想，前年在如皋举行的盆景展览上，把“六台三托一顶”桩景作为苏派盆景的代表之作展呈，这是当今中国盆景界对苏派盆景的误解。在20世纪前期，苏州、常熟一带的桩景以“六台三托一顶”为主，光福一带则流行劈梅和垂枝式、顺风式桩景。20世纪50年代后，艺人们大胆创新，从这种呆板的传统式样中解放出来，在用棕丝扎片的基础上，年年进行细致的修剪，形成一种“粗扎细剪”的整形方法，形成了独特的艺术风格。

苏州盆景强调自然，充分反映了天人合一的自然观和比德君子的审美观。如果说“园林艺术不仅替精神创造一种环境，一种第二自然”（黑格尔《美学》），那么盆景无疑是一种“虽不能至，心向往之”的第三自然，周瘦鹃有诗云：“冷艳幽香入梦闲，红苞绿萼簇迴环。此间亦有巢居阁，不羡逋仙一角山。”优秀的盆景作品，充满了文人情怀，能令人卧游神思。

苏州盆景旧闻

何晓平

盆景，依借人工，再现自然，使湖光山色、奇峰偃松毕陈于几席之间，较之造园置景，不仅是微缩，而且更有创意，具有小中见大的特殊之美。

盆景由来已久，浙江余姚河姆渡新石器遗址出土的一枚五叶纹陶片，就有植物载入器皿的图案。河北望都东汉墓壁画绘有一陶质卷沿圆盆，盆内栽六枝红花，置于方形条几上。这已是植物、盆盎、几架三位一体了。唐章怀太子墓壁画上的侍女手持盆栽，其中有假山和小树。阎立本《织贡图》有进贡山石的情景，行列中有人手托浅盆，盆中有玲珑剔透的山石。这些都是盆景历史的图像记录。

唐宋时期，流行盆池，这是当时普及性盆景的主流。韩愈有《盆池五首》，一云："老翁真个似童儿，汲水埋盆作小池。一夜青蛙鸣到晓，恰如方口钓鱼时。"二云："莫道盆池作不成，藕梢初种已齐生。从今有雨君须记，来听萧萧打叶声。"黄公度《晚自东湖携藕花归儿辈争插盆池香艳不歇亦供两日嗅玩因成》云："怪底儿童无远图，埋盆注水插芙蕖。人心不作非真想，便觉东湖入座隅。"那是将瓦盆埋在地里，宛如小池一般，在盆中植莲，以作观赏。此后，瓦盆未必埋于地里，或架于石上，所植也不仅是莲，常见的有水竹、万年竹、石菖蒲、虎须蒲、吉祥草、运草、四季槐、火榴、天目松、芭蕉、棕榈、石斛、栀子等。同时，盆中有的以山石作点缀，有的索性以山石为主景，袁说友《植花于假山》云："岩石棱棱巧，盆池浅浅开。空山初幻化，方丈小飞来。屈曲清泉溜，参差细草栽，只今山在眼，着眼便徘徊。”陆游《盆池》云：“人生何处不儿嬉，一世元知孰是非。汲井埋盆凿苔破，敲针作钓得鱼归。萧萧菰叶风声细，袅袅蘋花雨点稀。并舍老翁能喜事，为添拳石象苔矶。”自注：“盆池初成，邻人吴氏老送小石置池上。”李衎《竹谱·异形品下》说：“予顷过一朋旧家，见盆池昆石上有小竹一竿，长六寸许，枝叶苍翠。”有的还放置一两个陶瓷小人，如僧人、渔翁、农夫之类，李新《磁钓翁》云：“磁钓翁宁傍钓矶，且当兀坐小盆池。模形陶氏不须怪，入手苍鲸未可知。风雨不渝端此志，江湖归去定何时。间惟秋水磻磎客，船入芦花笛卧吹。”至此，盆景已大致完备了，不但有讲求审美意象的树桩盆景，也有讲求审美意境的水石盆景。王十朋的《岩松记》，即为松树盆栽所作，而赵希鹄的《洞天清录》就提到将奇石置景的清供。宋元人又称水石盆景为“些子景”，陈亮《与朱元晦秘书》说：“亮人品庸俗，本非山水好乐，此间亦无所谓山水可乐者，且于平地妆点些子景致，所谓随分春者是也。”刘銮《五石瓠》卷三“盆景”条说：“今人以盆盎间树石为玩，长者屈而短之大者，削而约之，或肤寸而结果实，或咫尺而蓄虫鱼，概称盆景，想亦始于平泉艮岳矣。元人谓之些子景，亦韵。”

唐代苏州，造园已广泛采用太湖石。李绅《开元寺石》小序说：“此寺多太湖石，有峰峦奇状者，顷年多游寓于此。及太和七年往来，皆不复到寺中，石大半亦无也。”李绅多年未至开元寺，而寺中之石“大半亦无”矣，可见它们已流散民间，被造园者取去点缀庭院或堆叠假山了。园林是艺术化地缩小自然，盆景则是艺术化地缩小园林，取园林一角半边之景缩于盆盎之间，以供赏玩。因此，盆景的发展与造园中湖石的运用极有关系。诗人顾况是唐苏州海盐（今属浙江）人，至德二载（757）在苏州刺史、江东采访史李希言的榜下登进士第，从此宦游江南。他曾在苏州城里住过，朱长文《吴郡图经续记·园第》说：“辟疆园唐时犹在，顾况尝假以居，郡守赠诗云：‘辟疆东晋日，竹树有名园。年代更多主，池塘复裔孙。’今莫知其所。”顾况写过一首《苔藓山歌》，所谓苔藓山者，也就是盆景小山，在石上贴以苔藓。歌曰：“野人夜梦江南山，江南山深松桂闲。野人觉后长叹息，帖藓粘苔作山色。闭门无事任盈虚，终日欹眠观四如。一如白云飞出壁，二如飞雨岩前滴，三如腾虎欲咆哮，四如懒龙遭霹雳。崄峭嵌空潭洞寒，小儿两手扶栏杆。”这是水石盆景制法之一，至今仍然沿用。再说，顾况是擅长绘画的，张彦远《历代名画记》、封演《封氏闻见记》都有载记。园林和盆景，都以有画意者为上。

北宋后期的“花石纲”，给苏州留下许多湖石名峰。黄省曾《吴风录》说：“自朱勔创以花石媚进建节钺，而太湖石一座得银碗千，役夫赐郎官金带，石封为盘固侯，垒为艮岳。至今吴中豪富竞以湖石筑峙奇峰阴洞，至诸贵占据名岛，以凿琢而嵌空妙绝，珍花异木，错映阑圃，虽闾阎下户亦饰小小盆岛为玩。”所谓盆岛，也就是盆景，这固然不是高门大族的雅好，他们的园亭别墅首先要的是奇峰异石，而小户人家的玩意儿，便是盆岛了。寺院僧人，亦以此为玩，元人丁鹤年《些子景》（为平江韫上人作）云：“尺树盆池曲槛前，老禅清兴拟林泉。气吞渤澥波盈掬，势压崆峒石一拳。仿佛烟霞生隙地，分明日月在壶天。旁人莫讶胸襟隘，毫发从来立大千。”

随着苏州商品经济的发展，明清时期，虎丘山塘一带的花市十分繁荣，正德《姑苏志·风俗》说：“虎丘人善于盆中植奇花异卉，盘松古梅，置之几案，清雅可爱，谓之盆景。春日卖百花，更晨代变，五色鲜秾，照映市中。其和本卖者，举其器；折枝者，女子于帘下投钱折之。”相传其滥觞，可追溯至朱勔子孙。黄省曾《吴风录》说：“朱勔子孙居虎丘之麓，尚以种艺垒山为业，游于王侯之门，俗呼为‘花园子’。其贫者，岁时担花鬻于吴城，而桑麻之事衰矣。”乾隆《元和县志·风俗》也说：“虎丘人善以盘松古梅、时花嘉卉植之瓷盆，为几案之玩，一花一木，皆有可观。人家苑囿中，有欲栽培花果、编葺竹屏草篱者，非其人不为功。相传宋朱勔以花石纲误国，其子孙屏斥，不与四民之列，因业种花，今其遗风也。”这就形成了一个传统产业。

关于虎丘花市的盆景，顾禄《桐桥倚棹录·园圃》说：“花树店，自桐桥迤西，凡十有余家，皆有园圃数亩，为养花之地，谓之园场。种植之人俗呼‘花园子’，营工于圃，月受其值。以接萼、寄枝、剪缚、扦插为能。或有于白石长方盆叠碎浙石，以油灰胶作小山形，种花草于上为玩者，优劣不侔。盆景则蓄短松、矮柏、古桧、榆桩、黄杨、洋枫、冬青、洋松，并有所谓疙瘩梅者，咸以错节盘根、苍劲古致为胜。”袁学澜《吴郡岁华纪丽》卷三“虎阜花市”条也说：“种树多寄生接本，剪丫除肄，根枝盘曲，有环抱之势，其下养苔如翠毯，点以小石，谓之花树点景。又以高资石盆，增土叠小山数寸，多黄石、宣石、太湖、灵璧诸石为之，岩岫起伏，径路潜通，点缀山亭桥杠，空处有池沼，蓄养小鱼，谓之山水点景。”

无论是树桩盆景，还是水石盆景，除一般市货外，都受到士大夫审美观念的影响。文震亨《长物志·花木》专有一节谈到“盆玩”，主张盆景要追求画意，追求古朴之风：“盆玩时尚，以列几案间者为第一，列庭榭中者次之，余持论则反是。最古者以天目松为第一，高不过二尺，短不过尺许，其本如臂，其针若簇，结为马远之欹斜诘曲、郭熙之露顶张拳、刘松年之偃亚层叠、盛子昭之拖拽轩翥等状，栽以佳器，槎牙可观。又有古梅，苍藓鳞皴，苔须垂满，含花吐叶，历久不败者，亦古。”此外，他还谈到盆盎的选择和摆放的位置：“盆宜圆，不宜方，尤忌长狭。石以灵璧、英石、西山佐之，余亦不入品。斋中亦仅可置一二盆，不可多列。小者忌架于朱几，大者忌置于官砖，得旧石凳或古石莲磉为座，乃佳。”这些见解，都是这位贵族鉴赏家的经验之谈。

苏州盆景一向讲究画意，清康熙间陈淏子《花镜·课花十八法》有“种盆取景法”，其中谈到苏州盆景：“近日吴下出一种，仿倪云林山树画意，用长大白石盆或紫砂宜兴盆，将最小柏、桧，或枫、榆、六月雪，或虎刺、黄杨、梅桩等，择取十余株。细视其体态参差高下，倚山靠石而栽之。或用昆山白石，或用广东英石，随意叠成山林佳景，置数盆于高轩书屋之前，诚雅人清供也。”可见当时苏州的盆景高手，着意仿照倪瓒画意来制作。这样的假山水，竟可与真山水作比较，《徐霞客游记·粤西游日记四》记广远府城外香山寺：“寺前平地，涌石环立，为门为峡，为峰为嶂，甚微而幻，若位置于英石盘中者，且小峰之上，每有巨树箕踞，其根笼络，与石为一，干盘曲下覆，极似苏阊盆玩。”

苏州盆景还远销京师，陆容《菽园杂记》卷五说：“京师人家能蓄书画及诸玩器、盆景、花木之类，辄谓之爱清。盖其治此，大率欲招致朝绅之好事者往来，壮观门户，甚至投人所好，而浸润以行其私，溺于所好者不悟也。”甚至宫中以此作装点，高士奇《金鳌退食笔记》卷下说：“凡江宁、苏松、杭州织造所进盆景，皆付浇灌培植。又于暖室烘出芍药、牡丹诸花，每岁元夕赐宴之时，安放乾清宫，陈列筵前，以为胜于剪彩。”又“五月进菖蒲、艾叶、茉莉、黄杨树盆景”；“十月进小盆景，松、竹、冬青、虎须草、金丝荷叶及橘树、金橙；十一月、十二月进早梅、探春、迎春、蜡瓣梅，又有香片梅，古干槎牙，开红白二色，安放懋勤殿”。清圣祖六十大寿，进贡的盆景，就有万岁山呼盆景、群仙庆寿寿山珐琅盆景、福禄寿三星仙山松竹盆景、万寿百禄仙芝天然盆景、万寿十锦吉祥四时盆景、仙山珊瑚彩石盆景、松鹤献寿珊瑚盆景、万寿长春瑞芝盆景等。圣祖御制《盆景榴花高有数寸开花一朵》云：“小树枝头一点红，嫣然六月杂荷风。攒青叶里珊瑚朵，疑是移根金碧丛。”想来这些供陈设、作贺仪的盆景中，定有苏州织造采办于虎丘花市的佳品。

这就形成了一个良性循环，时风的好尚，让虎丘花市更加繁荣。张英《吴门竹枝词》云：“吴市花儿半塘住，小山盆景索千钱。酒船摇向河堤看，三月家家卖杜鹃。”杨模《虎丘竹枝词》云：“山前多半卖花翁，茉莉洋茶间鹿葱。白石长盆栽小树，俨然林壑是天工。”沈朝初《江南好》词曰：“苏州好，小树种山塘。半寸青松虬干古，一拳文石藓苔苍。盆里画潇湘。”在这样的市场环境里，花农生计自然不薄，袁学澜《虎阜花市行》云：“十亩红成海，异种平泉寡。栽培胜橐驼，来买停骢马。主人衣食只在花，不知播谷浇桑麻。窗外梨云欺白雪，阶前芍药流丹霞。绿盆小树陈几案，贵客时抛三两贯。叶经水洒根泥封，移入朱门供清玩。老农来观自叹恧，年年种谷输官租。官租日重输不足，典去田宅还余逋。行当教子卖黄犊，春种牡丹秋种菊。上避征税下免租，笥有衣裳饭有肉。”但花农的辛苦，又哪里是诗人所能体会得到的呢？

苏州城内第一樱

魏向东

曲园老人俞樾，字荫甫，所居曲园者，“一曲而已”，并别署“一曲居士”。他是朴学大师，影响很大，海内及日本、朝鲜等国向他问学者甚众，章太炎、吴昌硕、日本井上陈政等皆出其门下。

俞樾极爱花木，咸丰八年（1858）流寓苏州后，赁居金狮巷五柳园，一年过后，太平军进逼苏州，因为舍不得园中的花木，直到城陷前才匆匆出走。《曲园自述诗》有云：“为恋园林花几丛，逐教仓皇走匆匆。停桡宝带桥边望，已见姑苏一炬红。”自注：“庚申春，杭州失守，已知不可为矣。因恋园林风景，未忍决然舍去。及金陵大营溃……常州失守，仍始仓卒出城，泊宝带桥，遥见姑苏城外已一片火光矣。”同治四年（1865），俞樾回到苏州主持紫阳书院，同治八年（1869）才在马医科建曲园。《曲园自述诗》有云：“回环小筑屋三楹，又凿方池一水清。自笑虚声总无实，流传海外曲园名。”自注：“屋旁有余地如曲尺然，乃叠石凿池，杂栽花木，是谓曲园。今海内外皆知有曲园矣，实则甚小，无足观也。余虚名过实类如此。”至于园中的建筑、山石、花木，详见俞樾自撰《曲园记》，恕不赘言。

这里只说说曲园里的樱花。

俞樾在日本的影响很大，光绪八年（1882），他应友人岸田国华之请，为其精选历代日本诗人的汉诗。俞樾对此事很引以为豪，曾数次提到。《日本国人岸田国华，字吟香者，搜辑其国人诗集一百七十家，寄吴中求余选定，余适卧病，未遑披览，先赋一诗》云："平生浪窃是虚名，老去声华久不争。隐几坐方学南郭，寓书来又自东瀛。吴中病榻鸡皮叟，海外骚坛牛耳盟。百七十家诗集在，摩挲倦眼看难明。"《东瀛诗记序》说："壬午之秋，余养疴吴下，有日本国岸田国华以其国人所著诗集百数十家，请余选定。初意欲以衰疾辞，既而思之，海内外习俗虽异，文字则同，余谬以虚名，流播海外，遂得假铅椠之事，与东瀛诸君子结文字因缘，未始非暮年之一乐也，因受而不辞。自秋徂春，凡五阅月，选得诗五千余首，厘为四十卷，又补遗四卷，是为《东瀛诗选》。余每读一集，略记其出处大概、学问源流，附于姓名之下，而凡佳句之未入选者，亦摘录焉。"俞樾又选《东瀛诗选》中的佳作，编《东瀛诗纪》二卷，刻入《春在堂全书》。《曲园自述诗》自然也提到这件事，有云："海外诗歌亦自工，别裁伪体待衰翁。颓唐旧日辅轩使，采尽肥前筑后风。""日本国人以其国诗集一百七十余家寄中华，求余选定。自壬午冬至癸未夏，为选定四十卷，又补遗四卷。其国之诗，自元和、宽永以来，略备于此矣。日本向无总集，此一选也，实为其国总集之大者，颇盛行于海东也。"

俞樾在选诗过程中，读到了不少日本诗人咏樱花的诗，很向往它烂漫如雪的风姿。曾托日本诗僧北方心泉代为寻觅，却一直没有下落。

直到光绪十一年（1885）春，俞樾终于如愿以偿，收到了岛国寄来的樱花。《咏日本国樱花》题注："余观东瀛诗人之诗，无不盛赞其国樱花之美，读而慕焉，求之未得。今年井上子德以小者四株寄赠，赋诗纪之。"诗凡四首："不是樱桃也号樱，传来异卉自东瀛。白加婆（在东国有赤加婆、白加婆之名）喜通奇语，黄栗留惭窃美名。屈曲连根盘老干，缤纷弄影缀繁英。花开却好春三月，一入中华奉夏正。（闻彼国人言四月开花，乃清明前即开花，始讶其早，继乃悟中东之朔本有一月之差也）""琼谱芝图总未标，东邦久已入风谣。静姬应让三分洁，紫史还输百种娇。（静姬、紫史皆东国美女，彼中诗人曾以喻此花也）墨水（东国水名）文波相掩映，卯花（花名）素质助妖娆。杨妃（有名'杨妃樱'者）久住蓬莱岛，今日归从海外遥。曾向山僧乞一枝，（昔年曾属东国心泉和尚觅之）春风消息竟迟迟。遥知花园分移日，也似明妃远嫁时。珍重封题烦驿使，商量浇灌护仙姿。到来喜值初开候，不负飚轮海上驰。""李杜韩苏见未尝（东国诗人广濑吉甫《樱花》诗云：'李杜社韩苏谁识面。'），我今得见试评量。千金声价逾莴苣，一笑风神敌海棠。自可靓妆争玉女，未容骄语压花王。（东国人每云，中土有此花，牡丹不得为花王矣。斯言也，余未敢信）从今补入群芳谱，添得东风几日忙。”他在《曲园自叙诗》中也曾咏及，诗云：“曾闻海外有樱花，竟自东瀛寄到华。莫惜移根栽未活，也曾一月赏奇葩。”自注：“余前年选东瀛诗，见其国诗人无不盛赞樱花之美，思一见而不可得。乙酉春，井上陈子德以小者四树，植瓦盆中，由海舶寄苏。寄到之时，花适大开，颇极繁盛，历一月之久始谢，移植地下则皆不活。”寄来樱花的井上陈政，原名楢原陈政，字子德，后任日本驻大清国参赞，与俞樾一直维持师生情谊，光绪二十六年（1900）卒于北京。

光绪二十九年（1903），日本友人村山节南送来一株樱花，栽种成活，第二年就开了两朵花。虽然当时青旸地日本租界内已遍植樱花，但在城中庭园中这还是第一株，俞樾《咏日本樱花》云：“曾为樱花一赋诗，即今又此对琼枝。杨家妃子芙蓉面，姑射仙人冰雪肌。且喜繁英仍烂漫，自怜老眼转迷离。旧时持赠人何在，独坐春风有所思。”自注：“从前寄赠樱花者，井上陈政子德也，其人死庚子之变。”老人在诗中怀念已故的井上陈政，他是第一个给他送樱花的人。这次送樱花的村山节南，名正隆，宣统元年（1909）任日本驻华副领事，后在杭州等地领事馆任职。

光绪三十年（1904），日本驻苏州领事白须直，送了数盆樱花树给老人。《去岁于曲园中栽日本樱花一株，今岁仅开二朵，日本领事白须君乃以数本栽盆见赠，赋诗谢之》云：“去岁移栽樱树花，今年旧干发新芽。未堪蓬岛三芝比，已较温公一朵加。敢向春风嗟落寞，难从海国斗繁华。东瀛仙客知吾意，数本分来艳似霞。”

光绪三十一年（1905），白须直又送折枝樱花给俞樾，《白须温卿折樱花数枝寄余插瓶，赋谢》云：“昼长坐对小窗纱，正苦无聊闲啜茶。一片白云飞到也，白须君送白樱花。”

光绪三十二年（1906），俞樾已八十六岁，那年春上，白须直又移植一株，花正盛开。老人不由回忆与樱花结缘的往事，作《日本樱花歌》云：“往年看樱花，高仅尺有奇。（井上陈子德以小者数株合种一盆见赠）去年看樱花，无干虚有枝。（白须温卿以折枝见赠）今年春风大得意，移得琼林全树至。（亦温卿所赠）试将钿尺一评量，五尺尧禾犹不啻。孤干直立枝弯环，荏苒柔条未忍攀。高张七宝玲珑伞，云花露蕊盈其间。想见东瀛花事好，十里五里看不了。行来如入蕊珠宫，望之俨对瑶华岛。老眼摩挲晓日中，微嫌孤树不成丛。花前戏诵前人句，若得千株便雪宫。（花初开微红，盛开则白，老眼模糊，见白未见红也）”

老人的园居生活，除了著书做学问，莳花栽树是一个重要内容，摭拾樱花一事，以见一端，并可了解一点他与日本友人的交往。

《结古欢——吴大澂的访古与传古》序

李　军

“古欢”一词在中国古代文献中出现得很早，《古诗十九首》的《凛凛岁云暮》里就有“良人惟古欢，枉驾惠前绥”之语。不过，根据《文选》李善注，“古欢”意为“昔之欢爱”，指与“良人”相对的旧爱之人，后乃延伸出故雨、旧友之义。明清以后，收藏家往往将家藏古物视为良友，“古欢”遂渐频繁见于诗文别集、笔记中。明末清初，南京的藏书家丁雄飞与黄虞稷（1629—1691）曾结古欢社，订立《古欢社约》，约定两家藏书互通有无，这是将古书当作“古欢”而言之。清初王士祯（1634—1711，字贻上）编有《古欢录》八卷，辑存明以前隐逸人物的事迹。同为山东籍学者的田雯（1635—1704，字紫纶）则以“古欢”为堂号，著有《古欢堂集》三十七卷。之后乾嘉至民国间，吴翌凤、郁载瑛、曾懿、张之铭等，著作均曾袭用“古欢”一词。而“结古欢”一语的使用，可以追溯到清乾隆皇帝，在他的《御制诗二集》卷五十六中有《旧衙门行宫即事》一诗云：“面势菁葱绿野宽，罢围随处可游盘。庭饶芳毯铺生意，座有芸编结古欢。昨岁诗情看荏苒，离宫春色又阑珊。问谁结习曾消尽，渐去陈言寄静观。”其中，“庭饶芳毯铺生意，座有芸编结古欢”一句，后来被做成对联，悬挂于御花园中存放《钦定四库全书荟要》的摛藻堂内，显然，乾隆诗里的“结古欢”仍与古籍善本有密切关系。乾嘉以来，金石收藏与金石学研究的繁荣，导致“古欢”一词的出现，频频与金石、文玩、书画、古籍联系在一处，其内涵随着使用者的收藏特色与喜好而不断变化。于是，在金石学家的日常话语中，“古欢”便成为对钟鼎彝器、古碑旧拓之爱，如吴大澂在致潘祖荫、王懿荣等师友书信中，就不时提及“结古欢”：

回忆京华侍教，日奉手笺，时陪清宴。摩挲鼎彝，商榷文字，虽好古不如茱堂，得入研经之室，犹时时以亲炙为幸。数月以来，伏谂公余多暇，考证搜罗乐石吉金，都归赏鉴，绰绾眉寿，动结古欢。如有新得瑰宝，尚祈赐示墨本，以广眼福，无任跂祷。（吴大澂致潘祖荫札，稿本，苏州笃斋藏）

途中寄缄，想早达到。久未得书，至以为念。滂喜消寒之会，想仍罗列彝鼎，广结古欢。僻处秦中，寂无闻见。眷怀旧雨，能无怅然。（同治十三年正月初七日吴大澂致王懿荣札，稿本，南京博物院藏）

吴大澂（1835—1902），原名大淳，后避同治帝讳，改名大澂，字清卿，号恒轩、白云山樵、窸斋等。江苏吴县（今江苏苏州）人。清同治七年（1868）进士，散馆授编修。历官陕甘学政、河南河北道、太仆寺卿、太常寺卿、广东巡抚、河东河道总督、湖南巡抚等职。受到外祖父韩崇、业师陈奂等的影响，终其一生致力于金石、文字之学的研究。（韩崇、陈奂对吴大澂的影响，请参看拙文《吴大澂篆书书风流变浅析》，《书法丛刊》2013年第1期）所著有《说文古籀补》《窸斋集古录》《字说》《恒轩所见所藏吉金录》《权衡度量实验考》《古玉图考》等。裘锡圭先生称“关于《说文》‘古文’的时代，吴氏的新说确是划时代的创见”，并认为较之王国维，“他也许可以被看作是战国文字研究的奠基者，至少可以被看作是最重要的一个先驱者”（裘锡圭《吴大澂》，收入《裘锡圭学术文集·金文及其他古文字卷》，复旦大学出版社2013年版）。罗福颐先生在梳理元明清三代对战国古玺印的认识后，认为“吴大澂作《说文古籀补》，亦收录玺文，是为古鉨文字有著录之始”（罗福颐《近百年来对古玺印研究之发展》，西泠印社1982年版）。不同学者多方面的评价，无疑是对吴氏金石学成就的肯定。

吴大澂的一生，因放任外官的缘故，足迹遍布大半个中国。江南、京师、中原、西北、关东、岭南、港澳、湖湘各地，无不留下他的政绩，考学抡才、勘界赈灾、屯垦息讼、督工练兵、招抚土匪，甚至为领土主权与外国列强谈判，据理力争，重立界碑，是他作为清廷要员日常政治生活的写照。至于荒野跋涉，每遇摩崖刻石，驻足摩挲，遣工椎拓，舟行旅宿，晨夕篝灯，剔抉钩摹，检书考校，纂述心得，则又是作为文人学者“与古为徒”的金石生活。

他的篆书深受吉金文字的影响，生前即为师友所推重。至于绘画则远法董、巨，近师四王、恽、吴，同时前辈中最推重杭州戴熙。顾廷龙先生《吴愙斋先生年谱叙例》（哈佛燕京学社1935年版）称其画“兼擅人物、花卉、翎毛，而以山水为最工，盖宗法王石谷、恽南田，于元明及清初诸名家亦复撷采英华，乳融腕底”。在愙斋的金石生活里，文人书画也是重要的组成部分。这是对传统的继承，更是发扬。

在甲骨简牍、敦煌遗书被发现之前，在石印、照相技术传入中国并被广泛采用之前，金石考据之学作为宋人的遗产，随着清代朴学的勃兴，成为一代显学。与传统的经学、小学研究侧重传世原典的校勘、训诂相比，其可贵之处，在于发现和利用新材料，结合传世文献，沟通古今，实践所谓的“二重证据法”。因此，其要求自然更高些，金石学除了要求学者贯通经史、熟谙传世文献外，还要有剔抉器物、传拓铭文、钩描器形、摹写款识等技术，两相配合，才能完成金石与考据的完美统一。而随着新材料、新技术的出现，清代金石学在同光以后开始发生转变。作为晚清最为重要的金石学家、古文字学家之一，吴大澂与吴云、陈介祺、潘祖荫、王懿荣等师友，恰逢其时，经历了这一场学术与技术的衍变。

本书所讨论主要分以下三个方面：一、选取具有代表性的西北之行与岭南之行，对吴大澂的访古、传古活动进行考察；二、在对吴大澂书画鉴藏进行考察的基础上，追溯其绘画的师法源流与个人喜好，讨论黄易《访碑图》对他的影响，是否如白谦慎先生所说那么巨大，抑或他对此有新的想法；三、以愙斋的《集古图》为中心，探讨吴大澂对旧传统的继承与突破，并以他晚年参与《钦定承华事略补图》的编印为例，讨论彼时学者对石印术、照相术等的利用与讨论，窥探他对东渐新技术的态度。尽管相对吴大澂致力于访古与传古的一生而言，以上所论只是其中的若干片段，却跨越了他的一生。吴大澂从意气风发的青年到雪鬓霜鬓的老者，金石、书画伴随着他的宦海浮沉，无论是欢欣还是落寞，都给予他极大的慰藉，因此，不妨用“结古欢”来概括他的一生。

（《结古欢——吴大澂的访古与传古》，李军著，浙江人民美术出版社2022年7月初版）

《竹道文心》序

单存德

竹刻是在竹上镌刻各种图案和文字，它的历史可追溯到先秦时代，《礼记》提到的“竹笏”就是一个具体事例。明清时期，以苏州为中心的江南，人文荟萃，巧匠辈出。自明初政治、经济遭打压后，不少文人学士不再以仕途为唯一选择，他们修身养性，放浪情怀，或寄情山水，或归隐市井，或沉湎于诗文书画创作，将书斋作为日常生活的空间，因此也更注重文房用品和案头清供。在文人书画的引领下，竹刻逐渐发展成为一种专门的雕刻艺术，其中尤以嘉定派和金陵派为代表。当时嘉定县隶属苏州府，嘉靖、万历年间，邑人朱鹤（号松邻）、朱缨（号小松）、朱稚征（号三松）三代相继，影响了整个嘉定的手工艺产业。嘉定派的特点是以深浮雕、圆雕为主要表现形式，作品以文房实用品和陈设品为主，雕镂传神，古朴厚重，精妙绝伦。金陵派稍后出，约自万历至清初，以濮仲谦、李文甫等为代表，这一派作品以阴刻浅披为主要表现形式，以随形器物和折扇为主，尤其是扇骨和笔筒、臂搁等的阴刻，融诗、书、画、印、刻于一炉，精致细腻，清秀雅逸，笔韵墨妙跃然竹上。入清以后，江南的竹刻承袭嘉定、金陵两派刻竹风格，代有传人，名家辈出。他们以画法刻竹为指引，愈显高雅的气韵、深邃的内涵和不同凡响的技艺造诣，今人称之为“文人竹刻”或“书画竹刻”。

所谓“文人竹刻”或“书画竹刻”，乃是以刻刀在竹上表现书画笔墨的一种特殊艺术形式，是书画艺术在竹器具上的延伸，也是书画家和刻竹人珠联璧合的结晶。对书画家而言，其书画稿要适应竹刻语言的特殊表达；对于竹刻家而言，既须具备娴熟的竹刻技艺造诣，更要具备书画艺术修养，以及表现书画笔墨的能力。从本质上讲，书画竹刻是书画艺术在竹上的二度创作。

就历史流传下来的竹刻技法而言，主要有两类：一类为竹雕，以浮雕、镂空雕和圆雕为主；一类为竹刻，以平面雕刻为主，分阳刻和阴刻。

苏州竹刻与苏州折扇有着深厚的渊源，约自清初起，箑边镌刻的比重越来越大，技法上更多地受到金陵派的影响，多采用平面雕刻，谋篇布局时，融诗、书、画、印于一体。在运刀上，引入吴门画派运笔节律，利用刀痕的深浅光毛，线面对比，表现书画运线用墨和勾勒皴擦，线条简约，风格雅秀，以得天独厚的文化底蕴、高雅的书画艺术格调和高超的技艺造诣独树一帜。

张泰中，字太中，号竹道人，1968年出生于苏州，1987年毕业于苏州工艺美术技工学校绘画专业，同年进入苏州扇厂师从苏州竹刻名家杨惠义刻竹，后又师从常州竹刻名家徐秉言，又先后得到竹刻前辈沈觉初、周玉菁等指点，2003年创办拂云轩竹刻艺术工作室。他既擅画山水，笔墨洒脱，又擅竹刻阴刻，兼有阳刻、浮雕、留青等，刀法兼融竹刻、版刻、篆刻等技法，风格鲜明，造诣深厚，自成一家。他还将竹刻技法延伸到紫砂、陶瓷、象牙等多个工艺美术品类，创出一番新天地。

天才在于勤奋，造诣在于积累。张泰中对竹刻艺术的执着追求，以超乎常人的勤奋和进取，乐此不疲地游刃于竹刻王国的天地之中，数十年如一日，用手中的那把刻刀，塑造着自己的竹刻艺术人生，成果斐然。至今，他刻制的竹刻及其他品类作品已达五千件（套），包括扇骨、臂搁、笔筒、台屏、紫砂器、瓷器等。最近，他将三十多年来苦心孤诣、悉心创作的百余件（套）作品出版，题名《竹道文心》，实是水到渠成、瓜熟蒂落的事。翻开这本作品集，浏览欣赏那一件件作品中凸显的书画笔墨气韵以及刀迹笔痕，一股敬佩之情油然而生。那一根根或粗或细、或挺爽或凝滞的线条，犹如琴弦上流动着的旋律，演绎出江南人文的交响曲；那一幅幅或委婉或空灵，或豪放或洒脱的刀笔书画，犹如以心灵谱写的赞歌，表达着对生活、对艺术的厚意深情。真可谓竹上风华，刀下生辉。它不仅使人清晰地窥见作者竹刻艺术的发展轨迹，而且使人深切地感受到作者胸中的丘壑和激情。

张泰中的刻竹艺术生涯，历经四个渐进提升阶段。

第一阶段是摩刻期，即将纸上笔墨转化为竹上书画，通过深入领悟书画原作，有线刻线，有迹去迹。如摩刻罗一农书《唐寅诗六首》、瓦翁书《修竹当窗白》、刘永宁画《雨后秋山》、徐源绍画《有情芍药含春泪》等。如果说《唐寅诗六首》《修竹当窗白》是其竭力展现罗一农楷书的高华苍润、秀劲遒美，瓦翁行楷的清和飘逸以及金石味浓厚之碑情帖韵，那么《雨后秋山》《有情芍药含春泪》则是其描刻山水图和花鸟画的小试牛刀，对画稿仅是循规蹈矩地精心描摹。

第二个阶段是探索期，即通过积累逐步走向成熟的时期，主要体现在线与面的交融和水墨块面处理上的多样化。前者如林海钟的《千年古木出虬龙》，后者如谢敏的《蟹荷图》、濮建生的《蝶恋花》、陈如冬的《翠堤放牧图》、秋一的《大吉》等。《千年古木出虬龙》通过点、线、面的深刻浅批，将画作的勾、皴、染，线条的波折遒劲，以及笔墨形态的原始力度表现得潇洒从容，尽显古木之苍劲斑驳。《蟹荷图》在表现荷叶和河蟹的质感上，以及用笔的水墨韵味上，以刀法的微妙变化，形成了强烈对比。《蝶恋花》操刀简洁灵动，线条或细劲，或古拙，起承转合，质朴自然，形神尽在刀笔之间。《翠堤放牧图》是笔筒环面上的阴刻，作者对线条勾勒的深浅、轻重、顿挫，或强或弱，或显或隐，把握得很有分寸，简洁而形象地表达出原作的意境。《大吉》则以粗犷有力的刀法及富有深浅变化的铲底，表现出公鸡羽毛丰满而蓬松的质感，充分展现出作者提炼和演绎原作用墨的能力。

第三阶段是冲出瓶颈、融合突破期，即不仅停留在传统竹刻的浅刻技法里，而且汲取和融汇多种雕刻技法为我所用，表现物象的刀法更加丰富，也更加贴切。如包勇的《腕底清风》，是在覆瓦式臂搁上表现太湖石的瘦、漏、皱、透，刀法集线刻、浮雕、陷地雕于一炉，虽用刀不多，却充分表现出太湖石坚硬的质感及特点。如车前子的《一窝》，构图饱满，以线条勾勒的一群白兔占据了大部画面，他以阳刻结合浮雕技法取得突破，不仅增强了画面的层次感和运动感，而且密而不乱、有条不紊。作者还在留白处以线刻隐约细刻了一只兔子，从而增强了画面的虚实感与深邃感。又如陈传席的《深山明月独相亲》、杭青石的《名山接仙迹》、孙君良的《园怡》等，均综合运用浮雕、阴刻、陷地雕等技法，远景、中景、近景分明，枯湿浓淡，酣畅淋漓。再如以素描笔法刻画蒋元瀚的《肖像》，表现人物的头发，一改一根根梳理的传统刻法，而是如同山水画表现的皴法一般，将墨块与勾线混合在一起表达，既体现出发丝线条的质感，又有云鬓乌黑如晕的效果。还有如陈危冰的《有财图》、郭澎的《清凉道心》、金心明的《禅定》等，作者在笔墨情韵上均有独到之处，既有线刻的节律感、阳刻的立体感，又有浮雕的层次感和陷地雕的深邃感，由此开辟了竹刻浅刻更为广阔的新天地。谁也难以预料，平面浅刻表现书画，竟可如此淋漓尽致、如此璀璨多姿。

第四阶段是竹刻技艺的扩展衍生阶段，即将竹刻的理念、技艺移植到其他不同材质的载体上，如瓷器、紫砂器、砚台、供石、砖瓦，以至葫芦、牙角件等。摆脱了竹子坚硬、丝缕、容易打滑等难以把握的羁绊，在瓷器、紫砂器等其他坯体上的镌刻，似乎更为自由、更为洒脱，从探索、实践到意到笔随、得心应手，张泰中一发而不可收。作品集中镌刻器物，可以使人深切地感受到传统书画的书卷气与文人雅玩的金石气的交融，具有隽雅清新的面貌，它不仅拓展了书画竹刻表现的范围，也将竹刻技艺引入更为宽广的层面，更好地融入生活。

回顾自己的竹刻艺术生涯，张泰中总结出刻竹的四个要点。

一是书画竹刻一定要体现笔墨。竹刻书画的刀法是为了表现笔墨，其实质是用刀模拟笔墨的味道，从形象刻画到用刀都要反映画作的韵味，同时也要培育提炼画面笔墨的能力，以适应刀法表现的功能和特点，达到主观和客观的统一、形式美和艺术美的统一。

二是刀刻要能够表现出各类物象所特有的质感。要表现好书画，必然会涉及各种物象的质地，如毛发的轻灵、湖石的坚硬、虫须的弹性、蛛网的轻柔、玻璃的剔透等。充分表现物象的质感，既能使画面更为生动活泼，还能提升作品的艺术感召力。类似《大吉》中的公鸡羽毛，《腕底清风》中的太湖石等，绝不是个例。

三是平面浅刻要体现出立体感。阴刻深浅在于表现笔墨，同时也要力图体现物象的立体感。张泰中在继承传统刀法（正反刀）的基础上，形成了适合于自身的用刀方法，镌刻线条时，一侧用直刀，另一侧用斜刀，当正反组合运用时，可以产生不是浮雕而具浮雕特征的效果，如《深山明月独相亲》《名山接仙迹》

《禅定》等。以这种正反刀表现楷书、行书或草书，既能体现出中锋用笔，又保留了用笔转换的韵味，显得利落明快。

四是平面浅刻也要体现出画面的润泽感。书画竹刻表现的大多是水墨画，水的感觉又有别于墨的感觉。通过用刀的轻重缓急，要使之产生水润的质感，如《蟹荷图》，蟹的青壳水润、黝亮，可使人感受到它的硬度，同时残荷的茎叶，也让人感受到可挤出水来。

以上四点是张泰中经数十年竹刻艺术实践、感悟、再实践、再感悟的结晶，是张泰中竹刻技艺与书画造诣水乳交融的升华，更是张泰中的书画竹刻从模仿走向自由的飞跃。他不仅在传统书画与传统竹刻之间架起了一座桥梁，而且通过承古弥新、继往开来，拓宽了竹刻表现书画艺术的深度与宽度，开创了当今竹刻浅刻艺术传承发展的一代新风。

“问渠那得清如许，为有源头活水来。”张泰中与竹刻是有缘的，江南的青山秀水滋养了他宁静而恬淡的性情，苏州的书画艺术和传统竹刻技艺磨炼了他炉火纯青的造诣。张泰中又是幸运的，他遇上了一个好时代，可以在自己钟情的领域里，心无旁骛地游走于一刀一琢之间。一分耕耘，一分收获。以生命与心灵去创造，必然使艺术之花开放得更加艳丽。衷心期待张泰中先生以厚实的积累和娴熟的技巧，创作出更多既具传统意蕴又具现代审美情趣的作品，培养更多新一代的竹刻后继者，为苏州竹刻这一非物质文化遗产项目的传承、创新和发展作出更大的成绩。

是为序。

（《竹道文心》，简素书房主编，江南电子音像出版社2022年7月初版）

《朱竹云书画印汇编》序

潘振元

我知道朱竹云的名字，是在结婚后不久。1974年，有一次去拜访内人的姨妈时，才知道朱竹云是我的姨父。或许姨妈与我岳母有着特别深厚的姐妹之情，当听说我在学习书画，就拿出家中的藏画给我欣赏，这里面就有朱竹云的两幅山水。记得其中一幅是小青绿立轴《春深隔岸图》，当面对远山峰峦、云烟空蒙、近水曲溪、垂柳依依时，我被一派清悠秀丽的景象所吸引。虽然当时还不能完全领悟其别具一格的意境与工细清秀的画风，但留下了深刻的印象。临别时，姨妈还找出朱竹云的画送给我，一幅是以金山为题的小幅山水，还有两幅花鸟，这使我感动不已。从此之后，我就开始在报章上关注朱竹云的信息，令人惋叹的是，只能见到一星半点的记载，我们这个时代几乎把那位卓有成就的前辈遗忘了。

这次建伟兄编纂的《朱竹云书画印汇编》，即将付梓，不仅为其家属做了一件好事，也为苏州美术界做了一件有意义的事，让当下的美术界人士知道苏州近代曾有一位绘画高手。同时，我也有机会接触到建伟兄收集的一些有关朱竹云的资料，对他的生平事迹有了进一步的了解。

朱竹云名鼎，字竹云，以字行。他的生卒年，目前看到的所有记载，包括《苏州市志》都说是“1898年—1952年”，年五十四岁。但在朱竹云家属保存的一帧小照下，记载的是“1904.2.1—1952.5.22”，不仅有农历干支纪年、月、日，甚至将出生的时辰都附记其下。他生于癸卯年十二月十六日，生肖属兔，与他家属的说法一致。为什么会说他生于1898年呢？原来，在他故世的那年，曾写过一份请求安排工作的报告，称自己已五十四岁。在跟吴子深学画的同时也跟吴子深学医，准备开个诊所谋生。因为年纪太轻，不利于对外行医，就把自己的年纪加大了六岁。

朱竹云在国画方面的成就，可说是名震一时，但其晚年生活却过得非常凄惨。朱家在苏州是大户人家，虽说民国时已衰落，但他家的住宅仍从前门卫道观前直通到混堂巷，族中好多房都住在一起。朱竹云是长房，要承担家族里的种种事宜，负担不轻。1948年冬，他得了肺结核，当时用的进口链霉素十分昂贵，仅靠卖画为生，经济已很拮据。新中国成立后，他一直失业，国画没有市场，断绝了收入来源，这才有了带病求职的要求。可惜这一年，他拖了沉疴的身躯在贫病中离开了人世，年仅四十八岁，生有四子一女。

我虽没见过朱竹云本人，但听到过一些他在书画创作方面的事，使我感叹的是他对绘画热衷到了魂牵梦萦的程度。他自小每见好画，则细读强记，以超人的记忆回家背临一通，进入到一种“俨乎其若思，茫乎其若迷”的痴迷状态。1920年，他经人引荐拜刘临川为师，刘临川是王原祁的第八代传人，故入其墙藩后，便受益不浅。一是得其师承，系统地得到全面的指导；二是遍临了宋元明清诸家之作，最终他独宗王石谷，朝夕琢磨，取精用宏，求其逸气，得其神韵，使自己的作品深得南宗风貌，也融合了北宗画法，为形成酣厚飘逸的风格打下了坚实的基础；三是摆脱了陈陈相因的时习，为取法自然，周游名山大川，遍历天台、雁荡、黄山诸胜，开阔了眼界，提高了识见，使得画境大开。

朱竹云后来又拜吴子深为师，受聘为苏州美术专科学校国画系教授。他进入吴子深的艺术圈后，对他后期的发展起了更大的作用。当时，中国美术在西方文化的碰撞和冲击下，涌动着一股写实主义思潮，传统国画精英们都想扭转因循守旧、偏重娱情自赏的状态，纷纷建立各种书画社团。在这样的大背景下，吴子深组织发起了桃坞画社，朱竹云参与其间，经常与陈迦庵、樊少云、刘临川、蔡震渊、吴似兰、王季迁、潘博山、朱守一、邹澄渊等切磋，思变求新，每作画则力求变化，竞出新意，画艺得以猛进。后又加入鸣社与吴似兰组织的娑罗画社，活跃于当时的苏州画坛。

值得一提的是，朱竹云拜吴子深为师后，与在其家当西席的张星阶（后改名辛稼）朝夕相处，成为莫逆之交，两人自比“恽王”，共图发展，并联手创办中国画研究社，以办学形式，吸引了来自浙江、安徽、四川、京津的近六十名学子来苏学画，成绩斐然。接着又合办个人作品国画展览，仅三天展期，就涌来八千多观众，引起轰动，名震苏城。在《郑逸梅笔下的书画名家》一书中，称他当时“艺名盖著”。后又到上海举办“苏沪名人纨扇展”，因展品极精，于是又名噪海上，“遂及春申江上无不知震渊、竹云、星阶三人”。这时他的绘画生涯进入了巅峰期。

建伟兄编印的这本集子，虽然辑存朱竹云的书画不多，但这是第一次比较全面地反映他的艺术风貌的作品。以山水为例，凡纪年的作品，大致是在他二十五岁至四十四岁之间所作，正处于创作的高峰期。二十五岁画的《松烟暮霭图》，尚可看出受刘临川的影响，而四十四岁画的《天都奇峰图》，则完全是自家面目了。此图描绘了他1933年游黄山时，居住在文殊院登文殊台眺望天都诸峰时的情景。他下笔灵动自然，峰石如若云动，又略施烘染，水墨淋漓，全幅显得气韵生动，这应是他晚年的代表作之一。再看一幅《丁云鹏玩蒲图》，他在题记中表述了自己的画法与趣向：“稍变其法，已换面目，似与戴文进有合。”意思是说，稍稍改变了丁云鹏原来树石浑厚拙重的画法，就已完全改变其原来的面目，达到了自己所要追求的效果，这就暗合了戴文进那种皴染淹润、着色清淡所形成的意境。他的这段话实际上反映了他的创作思路：既要善于取法，又要善于变法。从这幅画中，我们至少可以看出他用淡墨衬染峰峦，在折带皴的间隙间施以干墨密点，显示了一种简中写繁的画法，又将松枝画得疏逸飘洒，特别夸张，使画面洋溢出一种灵动活泼、生机盎然的意境。他的这种意象思维与笔墨语言，不仅呈现了一种全新的境界，而且也凸显了他的创作风格和艺术特色。

因此，我在他的画中感到，他是将目之所见、心之所思、情之所感，发之为画，用性灵引发观者的共鸣，同时极力追求浓后之淡、巧后之拙。苦思以平淡出之，平淡以深邃寄之。用清新自然的笔墨语言润饰山川，以此打开每个欣赏者的心扉，让大家沉醉其间，获得美的享受。我看后确实被他的执着、睿智和艺术天才所打动。

朱竹云的自用印和收藏印，为我们研究、鉴赏他的书画艺术，探讨他当时的社会关系，提供了资料，因而也显得弥足珍贵。在集子中看到他所藏文彭的两枚闲章。文彭作为吴门印派（或称“三桥派”）的开创者，如今可以确认其印章相当少，虽然这两枚闲章的真赝尚须鉴定，但它们都是带有汉印遗意的朱文印，前者古朴自然，后者简括空灵，一改元人治印板滞纤弱的弊病，显得神采奕奕。印章边款是文彭的首创，这两方印的行书边款，双刀刻得淳厚畅达，雍容自如，已非常接近其风格。还有一方金农刻的“江东陆郎”，粗看如浙派作品，细看令人惊讶，其切刀之妙，变化莫测，轮扁斫轮，气势磅礴，境界壮阔，真让人叹为观止。金农的篆刻在当时名气也很大，沈心《论印绝句》有“只眼只推金寿门”，说明他在当时的篆刻界被公认是最好的。他与丁敬是同时代人，年长丁敬八岁，他们毗邻而居，同举博学鸿词科不就，都隐逸于市井山川，诗词唱和，数十年情同手足，所以篆刻风格相互影响也在情理之中。邓散木在浙派的排名中，将金农列在丁敬之后，说明对他的评价之高，只是金农传世的篆刻作品极少。我猜测，这或许是他们之间的某种默许，后来各攻专门，最终一个在书画上成为“扬州八怪”之首，一个在篆刻上成为浙派的创始人。

在此书付梓之前，秉宜兄从南京来电，要我为此书作序，我不辞翦陋，写上几句，以表对前辈的钦佩之情。

从《草书七言诗轴》探析陈淳草书风格

赵　锟

明清时期，草书的发展和取得的成就在书法史上占有最重要的地位。这是一个群星闪烁、个性极其鲜明的时代。因明初君王留心翰墨，崇文慕雅，笃好临摹，兼重古法，好尚典雅清丽的书风，而元代赵孟𫖯的书法正是他们推崇学习的风格。因此，朝野上下的士大夫皆争相临摹赵孟𫖯的行书，几乎完全继承了赵孟𫖯的格调，并迅速演变成端正流美的台阁体书风而盛行。台阁体的缺点是造型显呆板，只求形似，不讲究艺术风格，不能释放心灵的自由和个性，书法的艺术格调和成就不高。明初书法以“三宋”——宋克、宋璲、宋广和“二沈”——沈度、沈粲兄弟为领袖，他们是明代前期书法界的代表人物。其中，宋克的草书成就最高，为明初之最。他的草书的可贵之处是不受当时流行的赵书的影响，而是另辟蹊径，融章草、今草和狂草为一体，字形洒脱练达、气象浑穆，独领风骚，实为难得。“二沈”兄弟中，沈粲的行草书也是可观，其用笔流畅，点画遒劲，无滞碍之气。在明初，有这样的水平，足以体现沈氏独特的艺术想象力和不同凡响的艺术原创力。

草书发展到明中期时，一批艺术上个性鲜明、艺术评判能力敏锐的艺术家深感台阁体的危害性，意识到它阻碍了书法艺术的发展。有志向、有抱负的书法家转而师法晋唐，以畅情适意、抒发个人性灵为目的的书风，重又回到书法的主阵地，并逐渐成为明中后期的主流。这一时期，社会经济开始复苏和繁荣，手工业和商业都得到迅速发展，新兴的商业城市不断涌现，新兴的市民阶层成为通俗文艺和书画艺术品最大的消费群体。这种社会状况无疑对文化的发展起了推动作用。特别是在文人集中的江南地区，书法艺术得到了长足的发展。这期间比较有代表性的城市自然是苏州，涌现了一批杰出的书法家，可谓群星璀璨，标领一时。

王世贞《艺苑卮言》附录三说："天下法书归吾吴。"这一时期行草书代表有祝允明、文徵明、王宠、陈淳等人。他们敬畏传统，法追晋唐，注重艺术风格发展，形成了吴门书派。书法艺术的发展出现了新的气象，对后世产生了较大的影响。另外，此时的法帖汇刻本的刊印和传播，推动了崇尚帖学的风气，提升了普通市民阶层学习传统书法艺术的兴趣，形成了良好的社会环境。这样就迈出江南地区的书法艺术发展的步伐，涌现一大批书家也不足为奇了。其中草书名气最大的当数祝允明，被誉为明朝"第一手"。文彭曾评价祝允明晚年草书是"点画狼藉，纵横使转"，概括得十分形象、精准。明代中期的书坛，祝允明以其深厚、扎实的书法功底、卓荦独绝的艺术禀赋和开拓创新的精神，一扫元代以来以赵孟頫为代表的孱弱妍美的书风，独领彪炳，为营造和创设烂漫、自由的草书艺术空间开启了明中期的历史先声。除了祝允明，另一位在草书艺术上取得重大成就或者说有突破意义的草书大家当属陈淳。

陈淳（1484—1544），字道复，后以字行，号白阳山人。长洲（今苏州）人，书画皆学文徵明，擅长写意花卉，与徐渭并称为"白阳青藤"，其书法以行草成就最高。应该指出，陈淳虽书画师于文徵明，但他身上却有一种叛逆精神。这种叛逆是性情所致，加上他悟性极高，放浪形骸，故书画皆不拘一格。这种不拘师法、自出新意，正是艺术家本身的天性所致。艺术的真谛就是要表现自己的真情实感，所谓"风格即人"。他的行草书取法五代杨凝式，尤其是宋代米芾，尽得米家笔意，老笔纵横，天真烂漫，率意恣肆，气势豪放。应该说，草书的抒情性在陈淳作品里得到极大的发挥。他是明朝书法由中期向后期转变的一个关键的过渡性人物。陈淳草书代表作有《草书杜甫咏怀古迹诗卷》《古诗十九首》《草书诗卷》《岑参和贾至诗轴》《五言绝句》等。

徐渭对陈淳的草书赞赏备至，在题其《草书卷》时曾云："陈道复花卉豪一世，草书飞动似之，独此帖既纯完，又多而不败。盖余尝见闽楚壮士，裘马剑戟，则凛然若罴，及解而当刺绣之绷，亦颓然若女妇，可近也。此非道复之书与染耶？”两人的艺术风格及审美极其相似，都是以强烈的艺术势态和独特的艺术语言，重塑了奇美、激越、跌宕的草书艺术，成为明代吴门书派的佼佼者和引领者，为后人称道和赞誉，成为后世书法学习的楷模。

吴郡书家草书的成功和对中国书法艺术的巨大贡献，足以证明他们是那个时代书法艺术的集大成者，同时又以改良者的姿态留痕书史。作为当代的书法爱好者，既要深入研究古代草书笔法，又要沉浸在大师的作品里感受其独有的意蕴美和风格美，从而不断提高个人的审美意识和审美情趣。

陈淳的《草书七言诗轴》是其草书的经典之作。此书率意纵笔，元气淋漓，体现了一种烂漫豪放的情怀。明中后期，随着人们审美习惯的转变和屋所厅堂环境的营造，尤其是厅堂的高大，致使书法作品由原来魏晋时期的手札转变成高大的字轴，这种新的创作模式大大地拓宽了书法的表现空间。陈淳此幅作品也正充分地说明了这个问题。

陈淳的绘画成就很高，他把绘画的笔意也掺进了草书创作当中。此作体现出他洋洋洒洒、率意自信、驰骋纵横、一派天机，笔画间充满了画境和奇趣。从这件作品可见，他的书风不仅溢出其师文徵明之外，而且与杨凝式、米南宫的风格也有所不同，已从黄山谷上溯到“颠张醉素”。特别是那些看似东倒西歪的字形和一泻千里的气势，不仅与其大写意花卉颇有相似之处，而且完全把书画当作抒发性灵的工具，尽情挥洒和表露自己心中的逸气。这种非凡绝响的草书所表达的情境和高度，虽然不能说开晚明狂草的先声，但在中晚期的狂草“大合唱”中亦奏出非同凡响的旷世旋律。下面就以陈淳此作为例，深入剖析并探究其艺术风格。

一、娴熟高超的草书技能，彰显狂放奇崛的笔墨语言

书法创作要拥有技法高度，有两层意思：一是指技术的过硬，二是指有创新能力。技术或技能的熟练是指训练的方法要“取法乎上”“与古为徒”，学习传

统文化要有"源头",更讲究一脉相承,流传有序。学习要扎实严谨、富有成效。训练的内容不是单一的,而是多向的、立体的。同时要展示书家本人的创新能力。书法艺术是由"技"到"艺"的,这样才能"技进乎道"。熟能生巧,尽量达到形神兼备,下笔始有神。陈淳少时受业于沈周、文徵明等书画大家,聪颖勤奋,才华横溢,基本功扎实。中年家境突变,生活陷入窘境,命运坎坷多舛。严酷的现实引发陈淳进行深层次的思考,其草书的艺术风格开始嬗变,倾注于老庄,意尚玄虚,天马行空,忠实于内心的真实想法和对大千世界的真切感悟,尤重于性情的抒发和快意表达。因此,恣肆纵意、狂放不羁的艺术语言逐渐形成,从而书风由早年的优雅俊美变成中年的遒劲厚重和烂漫多姿。五十岁后,陈淳的书法风格日趋成熟,终成一代大家。

细观这件作品,整体用笔精到流畅,气势畅达,笔墨淋漓,一挥而就,直出胸臆。袁昂评右军书:"爽爽有一种风气。"此作尽显其意,可谓神完气足,不可一世。再仔细观赏,其运笔灵动,挥洒自如,擒纵恰当。清代周星莲《临池管见》云:"做书须提得起笔,稍知书法者,皆知之。然往往手欲提,而转折顿挫辄自偃者,无擒纵故也。擒纵二字,是书家要诀。"擒纵是一种驾驭笔墨的本领,也是法则。《临池管见》又云:"有擒纵,方有节制;有生杀,用笔乃醒;醒则骨节灵通,自无僵卧纸上之病。"一个"醒"字,概括了用笔之要诀,独显了一个"活"字。灵活多变便是草书用笔精髓。

二、奇妙和谐、不与人同,形成意味深长的草书章法

草书是线条在有限的时空里进行艺术的整合,它的美主要体现在空间构成和笔墨的情趣上。可以这样说,在各个门类的艺术中单纯以线条进行创作的,以中国书法的表现最为突出,而草书又是书法艺术诸体中难度最大、表现力最丰富、视觉效果最强烈的一种书体。空间构成就是布局,就是线条如何组合成章的问题。明董其昌《画禅室随笔》云:"古人论书,以章法为一大事。盖所谓行间茂密是也。"董其昌把章法推为做书的第一等事是有道理的,尤其是草书。作品首先映入眼帘的是章法的奇妙组合,章法的营造是十分关键的问题。用草书

的线条，将具象的汉字以抽象的意味把它表现出来，除了改变书法的结体外，更主要的是通过奇幻的线条变化和空间的任意组合，把个人情感和意识尽情尽意地表达出来，这是一种美好的享受，是生命之花的绽放，是个人情感、才学和创造力最好的展示。当然，这种展示是有要求的，它有技术层面上的高度，也有精神内蕴方面的深度。关于好的章法，明解缙《春雨杂述》云："上字之于下字，左行之于右行，横斜疏密，各有攸当，上下连延，左右顾瞩，八面四方，有如布阵，纷纷纭纭，斗乱而不乱，浑浑沌沌，形圆而不可破。昔右军之叙《兰亭》，字既尽美，尤善布置，所谓增一分太长，亏一分太短。"解缙所说的增一分太长，亏一分太短，是指艺术的完美无缺、恰到好处。陈淳的草书就具备这样的美，他用如椽大笔在有限的空间里，创造了奇妙的和谐与无限的意蕴。其草书大局观非常强，有极强的操控能力，笔墨放纵，运笔提按顿挫，闪转腾挪。亦如醉歌狂舞，纵横捭阖，气势磅礴。线条与墨色交织成精彩的画面，夺人眼球，也极富韵律，给人以无穷的遐想和美好的感受。如此草书佳构，肯定是旷世奇才所为。在这幅草书中，值得加以称赞的是陈淳在草书线条的连接及笔势上出色的呼应。草书的要求极高，书家需在极其短暂的时间和有限的空间里将笔画承接得合理、排列得有序，既错综又和谐，既善于制造"矛盾"又能解决"矛盾"，灵光一现，稍纵即逝。艺术家必须有很高的艺术创造力，善于运用和抓住才气、性灵这个"牛鼻子"，运用多样的艺术手法，不断创造出令人惊艳的草书艺术杰作，丰富和推进中国书法艺术不断向前迈进。在这幅作品中，陈淳的草书功底非常深厚，艺术表达能力超强，艺术视野也极其宽广，草书的语境表达和层次丰富多彩，很好地处理了黑与白、虚与实、主与次、强与弱的对应关系，深刻地表达了明代中期艺术家的烂漫情怀和多彩的艺术人生，为我们展现了一个视艺术为生命的既虚幻又真实，永远在山阴道上行走的草书大家的光辉形象。

三、立意深刻，笔下万般风情，呈现独有的艺术风貌

立意指书家创作之前主观意识的能动表现。主观意识就是指人们思想境界和审美情趣，即作品中流露出来的作者的气质、风格、修养和境界。立意高，

则格调高，格调的高低关乎作品的优劣。吴郡先贤草书作品流露出来的气韵和格调，如古朴、率意、精彩、奇拙、雄健、苍劲等，皆入品格，绝无荒怪与流俗之态，反映了古人的立意高远和深邃的艺术情思。草书的最高境界是人与物合为一体，达到“物我两忘”“天人合一”的境界时，笔下自然熠熠生辉，触笔成趣。唐张怀瓘《书断》云：“及乎意与灵通，笔与冥运、神将化合，变出无方。”他描绘的就是情景交融的情形，让人心驰神往。纵观陈淳的草书所创设的艺术高度、艺术意蕴在明中后期的艺坛上的影响力是巨大的。可以这样总结：飞动豪举的宏逸韵度，是陈淳草书所呈现的笔墨气象。

这种气象既是他的审美祈尚，也是他书法成就的标志。陈淳的草书风骨灿然、气势开拔、雄浑壮阔、傲然威武，既不同于文徵明的刚柔适度、静雅秀美，也不同于祝允明的恣意飘洒、疾风骤雨，更不同于徐渭的神幻诡异、颓然天放、唯我独尊与不可一世。

朱良志先生曾说：“一幅好的书法作品是一个充满动感的生命整体，有凝滞，有奔腾，有沉郁顿挫，有飞扬飘逸，生命整体内部流转回还，映带朝揖，一气贯通，活泼于是乎出，变化于是乎出。”又说：“书法体现了一种生命运动，然而它又是富有节奏、充满盎然趣味的生命运动。”陈淳的艺术生命源于对中华古老文化的崇尚和不懈追求，以艺术家的一颗炽热之心和开拓创新的精神，丰富和扩大了草书艺术的表现领域，从而达到别开生面的崭新境界。

四、陈淳的草书艺术对当代书法创作的启示

陈淳以其独立和开拓的艺术高度，弘扬华夏古老的草书艺术的写意精神，以其超逸的才情独标风骨，代之而起的则是由其开启的表意书风的崛起。陈淳的草书，上承祝允明，下启徐渭，成为晚明豪放书风的先导，他带有标志性的大写意的绘画风格也深深地影响了后人，如徐渭、朱耷、扬州八怪，近代的吴昌硕、齐白石、黄宾虹、潘天寿等。

石涛说：“笔墨当随时代。”笔墨应当反映当今的时代精神，这是每位艺术家的精神追求和艺术使命，也是艺术家本人生命价值和人生意义的具体体现。

时代要求我们惜古追今，我们就应该深挖传统，继往开来。当下的艺术处于百花齐放、百家争鸣的时代，艺术的道路朝着多元的方向发展，草书创作也要遵循历史潮流发展的规律彰显出它的时代特征。我们要：一是深入学习，认真探索和总结古人的用笔规律，并以此为后盾，做好创作前的准备工作。二是拓展笔墨表达技巧和方式，创造新思维、新体验、新方法，争取有所新突破。三是注意横向比较，加强同道之间的交流学习，善于借鉴好的创作模式和方法，注重艺术语言和艺术形式的深刻表达，并能够借鉴各种最新的研究成果，扩充自己的创作思路，努力拓展草书领域的表现手法。

运河苏州段书法碑刻分布

钦瑞兴

运河苏州段中的书法碑刻十分丰富，这里只介绍运河主干道两岸的遗存。

望亭是京杭大运河进入苏州的第一镇，白居易诗“灯火穿村市，笙歌上驿楼”，描绘了古时望亭的繁华景象。在千年历史长河中，望亭留下了稻作文化、良渚文化、崧泽文化、古驿文化等印记。在望亭运河公园中心地带有一块皇亭碑，碑镌刻清高宗恩免苏松浮粮、普免天下钱粮上谕两道，故亦称“皇令碑”“纪恩亭碑”。残碑为青石质，宽1.49米，高0.49米，可辨识者十五行约三百六十字。碑文详情见清乾隆《长洲县志》。

浒墅关素有“江南要冲地，吴中活码头”之称，是一座因大运河而繁盛的千年古镇。明宣德四年（1429）设钞关，景泰元年（1450）成为全国七大钞关之一，遂名“浒墅关”。浒墅关有不少书法碑刻，其中保留最完好的是文昌阁中的《重修浒墅关文昌阁记》，立于乾隆五十三年（1788），撰文者闵鹗元，时任江苏巡抚，书写者四德，是苏州织造督理兼浒墅钞关主事。还有一方《苏州浒墅关新安会馆记》，刻于民国二年（1913）春月，内容记述了浒墅关新安会馆自乾隆五十一年（1786）创建，至民国初年一百多年的兴衰史。撰文并书写者是江西婺源名医俞世球，镌刻者是晚清著名碑刻艺人毛上珍。

十里亭在高新区大运河西岸射渎口，始建于明代，内立《浒墅关修堤记》碑一方，青石材质，通高3米，蟠龙圆额，置于赑屃背上，赑屃头已损坏。大学士申时行撰文，江西巡抚杨成书，翰林院侍读学士韩世能篆额。碑文已漫漶。1986年3月，十里亭被列为吴县文物保护单位，后因行政区划调整被列为苏州市文物保护单位。2006年，十里亭被列为全国重点文物保护单位。

枫桥因张继《枫桥夜泊》而闻名遐迩，最有名的书法珍品集中在寒山寺碑廊。寒山寺已越一千五百余年，迭遭毁坏，碑刻散失，为数不少。其见诸史志者，有宋王珪书《枫桥夜泊》诗碑、宋孙觌撰书《枫桥寺记》、明姚广孝撰书《寒山寺重兴记》、文徵明书《枫桥夜泊》诗碑、唐寅撰书《姑苏寒山寺化钟疏》等，弥足珍贵。有的碑刻虽存，但已剥蚀严重，字迹难辨。有鉴于此，清光绪三十二年（1906）江苏巡抚陈夔龙重修寒山寺时，特建碑廊，将寺中旧碑集中，分别嵌置碑廊之壁或矗立碑廊之中。现谨记其著名者三方。其一，俞樾重书张继诗碑，高1.33米，宽0.68米。正面刻《枫桥夜泊》诗。附跋三行："寒山寺旧有文待诏所书唐张继《枫桥夜泊》诗，岁久漫漶。光绪丙午，筱石中丞于寺中新葺数楹，属余补书刻石。俞樾。"碑阴另有俞樾跋文一则，行书八行，行二十字，对"江枫渔火"进行考辨。碑侧又有陈夔龙正楷题跋五行。俞樾书写此碑时已八十六岁高龄，当年十二月病逝，为其最后书法作品。全幅章法妥帖，笔意朴厚，老练稳当，挥洒自如。其二，康有为诗碑，高1.75米，宽0.70米。镌康有为1920年游寒山寺所作七绝一首并跋语三行，均为行草。诗云："钟声已渡海云东，冷尽寒山古寺风。勿使丰干又饶舌，他人再到不空空。"跋云："庚申二月二十五日，偕韩树园征君文举同游吴下枫桥寒山寺，则唐人钟已为日人取去，故吾于龙寿山房善继血书《华严经》，亟保存之，临风感慨题诗。康有为。"右上角有阴篆印章一方，文曰："维新百日，出亡十四年，三周大地，游遍四洲，经三十一国，行四十万里。"左下方刻小字："住持近舟立石，吴郡张仲森刻。"其三，张即之书《金刚经》帖碑，嵌于寒拾殿左右两壁，共三十八石，石高0.30米，宽0.80米，大小基本相同。经文行书，二十七石，每石二十行。末有识语："孝男张即之伏遇六月初一日显考太师资政殿大学士张六三相公远忌，谨书此经，用伸追荐。淳祐六年，岁在丙午，即之六十一岁谨题。"后有董其昌、毕懋康、林则徐、俞樾等多人题跋十一石，行、草、篆、楷均有。经、识写于南宋淳祐六年（1246），刊刻年代不详，但书法、刻工俱精，又多名家题跋，字迹清晰，保存完整，为寒山寺碑刻之精品。

横塘驿亭，修葺于同治十三年（1874），亭三面环水，以长堤与三孔的彩云桥相连，坐北朝南，平面近长方形，南面左右石柱镌刻同治十三年六月无名氏楹联一副："客到烹茶，旅舍权当东道；灯悬待月，邮亭远映胥江。"

石湖西北隅范公祠保存着范成大所书《四时田园杂兴六十首》碑刻，诗作于南宋淳熙十三年（1186）。明正德十五年（1520），御史卢雍于茶磨山北行春桥西建范文穆公祠，次年，将《四时田野杂兴六十首》摹刻成碑，嵌于祠壁。碑共七方，大小略有差别，高1.50米至1.70米，宽0.70至0.75米，行书，字迹大都清晰。除诗作外，还有作者的小序以及元至正六年（1346）周伯琦的跋文，明正德十六年（1521）都穆的题识。范成大书作取法蔡襄、苏轼、黄庭坚、米芾，得酣畅淋漓之韵致，碑文行书典雅俊朗，清新脱俗，一如恬静的石湖田园风光。

另有一方胥江水则碑，原立于胥门外城墙下接官厅旁护城河岸边，面对胥江，今移至苏州碑刻博物馆。碑高1.38米，宽0.86米，清光绪二年（1876）江苏巡抚吴元炳立。额镌"水则碑"三字，其下依次横刻："七则，水在此，极高田俱渰；六则，水在此，稍高田渰；五则，水在此，上中田渰；四则，水在此，下中田渰；济；三则，水在此，稍低田渰；二则，水在此，极低田渰；一则，水在此，高低田俱无恙。"是碑用于观测水位涨落，了解农田水患情况。宋代曾立水则碑于吴江垂虹桥畔，已毁。此碑现为江浙地区仅存之清代水则碑。

苏州市泰伯文化研究会2021年大事记

1月5日，泰伯文化研究会召开会长秘书长会议，讨论了2020年工作小结要点，同意增聘吴友华为研究会副秘书长，决定2月26日在曲园召开研究会会员大会暨二届三次理事会。

2月26日，在曲园召开研究会会员大会暨二届三次理事会。会议总结了2020年的主要工作。由于受新冠肺炎疫情的影响，许多正常活动没法开展，但创作研究活动继续进行。《泰伯文化研究》（2019年刊）如期出版；落实了2021至2022年的研究计划和经费保障工作；完成了研究会换届选举的申报登记和年度社团组织的申报工作；组织部分会员参观了无锡泰伯庙、泰伯墓；举行了与本市会员单位的交流活动，并做好对外交流的接待工作。会议同时举行了《泰伯文化研究》（2019年刊）的首发式。会议提出了2021年研究会工作主要设想：一是继续推进2021年的研究工作，特别是要完成《泰伯文化研究》（2020年刊）、《仲雍的故事》等四本连环画的出版，《勾吴印记》（暂定名）的写作；二是积极参与文联、文艺之家组织的有关活动；三是组织好研究会和吴氏文化研究中心的对外交流活动；四是加强组织建设，做好2021年研究会的年度申报工作。会议通报了研究会的人事安排，通报了研究会财务审计结果。与会者就2020年的工作和2021年的设想作了交流发言。最后，吴永敏会长提出了五个方面的要求：一是继续致力于学术研究，积极推出研究成果；二是继续积极推动泰伯庙、仲雍墓修缮建设和文保提升工作；三是因地制宜，因时制宜，开展相关活动；四是继续支持和促进苏州吴氏文化研究中心工作，更好发挥吴氏宗亲在泰伯文化研究和传承中的作用；五是继续加强组织建设工作，规范运作，合法合规。

3月17日，研究会召开有关会长秘书长会议，专题讨论《苏州市泰伯文化研究会2021—2022年创作出版实施计划》，达成了一致意见。《泰伯文化研究》（2020年刊）由吴永敏担任轮值主编，2021年5月出版；《泰伯文化研究》（2021年刊），由潘文龙担任轮值主编，2021年12月完成组稿；四本连环画《仲雍的故事》《阖闾的故事》《夫差的故事》《伍子胥的故事》，建议由王稼句、潘文龙、吴恩培等担任评审专家，2021年12月出版；《勾吴印记》，吴眉眉著，2021年12月交付出版社。四本连环画和《勾吴印记》出版费用，已列入市财政专项经费预算。

3月下旬，研究会收到苏州市民政局颁发的中国社会组织评估等级证书，内容为“苏州市泰伯文化研究会，经评估，你单位被评为3A级社会组织”。

4月2日，泰伯文化研究会、吴氏文化研究中心2021年年会暨清明祭祖活动在泰伯庙举行。年会由吴永敏主持。吴眉眉代表吴氏文化研究中心汇报了2020年的工作。吴永敏作了总结发言，提出了2021年的具体工作：“除今天召开年会和清明祭祖外，要积极参与有关著作的撰写，支持吴氏研究学者出版专著、发表文章；要举办专题吴氏文化讲座研讨；要适度参加外地有关吴氏文化的活动；要继续依靠人大代表、政协委员呼吁并督促泰伯历史文化遗产的保护和建设工作。”会议结束后，开展了2021年苏州市青少年清明主题教育活动，吴永敏代表泰伯文化研究会、吴氏文化研究中心向学生们赠送相关书籍。最后举行祭祖仪式，向泰伯等先贤敬献花篮。与会人员依次入至德殿内祭拜，献上鲜花，三鞠躬，以表达对先祖的崇敬之情。吴永敏、胡韵荪、吴本立、吴文元、吴宇明、吴国良、吴磊、吴小平、吴贤萍、吴伟荣、吴汝信、吴奇明、吴怀智、吴晓蔚、吴丁儿、吴学明、吴眉眉、吴海英、吴友华、吴海云、吴佳一等参加了祭祖活动。

4月初，研究会2021年的专项出版经费进入招标程序，市文联委托有关招投标公司进行操作。4月下旬，完成了所有招标的议程和要求。5月上旬，市文联正式出具文件，同意研究会2021年度出版计划和费用。

4月中旬，着手研究会2020年度年审工作。5月19日，研究会2020年度网上申报报告，审计通过。

5月23日，根据吴永敏会长提议，确定吴永敏、胡韵荪、王稼句、庞曦、潘文龙、潘振亮、张澄国、吴恩培为四本连环画文字稿评委。

5月31日，吴永敏等评委对四本连环画文字稿进行了评议，提出了具体的修改意见，由王稼句统稿后发给各位评委。

6月15日，确定李涵、顾曾平、夏维淳、李昉为四本连环画绘图作者。

7月6日，《泰伯文化研究》（辛丑集）出版，辛丑集即原2020年刊，此乃根据省新闻出版局、古吴轩出版社意见，实际延期一年。

10月13日，研究会召开会长秘书长会议。主要内容：一是2021年出版项目的进展情况，四本连环画可按时出版；《勾吴印记》已基本完成初稿，并开始图片拍摄。二是《泰伯文化研究》（壬寅集）的组稿，由潘文龙具体负责。三是召开研究会会员大会的时间，大家一致认为放在2022年年初，根据整个新冠肺炎疫情防控形势再行确定。四是2022年研究会主要工作的设想和建议，确定《泰伯的故事》加印一千册，与《季札的故事》《仲雍的故事》《阖闾的故事》《夫差的故事》《伍子胥的故事》各五百册做成一套，六册装一纸匣；做一本彩绘《泰伯庙的故事》连环画，为普及苏州泰伯庙文化的通俗读物；组织一次出版专题研讨和一次外出参观活动。

11月28日，召开部分专家的评审会议，对四本连环画的文字稿、画稿作最终的评审修改。

12月28日，《仲雍的故事》（徐青梅文，李昉、倪春培绘）、《伍子胥的故事》（李元俊文，李涵绘）、《阖闾的故事》（陈晓洋文，夏维淳绘）、《夫差的故事》（张净文，顾曾平绘）出版。这四本连环画由泰伯文化研究会筹划，苏州市文联、苏州市财政局资助，古吴轩出版社出版。